Portfolio Technology
Theory and Practical Extension

最適投資戦略

ポートフォリオ・テクノロジーの
理論と実践

津田博史 [監修]

小松高広 [著]

FinTech
ライブラリー

朝倉書店

まえがき

　日進月歩の進化を遂げる FinTech のコア技術としてデータ解析や人工知能などが話題となる機会が非常に増えている昨今にあって，投資の世界においてもその影響は日増しに強いものとなっている．一般に，投資意思決定手法はジャッジメンタルやファンダメンタルといった定性判断によるものと，クオンツとよばれる定量判断に大別されることが多い．実際には，これらのいずれか，あるいは両方を駆使することによって，投資対象についての見通しが形成される．その主だったものがリターン予測であり，リスク推定である．しかしこれだけでは投資意思決定は完了ではなく，多くの場合，投資対象をどのような割合で組み合わせるべきかという大きな問題が控えている．その結果にいたる過程が本書が扱うポートフォリオの構築である．前者の見通しはアプローチの違いはあっても，程度の差こそあれ，それぞれにアートの要素がある．一方，ポートフォリオの構築は再現性良く，かつ，見通しからポートフォリオに情報変換する過程が客観的に理解できることが求められる点ではテクノロジーである．わずか 1 つの資産への見通しの変化は，それを含むポートフォリオ内の多数の資産への配分変更につながる．見通しは正しいにもかかわらず，運用成績が上がらないというということも決して稀ではない背景に，見通しをポートフォリオの構造にする過程における貴重な情報の損失がある．ポートフォリオは単に複数の資産の集まりではなく高度に複雑な構造物である．その良し悪しも，投資家自らが見通しをわずかに変えただけで大きく変形する脆弱なものから，劇的な市場変化にもしなやかに応答するものまで様々である．より良いポートフォリオを構築する上でも，ベイズ統計学をはじめとする FinTech に活用される技術が有用であることが，本書が FinTech ライブラリーにおいてポートフォリオに焦点をあてる動機となっている．

　本書では，1950 年代に提唱された Markowitz(1952) によるポートフォリオ選択

が示す効率的なポートフォリオ，それを土台に 1960 年代に入って Sharpe(1964)
および Lintner(1965) らによって提示された資本資産価格モデル（CAPM）が，
その後の理論モデル研究やデータ解析技術の発展による高度なモデル推定によっ
て，現実には CAPM が要する前提条件をはるかに超える市場の複雑さや投資
家の多様性に応えるに至っている一端を示すことを趣旨としている．本書の扱
う内容は，Black(1972) によって半世紀近く前に提唱された知見が，現在も有力
な投資戦略として信頼を集める強固な理論として裏付けを与えていることに再
び注目の的となるといったものから，機械学習などにも利用される高度な数理
統計による推定技術が可能とする遺伝子解析，自然言語処理や景気判断に利用
されるアプローチが複雑な市場に対する興味深い知見をもたらし，それによっ
て新たなフォーマルな最適投資戦略が見出されるといったものまで様々である．
伝統ともいうべき時代を超えて通用する優れた知見はもちろん，それと同時に
伝統に縛られることなく常に変化に対応する柔軟な進化の必要性が，資産運用
の世界においても決して例外ではないことを読者に感じ取っていただきたく，
重い筆を執った次第である．

　本書の大まかな構成を図 0.1 に示す．

　1 章においては，より良いポートフォリオを構成する上で必要な基礎的知識を
確認する．効率的なポートフォリオについて示す本章は，CAPM 導出に至るま
で最適解を求解するアプローチに傾倒する展開をとるが，全般的に，Black(1972)
を中心とする 2 章への準備となっている．このため，読者は本章を通じてポー
トフォリオ理論の中でも特に，効率性，投資効用，資本資産価格理論（CAPM）
といった最適ポートフォリオの導出に深く関わる基礎知識を得ることになろう．
より普遍的な知識を求める読者には，投資理論に関するより一般的な教科書等
を改めてご覧になることを推奨させていただきたい．さらに，本章では市場の
振舞いとしてしばしば関心の対象となるファット・テールが投資効用に与え得
る影響といった観点から投資効用について取り上げる．リスク回避型投資効用
の近似である平均分散最適ポートフォリオがファット・テールを前提としない
こと，および歪度や尖度といった実際の市場が呈するファット・テール等の正規
分布からの乖離があることを確認する．これらは 4 章以降において示すレジー
ム・スイッチ・モデルの導入によって，矛盾なくファット・テールを最適ポー
トフォリオに取り込むことができることを理解する上での基礎となっている．

まえがき　　　　　　　　　　　　　　　　iii

本書の構成

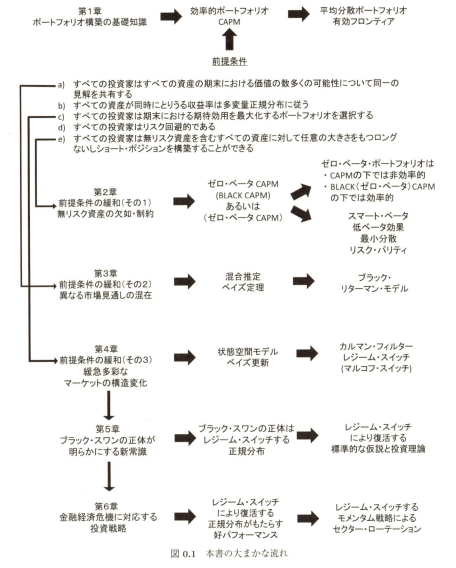

図 0.1　本書の大まかな流れ

　2章では，Black(1972)を中心に，1章で得る関連する基礎知識を振り返りつつ，CAPMの主要な前提条件の1つである「すべての投資家は無リスク資産を含むすべての資産に対して任意の大きさをもつロングおよびショート・ポジ

ションをとることができる」という条件を，無リスク資産が存在しない，および無リスク資産が存在するものの借り入れが制約される，といった現実的な緩和をした場合について紹介する．読者は本章を通じて，低ベータ効果，最小分散ポートフォリオおよびリスク・パリティといった投資戦略の背後にある理論背景についての理解を得るであろう．まずはじめに，CAPM が成立する世界では，市場ポートフォリオとの相関がゼロであるポートフォリオ（ゼロベータ・ポートフォリオ）が効率的でないことが導出される．次に，無リスク資産の借り入れが制約される，すなわちレバレッジが行われないという意味で CAPM が成立しない世界では，市場ポートフォリオのみの保有は効率的ではない一方で，効率的な投資のためには市場ポートフォリオとゼロベータ・ポートフォリオの双方を保有する必要性が示される．このことは低ベータ効果や最小分散ポートフォリオの正当性を示すとともに，さらに近年ではリスク・パリティの正当性の根拠とする一部実務家の主張も見受けられる．スマート・ベータ，あるいは低ベータ効果などを利用する投資戦略はファクター投資，エギゾティック・ベータ，オルタナティブ・ベータあるいはオルタナティブ・リスク・プレミアムなどの 1 つとして広く知られ，ポートフォリオを構成する重要な要素となっている．その理論的背景は Black(1972) が半世紀近くも前に明らかにしたものであると言ってよいのではないだろうか．しばしば機関投資家の間では，市場ポートフォリオの主たるリスク要素である株式との低相関を求める傾向が見受けられるが，本章の主役である Black(1972) の文脈からは，市場ポートフォリオと比較して相対的に低ベータであることは根拠を伴う投資行動であろう．

　3 章では，CAPM の主要な前提条件の 1 つである「すべての投資家はすべての資産の期末における価値の数多くの可能性について同一の見解を共有する」が成り立たず，投資家が独自の投資見解を持つ場合に最適ポートフォリオを構成する手段の 1 つとして，ブラック・リターマン・モデルを紹介する．読者は本章を通じて，ベイズの定理を利用することにより，標準的な平均分散最適の脆弱性を克服するしくみの一例に触れることになろう．ブラック・リターマン・モデルは，2 章の主役である Black(1972) の執筆者である Fischer Black と Robert Litterman とにより，Black and Litterman(1990, 1991a, 1991b, 1992) として発表されたもので，すでに 30 年近くが経過する．それ以前は，平均分散最適ポートフォリオの脆弱性，すなわち，期待リターンの微小な違いによってポー

トフォリオが著しく異なるといった不安定さに投資家が苛まれていた時代である．当モデルは，わが国の代表的な機関投資家層である保険会社がグローバルな国債投資を展開するにあたって直面したこの脆弱性が開発の発端の 1 つとなっている．近年，リスク・バジェットによるアプローチが主流となる中で，かつてほどの注目や理解の対象とはならなくなった感があるものの，制約条件の下での最適化は日常的に行われており，この脆弱性が身近な問題であることに変わりはない．本章では，ブラック・リターマン・モデルの要素の中でも，主にCAPM 均衡を出発点とする「混合推定」を利用する期待リターンの導出に加え，近年，広く応用されるようになった「ベイズの定理」の観点からも，その導出を紹介する．

　4 章で扱う内容は，CAPM の主要な前提条件の 1 つである「すべての投資家は期末における期待効用を最大化するポートフォリオを選択する」という条件の緩和に関連する．この前提条件は，投資家は投資期間を 1 期間のみに限定し，その間は，投資対象の期待リターンやリスクなどが不変であることを意味する．これらが時間変動するとともに，投資家がそれに関する何らかの情報を持つ場合には，この前提条件に基づくポートフォリオは最適ではない．理論面でのCAPM の多期間拡張としては異時点間 ICAPM（inter-temporal CAPM）が知られているが，本章では，CAPM のキー・パラメータである β が時間変動する場合の扱いとして，野村 (2016) が示す手法を活用し，初歩的なカルマン・フィルターについて取り上げる．実際の市場ではしばしばリスクオン・リスクオフなどと形容される非常に急激な構造変化がみられることがある．このような変化は金融経済危機にとどまらず，様々な背景によってもたらされるものであり，その都度，アドホックな対応をとるなど，投資家は苦労を強いられる．本章後半では，このような市場構造を認め，正面からよりシステマティックな対応をとることを目的として，劇的な変化をマルコフ・スイッチに基づくレジーム・スイッチによって捉えるための基礎的な知識を紹介する．カルマン・フィルターとレジーム・スイッチとは互いに状態空間モデルにおける状態方程式を「ベイズ更新」する点で類似している．読者は本章を通じて，状態変化を扱う二例であるカルマン・フィルターおよびレジーム・スイッチについての基礎的なしくみに触れるとともに，そのモデル推定方法やシミュレーションへの応用について知識を得るであろう．

5章では，4章で導入したレジーム・スイッチ・モデルを通じて様々な対象を見直す．その結果，従来ファット・テールとよばれる現象が，異なる正規分布がレジーム・スイッチによって切り替わる構造によってもたらされていることが示唆される．ブラック・スワンは正体不明な魑魅魍魎ではなく，白鳥が湖面にて時折羽ばたく姿の残像である可能性がある．1章の投資効用において示されるように，正規分布は最適ポートフォリオを得る上で極めて重要な前提であるため，この示唆はより優れたポートフォリオをシステマティックに得るためのフォーマルなアプローチの可能性を拓くものである．さらに，実データを前にして棄却される従来の古典的あるいは標準的な仮説が，レジーム・スイッチ・モデルを通じて分析すると棄却されないなどといった報告についても紹介する．読者は本章を通じて，伝統的な知見の重要さを見直すとともに，安易にファット・テールなどといった表層に囚われずに，データの奥に存在する動学に創造力を発揮する意義を見出し，レジーム・スイッチ・モデルのもつ可能性の一端を垣間見るだろう．なお，本章の最後に蛇足であるが，正規分布がもつ重要な特性を理解するために，単変量および多変量に対して正規分布の確率密度関数の導出方法を紹介する．

6章では，5章においてレジーム・スイッチ・モデルの導入によって，一見するとファットテールとみられる分布が，正規分布の重ね合わせである示唆を得たことから，リターン・モデルの諸パラメターがレジーム依存する前提下で，2次執行コスト付き平均分散最適ポートフォリオの導出を行う．具体的には，米国株式セクター・ローテーションをモメンタム・モデルにレジーム依存を適用し，長期間のアウト・オブ・サンプル・テストを行い，レジーム・スイッチ・モデルの導入によって分布の正規性が改善されることにより，優れた投資成果につながることを示す．また，推定されるレジームをもとに投資家自身がリスク回避度を積極的に変更することにより，さらに優れた投資成果となることを示す．読者は本章を通じて，劇的な投資環境の変化の中にあっても，最適なポートフォリオを決定することが可能である，との知見を得るであろう．また，巨額の資産運用にとって特に意義深いダイナミック（動的）な投資意思決定においても，レジーム・スイッチ・モデルの導入が可能であり，本章が例示する無制約下かつmyopicな1期間最適投資から多期間最適投資への拡張，および投資制約条件の導入などの関連研究が進められている．

まえがき

表 0.1　AI とレジーム・スイッチ比較

	過去データ学習	予測更新
AI （機械学習）	◎	×
レジーム・スイッチ （マルコフ）	○	○

　近年注目を集める機械学習を中心とする AI とマルコフ性に基づく時系列モデルの一種であるレジーム・スイッチとの両者の違いを端的に表 0.1 に示す．前者は因果関係を表すモデル等を必須とせず，過去に発生したサンプル・データから入力と出力の関係を浮き彫りにし，サンプル・データに隠れる関係を，ある意味では人間の想像力を超える水準で明らかにする可能性がある一方，将来予測については激しい構造変化を伴う状況下では困難を伴う場合がある．他方，レジーム・スイッチは，人間が経済合理的と判断する範囲内でモデルに形を与え，その形式やモデルを構成するパラメタの非連続的な変化を過去データを通じて捉えるとともに，その時系列構造は 1 期先，2 期先，…といった将来にわたる形式やパラメタの予測を可能とするものである．

　本書の執筆にあたっては，筆者が現在までの四半世紀余りにわたり米国ニューヨークに本拠を置く金融機関職員の立場から資産運用の実務家として積み上げた経験とともに，その中で 2007 年 8 月に発生したクオンツ・メルトダウンをきっかけとする学術研究を通じて得た知見を出発点としている．日本金融・証券計量・工学学会（JAFEE）前会長の津田博史教授（同志社大学）から，本書執筆に踏み切るにあたり，また執筆中にも折に触れ力強いご支援を頂戴した．筑波大学大学院ビジネス科学研究科ご在籍の牧本直樹教授には第 2 章および第 4 章におけるご指導ならびにご助言，さらに同教授，山田雄二教授（同研究科）および佐藤忠彦教授（同研究科）には第 6 章全体のもととなる研究において多大なるご指導を頂戴した．また，ゴールドマン・サックス・アセット・マネジメント株式会社および Goldman Sachs & Co. には執筆と出版にご理解をいただき深謝に絶えない．加えて，直接，間接を問わず数多くの書籍，論文およびインターネット上のページを参考とさせていただいた．主なものは可能な範囲で本文中および巻末の文献として引用した．本書内においての記述は，筆者が所属する勤務先，学会等の組織とは無関係であるとともに，いかなる誤謬もすべ

て筆者に帰するものである．最後に，朝倉書店編集部には，本書の校正作業において作業負担を受け入れていただき，心から感謝申し上げる次第である．筆者のわずかな実務と浅学のバイアスを受ける本書は，投資理論とその実務応用に関してほんの一部分を述べるにすぎない．総項数上限と脱稿期限を迎え，さらなる発展についての著作は他の機会に譲るとともに，擱筆とさせていただくものである．

2018 年 10 月

筆者

目　　次

1. ポートフォリオ構築の基礎知識 ·································· 1
 1.1 リターンとリスク ·· 1
 1.2 効率的なポートフォリオ ·································· 10
  1.2.1 効率性とは ·· 10
  1.2.2 効率的なポートフォリオの導出 ···················· 11
  1.2.3 効率的なポートフォリオの特徴 ···················· 17
 1.3 投 資 効 用 ·· 19
  1.3.1 期待投資効用 ·· 19
  1.3.2 3つの投資態度 ······································ 20
  1.3.3 リスク回避型 ·· 22
  1.3.4 二次近似の限界 ······································ 22
  1.3.5 平均分散ポートフォリオ最適化による効用最大化 ···· 24
 1.4 CAPM ·· 26
  1.4.1 前 提 条 件 ·· 26
  1.4.2 時価総額加重ポートフォリオ ······················ 27
  1.4.3 CAPM 導出：古典的アプローチ ···················· 30
  1.4.4 CAPM 導出：最適投資戦略によるアプローチ ········ 31

2. 前提条件の緩和（その1）：無リスク資産の欠如 ·············· 34
 2.1 ゼロ・ベータ・ポートフォリオ ···························· 34
 2.2 スマート・ベータ，低ベータ効果，低ボラティリティ効果 ······ 39
  2.2.1 無リスク金利がない場合 ···························· 39
  2.2.2 無リスク金利での借り入れが制約される場合 ········ 43
 2.3 最小分散ポートフォリオ ·································· 47

2.4 リスク・パリティ 48

3. 前提条件の緩和（その2）：異なる市場見通しの混在 50
  3.1 平均分散最適の脆弱性 50
  3.2 ブラック・リターマン・モデル：均衡期待リターン 54
  3.3 投資家固有の相場観を導入する混合推定 56
  3.4 ベイズとしてのブラック・リターマン・モデル 64
    3.4.1 ベイズ統計 64
    3.4.2 ベイズとしてのブラック・リターマン・モデル 67

4. 前提条件の緩和（その3）：緩急多彩なマーケットの構造変化 71
  4.1 穏やかな変化への対応：カルマン・フィルター 71
    4.1.1 CAPM-β_i の時変性を扱うカルマン・フィルターによるベイ
       ズ更新 74
    4.1.2 カルマン・フィルターの推定 82
  4.2 急激な変化への対応：レジーム・スイッチ 85
    4.2.1 経済成長とインフレ 85
    4.2.2 財政・金融政策シフト 86
    4.2.3 ボラティリティの変化 87
    4.2.4 資産リターン間の依存性の変化 88
    4.2.5 レジーム・スイッチとジャンプとの違い 89
    4.2.6 マルコフ・スイッチ・モデル 89
    4.2.7 3種類のレジーム 95
    4.2.8 レジームのシミュレーション 101
    4.2.9 レジームの見つけ方 106
    4.2.10 身近なレジーム・スイッチ：遺伝子解析や景気判断まで 124

5. ブラック・スワンの正体が明らかにする新常識 127
  5.1 バブル崩壊で様変わりした日本株式 127
  5.2 CAPM-β のレジーム・スイッチ 129
    5.2.1 ファクターのレジーム・スイッチ 131

目　　　次　　　　　　　　xi

　5.3　ファットテールは本当なのか···································132

　5.4　復活する標準的な仮説と投資理論 ·····························135

　5.5　正規分布の素晴らしさ··136

　　5.5.1　なぜ，正規分布は確率変数の二乗の指数関数なのか？······137

　　5.5.2　ポートフォリオのリターンはやはり正規分布に従うか？·····142

　　5.5.3　正規分布が崩れると？···································144

6.　金融経済危機に対応する投資戦略·······························149

　6.1　レジーム・スイッチ下での投資効用と最適解·····················149

　6.2　セクター・ローテーション戦略への適用例·····················152

　　6.2.1　モメンタム・ファクター·································155

　　6.2.2　予測モデル···156

　　6.2.3　データとモデル推定·····································157

　　6.2.4　推定されたモデルからの示唆 ·························164

　　6.2.5　長期にわたる頑強なパフォーマンス改善···············167

　　6.2.6　レジーム数の増加によるパフォーマンス向上···········170

　　6.2.7　復活する正規分布·······································175

　　6.2.8　レジーム依存する投資家のリスク回避度················176

　6.3　ま　と　め···179

参考文献 ···182

索　　引 ··189

本書で使用する主な記号/表記

記号	説明
$A^{\top}$	ベクトルないし行列の転置
$\boldsymbol{B}$	執行コスト係数行列
$\mathrm{Corr}(\cdot,\cdot)$	相関係数
$\mathrm{Cov}(\cdot,\cdot)$	共分散
$E(\cdot)$	期待値
$E(\cdot|\cdot)$	条件付き期待値
$\boldsymbol{F}$	見通しポートフォリオ・ベクトル
$\mathcal{F}$	フィルトレーション
$f(\cdot)$	確率密度関数
$f(\cdot|\cdot)$	条件付き確率密度
I	レジーム過程
i/J	レジーム数 J における第 i 番目のレジーム
J	レジーム総数
k	第 k 番目の市場参加者
$\mathcal{L}$	尤度
m	市場ポートフォリオ
$\boldsymbol{\mu}$	期待リターン・ベクトル
N	サンプル数, 総資産数
$\mathcal{N}(\cdot,\cdot)$	正規分布
$\boldsymbol{\Omega}$	見通し誤差分散共分散行列
P	確率
$\boldsymbol{P}$	推移確率行列
$P(\cdot|\cdot)$	条件付き確率
p_{ij}	レジーム i から j への推移確率
$\boldsymbol{\Pi}$	均衡期待リターン
$\boldsymbol{\pi}$	レジーム確率
$\boldsymbol{Q}$	見通し期待値ベクトル
r_i	第 i 資産のリターン
ρ	相関係数
$\boldsymbol{\Sigma}$	分散共分散行列
$\sigma(\cdot)$	標準偏差
$\boldsymbol{\theta}$	推定パラメタ・ベクトル
$\theta^{(k)}$	θ の第 k 回目の繰返し
U	一様分布確率密度
$U(\cdot)$	投資効用
$V(\cdot)$	分散
$V(\cdot|\cdot)$	条件付き分散
$\boldsymbol{w}$	資産配分比率

1

ポートフォリオ構築の基礎知識

ポートフォリオ構築は，個別資産のリターン予測とリスク推定とを所与としたとき，ポートフォリオ理論に基づいて，投資家がその期待効用を最大にするポートフォリオを構成する過程である．

1.1 リターンとリスク

ポートフォリオを構成する第 i 番目の資産のリターン（収益率）とリスクについて定めよう．第 i 番目の時点 t における資産価値を $P_i(t)$，同資産の時点 $t+1$ における資産価値を $P_i(t+1)$，時点 t から時点 $t+1$ までに受け取る配当が $d_i(t+1)$ であるときに，第 i 資産の時点 t から時点 $t+1$ までのリターン（単利ベース）は，

$$r_i(t+1) = \frac{P_i(t+1) + d_i(t+1) - P_i(t)}{P_i(t)} \tag{1.1}$$

で与えられる．時点 $t=1$ から時点 $t=T$ までに期間における期待値[*1] は

$$E(r_i) = \frac{1}{T} \sum_{t=1}^{T} r_i(t) \tag{1.2}$$

で与えられ，ばらつき度合をあらわす分散[*2] は

$$V(r_i) = \frac{1}{T-1} \sum_{t=1}^{T} \{r_i(t) - E(r_i)\}^2 \tag{1.3}$$

[*1]　推定すべき母集団の期待値と分散が μ, σ^2 であるときに，抽出される T 個の標本平均の期待値は μ に一致する．

[*2]　同様に T 個の標本分散 $\frac{1}{T} \sum_{t=1}^{T} \{r_i(t) - E(r_i(t))\}^2$ の期待値は $\frac{T-1}{T}\sigma^2$ であるため，σ^2 に対して過小評価となる．このため，標本分散を $\frac{T}{T-1}$ 倍したものが σ^2 の不偏推定量である．

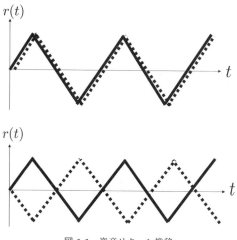

図 1.1 資産リターン推移

であり,その標準偏差

$$\sigma(r_i) = \sqrt{V(r_i)} \tag{1.4}$$

を一般的にはリスクとよぶ.次に,資産数を 2 として,資産 1 および資産 2 とについて考える.これら 2 つの資産価値 $r_1(t)$ および $r_2(t)$ の推移を,図 1.1 上段には両資産価値が完全に一致して変動する場合を,下段には互いに逆方向に変動する場合を例示する.

見方を変えてこれらの変動状況のそれぞれの同時点におけるばらつきを図 1.2 に例示する.上段は図 1.1 上段に相当し,両資産間の相関性が著しく高く,中段は同図下段に相当し,両資産間の相関性が著しく低い状態を表している.下段は,両者間の相関性がないことを表す.この相関性を相関係数 ρ で表し,ばらつきどうしの関連性を表す代表的な尺度である.図 1.2 の見方をさらに進めてばらつきの起こりやすさに関する情報を付与したものが図 1.3 である.複数の同心楕円はそれぞれの楕円上では等確率で生じることを表している.さらに,中央に近い楕円ほどより確率が高い等確率線であり,中心で最も高い確率をとる山の形となっている.同図の下側に示す釣鐘上の分布図は,山を下側からみた姿であり,資産 1 のばらつきのみに着目した情報を表す.同様に図の右側に示す釣鐘上の分布図は,山を右側からみた姿であり,資産 2 に関するものとなる.この楕円状の表示は同時分布,下側あるいは右側の表示を周辺分布とよび,こ

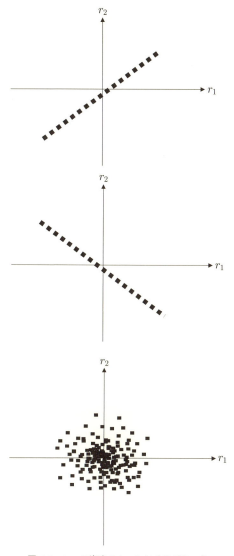

図 1.2 2つの資産リターンによるばらつき

の山の高さを確率密度とよぶ．実線で表した楕円群は長軸が右肩上がりとなっていることから，資産 1 および資産 2 の価値が同方向に動きやすい正の相関性をもつことを表す．一方，破線の場合は負の相関性を表す．

 2 つの資産にわたって投資する場合，投資資産価値のばらつきがこの相関性

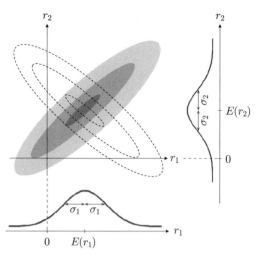

図 1.3 2 資産リターンの起こりやすさ（確率密度分布）

によって大きく異なることが直観的に理解することができる．一般的なポートフォリオを考える際には，これらの同時分布および周辺分布がそれぞれ多変量正規分布および単変量正規分布に従うとする場合がある．正規分布の場合，周辺分布の確率密度にピークをもたらすリターン r の値は r の期待値であるから，確率変数の期待値を表す $E(\cdot)$ を用いて $E(r)$ と記す．また，$E(r)$ を中心とするばらつきは確率変数の分散を表す $V(\cdot)$ を用いて $V(r)$ と表す．$\sigma = \sqrt{V(r)}$ は標準偏差とよばれ，r が $\pm 1\sigma$ の範囲に収まる確率 (その範囲で確率密度を r について積分して得られる面積) は約 68 % となることが知られている．単変量正規分布については 5.5.1 項，多変量正規分布は 5.5.2 項に若干の特徴を後述する．図 1.1 上段が示す相関性が極めて高い場合，全資産を両資産に等金額配分するのは，そのばらつきはそれぞれの資産いずれか一方に全資産を配分するのと変わることがない．一方，図 1.1 下段が示す相関性が極めて低い場合，両資産に投資する方が，いずれか一方に投資するよりもばらつきが大幅に抑制することが可能となる．この 2 つの典型例では，いずれも縦軸方向が表す価値水準は時間平均的には両資産ともに等しいために，投資による資産価値は等しい，すなわちリターンが等しいのである．相関性が低い関係にある複数資産に投資することにより，ばらつき，すなわちリスクを減らすほどにはリターンを減らさない余地を見出す場合がある．図 1.4 には，資産 1 および資産 2 に投資する

1.1 リターンとリスク

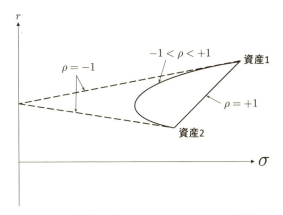

図 1.4 2 資産からなるポートフォリオの r-σ の範囲

場合におけるリスク σ を横軸,リターン r を縦軸に表す.これら両軸からなる図をリターン・リスク (r-σ) 平面とよぶ.

資産 1 は資産 2 に比べてリターンおよびリスクが高い.両資産を結ぶ 3 つの線はそれぞれ両資産に投資する金額比率に応じて投資資産全体のリターンとリスクの関係がどのように変化するかを示している.線は 3 パターンとなっているが,実直線の場合は両資産間の相関係数 $\rho = +1$,破線は同相関係数 $\rho = -1$ およびそれらの間にある曲線は両資産間の相関係数 $-1 < \rho < +1$ を表すことから,3 つの直線で囲まれた領域がポートフォリオが達成可能な範囲を示す(ただし,資金すべてを 2 資産のいずれかに投資することは考えず,また借り入れは行わないとする).相関性がより低いほど,投資比率の選択によって,投資資産全体としてのリスクをより顕著に低減することができる.図 1.4 が示す投資資産全体としてのリスクとリターンは比較的平易に計算することができる.その期待リターンは

$$\begin{aligned} E(r) &= w_1 E(r_1) + w_2 E(r_2) \\ &= \begin{pmatrix} w_1 & w_2 \end{pmatrix} \begin{pmatrix} E(r_1) \\ E(r_2) \end{pmatrix} \end{aligned} \qquad (1.5)$$

である.ここで,$E(r)$ はばらつきをもつリターン r の期待値,w は配分比率を示す.次にリスクは,

$$\sigma = V(w_1 r_1 + w_2 r_2)$$

$$= E\left(\{(w_1 r_1 + w_2 r_2) - (w_1 E(r_1) + w_2 E(r_2)\}^2\right)$$

$$= E\left(\{w_1(r_1 - E(r_1)) + w_2(r_2 - E(r_2))\}^2\right)$$

$$= E\left(w_1^2(r_1 - E(r_1))^2 + 2w_1 w_2(r_1 - E(r_2))(r_2 - E(r_2))\right.$$
$$\left. + w_1^2(r_1 - E(r_1))^2\right)$$

$$= w_1^2 E(r_1 - E(r_1))^2 + 2w_1 w_2 E((r_1 - E(r_1))(r_2 - E(r_2)))$$
$$+ w_2^2 E(r_2 - E(r_2))^2$$

$$= V(w_1 r_1) + 2\mathrm{Cov}(w_1 r_1, w_2 r_2) + V(w_2 r_2)$$

$$= w_1^2 \sigma_{11} + 2w_1 w_2 \sigma_{12} + w_2^2 \sigma_{22}$$

$$= w_1^2 \sigma_{11} + 2w_1 w_2 \sqrt{\sigma_{11}}\sqrt{\sigma_{22}}\rho_{12} + w_2^2 \sigma_{22} \tag{1.6}$$

となる. ここで, Cov は共分散[*3)]を表し,

$$\mathrm{Cov}(r_1, r_2) = \frac{1}{T-1}\sum_{t=1}^{T}\{r_1(t) - E(r_1)\}\{r_2(t) - E(r_2)\}$$
$$= E\left[\{r_1(t) - E(r_1)\}\{r_2(t) - E(r_2)\}\right] \tag{1.7}$$

で与えられる. また, σ_{ij}, σ_{ii} について, $\mathrm{Cov}(r_1, r_2) \triangleq \sigma_{12}$, および $\mathrm{Cov}(r_1, r_1) = \mathrm{Var}(r_1) \triangleq \sigma_{11}$ である. 既出の相関係数 ρ は, その範囲を -1 から $+1$ に収めるために共分散 Cov をそれぞれの標準偏差の積で除することによって標準化したもので

$$-1 \leq \rho_{12} = \frac{\mathrm{Cov}(r_1, r_2)}{\sqrt{V(r_1)}\sqrt{V(r_2)}} \leq +1$$
$$= \frac{\mathrm{Cov}(r_1, r_2)}{\sigma(r_1)\sigma(r_2)} \tag{1.8}$$

と定義される. さらに資産数を 2 から N へ拡張すると, N 資産からなるポートフォリオにおける資産 i への投資比率を w_i, 借り入れ等を行わずに自己資金以内で投資するとすると,

$$1 = \boldsymbol{w}^\top \mathbf{1}$$

である. ここで, $\boldsymbol{w}$ は投資配分ベクトル, $\mathbf{1}$ は全要素が 1 から構成されるベクトル

[*3)] 式 (1.3) 脚注と同様, 標本共分散を $\frac{1}{T-1}$ 倍したものが $\mathrm{Cov}(r_1, r_2)$ の不偏推定量である.

$$\boldsymbol{w} = \begin{pmatrix} w_1 \\ w_2 \\ \vdots \\ w_N \end{pmatrix}, \quad \boldsymbol{1} = \begin{pmatrix} 1 \\ 1 \\ \vdots \\ 1 \end{pmatrix}$$

で，$\top$ は転置 [*4)] を表す．時点 t から $t+1$ までのポートフォリオのリターン $r_p(t+1)$ は，各個別資産リターン $r_i(t+1)$ に対する時点 t における投資比率 $w_i(t)$ による加重和

$$\begin{aligned} r_p(t+1) &= \sum_{i=1}^{N} w_i(t)r_i(t+1) \\ &= \boldsymbol{w}^\top(t)\boldsymbol{r}(t+1) \end{aligned} \tag{1.9}$$

であり，ここで

$$\boldsymbol{r} = \begin{pmatrix} r_1 \\ r_2 \\ \vdots \\ r_N \end{pmatrix}$$

である．各個別資産リターンの期待値は

$$E(\boldsymbol{r}) = \begin{pmatrix} E(r_1) \\ E(r_2) \\ \vdots \\ E(r_N) \end{pmatrix}$$

であるので，ポートフォリオの期待リターンは

$$\begin{aligned} E(r_p(t+1)) &= \sum_{i=1}^{N} w_i(t)E(r_i(t+1)) \\ &= \boldsymbol{w}^\top(t)E(r(t+1)) \end{aligned} \tag{1.10}$$

で与えられる．2 資産間の共分散が

[*4)]　行列の転置とは，行列の全要素に対して，それぞれの位置を表わす行と列とも入替えることを意味する．

$$\text{Cov}(r_i, r_j) = E\left[\{r_i - E(r_i)\}\{r_j - E(r_j)\}\right] = \sigma_{ij} \tag{1.11}$$

であることから，ポートフォリオの分散は

$$
\begin{aligned}
V(r_p) &= \sum_{i=1}^{N}\sum_{j=1}^{N} w_i w_j \sigma_{ij} \\
&= \boldsymbol{w}^T \boldsymbol{\Sigma} \boldsymbol{w} \\
&= \sum_{i=1}^{N} w_i^2 \sigma_{ii} + 2\sum_{i=1}^{N}\sum_{j>i}^{N} w_i w_j \sigma_{ij} \\
&= \sum_{i=1}^{N} w_i^2 \sigma_{ii} + \sum_{i=1}^{N}\sum_{j\neq i}^{N} w_i w_j \sigma_{ij}
\end{aligned} \tag{1.12}
$$

となり，リスクは標準偏差

$$\sigma(r_p) = \sqrt{V(r_p)} \tag{1.13}$$

として与えられる．ここで，

$$\boldsymbol{\Sigma} = \begin{pmatrix} \sigma_{11} & \cdots & \sigma_{1N} \\ \vdots & \ddots & \vdots \\ \sigma_{N1} & \cdots & \sigma_{NN} \end{pmatrix} \tag{1.14}$$

とすると，

$$V(r_p) = \boldsymbol{w}^\top \boldsymbol{\Sigma} \boldsymbol{w} \tag{1.15}$$

と簡便に表わされる．$\boldsymbol{\Sigma}$ を分散共分散行列あるいは共分散行列とよぶ．

次に，2つの異なるポートフォリオ p_1 と p_2

$$\boldsymbol{w}_{p_1} = \begin{pmatrix} w_1^{p1} \\ w_2^{p1} \\ \vdots \\ w_N^{p1} \end{pmatrix}, \quad \boldsymbol{w}_{p_2} = \begin{pmatrix} w_1^{p2} \\ w_2^{p2} \\ \vdots \\ w_N^{p2} \end{pmatrix}$$

との間のリスク，共分散を求めよう．式 (1.11) および和の期待値と期待値の和が等しいことから，2つの確率変数 X と Y との間の共分散は

$$
\begin{aligned}
\text{Cov}(X, Y) &= E\left((X - E(X))(Y - E(Y))\right) \\
&= E\left(XY - X E(Y) - Y E(X) + E(X) E(Y)\right)
\end{aligned}
$$

$$= E(XY) - E(X)E(Y) - E(Y)E(X) + E(X)E(Y)$$
$$= E(XY) - E(X)E(Y) \tag{1.16}$$

である．また，同表記の下で X の分散は

$$V(X) \triangleq \mathrm{Cov}(X, X)$$
$$= E(XX) - E(X)E(X) \tag{1.17}$$

と表される．$X = \boldsymbol{w}_{p_1}^\top \boldsymbol{r}$ および $Y = \boldsymbol{w}_{p_2}^\top \boldsymbol{r}$ とすると，

$$E(XY) = E\left(\boldsymbol{w}_{p_1}^\top \boldsymbol{r} \boldsymbol{w}_{p_2}^\top \boldsymbol{r}\right)$$
$$= \boldsymbol{w}_{p_1}^\top E\left(\boldsymbol{r} \boldsymbol{r}^\top\right) \boldsymbol{w}_{p_2} \tag{1.18}$$

および

$$E(X)E(Y) = E\left(\boldsymbol{w}_{p_1}^\top \boldsymbol{r}\right) E\left(\boldsymbol{w}_{p_2}^\top \boldsymbol{r}\right)$$
$$= \boldsymbol{w}_{p_1}^\top E(\boldsymbol{r}) E(\boldsymbol{r}^\top) \boldsymbol{w}_{p_2} \tag{1.19}$$

であるから，式 (1.16)，式 (1.18) および式 (1.19) より，

$$\mathrm{Cov}(X, Y) \triangleq \mathrm{Cov}(\boldsymbol{w}_{p_1}^\top \boldsymbol{r}, \boldsymbol{w}_{p_2}^\top \boldsymbol{r})$$
$$= E(XY) - E(X)E(Y)$$
$$= \boldsymbol{w}_{p_1}^\top E\left(\boldsymbol{r} \boldsymbol{r}^\top\right) \boldsymbol{w}_{p_2} - \boldsymbol{w}_{p_1}^\top E(\boldsymbol{r}) E(\boldsymbol{r}^\top) \boldsymbol{w}_{p_2}$$
$$= \boldsymbol{w}_{p_1}^\top \left\{ E\left(\boldsymbol{r} \boldsymbol{r}^\top\right) - E(\boldsymbol{r}) E(\boldsymbol{r}^\top) \right\} \boldsymbol{w}_{p_2}$$
$$= \boldsymbol{w}_{p_1}^\top \begin{pmatrix} \overline{r_1 r_1} - \overline{r_1}\ \overline{r_1} & \cdots & \overline{r_1 r_N} - \overline{r_1}\ \overline{r_N} \\ \vdots & \ddots & \vdots \\ \overline{r_N r_1} - \overline{r_N}\ \overline{r_1} & \cdots & \overline{r_N r_N} - \overline{r_N}\ \overline{r_N} \end{pmatrix} \boldsymbol{w}_{p_2}$$
$$= \boldsymbol{w}_{p_1}^\top \begin{pmatrix} \sigma_{11} & \cdots & \sigma_{1N} \\ \vdots & \ddots & \vdots \\ \sigma_{N1} & \cdots & \sigma_{NN} \end{pmatrix} \boldsymbol{w}_{p_2}$$
$$= \boldsymbol{w}_{p_1}^\top \boldsymbol{\Sigma} \boldsymbol{w}_{p_2} \tag{1.20}$$

となる．ここで，$\overline{A} = E(A)$ とした．

1.2 効率的なポートフォリオ

1.1 節では，個別資産のリターンに関する分布情報として，期待リターンとそのばらつきであるリスク（標準偏差），さらには資産リターン間の相互依存性に関する情報である相関係数が与えられたときに，すべてのリターンが正規分布に従う下で周辺分布および同時分布が既知となることから，それらの資産から構成されるポートフォリオのリターンとリスクを知ることできることを示した．本節では Brunnermeier(2014) の一部を参照しつつ，効率的なポートフォリオについて示す．

1.2.1 効率性とは

投資における効率性とはリターンとリスクとの大小関係において論じられることが一般的である．典型例として，リターンが同水準である場合はリスクがより小さい投資，あるいはリスクが同水準である場合はリターンががより大きい投資，がより効率的であるとされる．2資産を対象とする図 1.4 を多資産に対象を拡大した場合に，選択し得るすべてのポートフォリオが取り得る範囲を同図と同様にリスク・リターン (r-σ) 平面上に模式的に表したのが図 1.5 である．

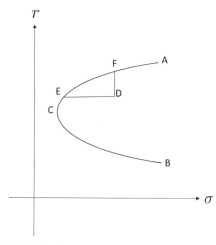

図 1.5 多資産が構成するポートフォリオによるリスクとリターン可能領域（r-σ 平面）

A，B および C で囲まれた領域がポートフォリオとして選択可能であり，空売りなしの投資制約条件下では，個別資産をどのような比率でポートフォリオを構成しても，この領域の外側は達成することができない．点 D はこの範囲内に位置しているためにポートフォリオとして構成すること可能である．点 E は点 D に比較するとリターン水準が同一であるものの，リスク水準がより低い．点 F は点 D に比較するとリスク水準が同一であるものの，リターン水準がより高い．よって，点 E および点 F は点 D よりも効率的である．点 C を領域内に任意の位置に移動させると弧 AC が効率的なポートフォリオの集合となっていることがわかる．r-σ 平面上では，より左上方向における投資が効率的であるが，弧 AC を越えて左上方向に投資することができない．

1.2.2 効率的なポートフォリオの導出

次に効率的なポートフォリオを導出しよう．効率的とは，投資家が期待するリターン $E(r)$ を目標とする際に負担するリスクを最小とすること，あるいは，投資家が負担するリスクに対して期待リターンを最大化することを指す．以下では前者について考える．この問題は

$$\min V(r) = \frac{1}{2}\boldsymbol{x}^\top \boldsymbol{\Sigma}\boldsymbol{x} \tag{1.21}$$

$$\text{s.t. } E(r) = \boldsymbol{x}^\top \boldsymbol{r} \tag{1.22}$$

と定式化され，ラグランジュ乗数 λ を導入すると，

$$\min L = \frac{1}{2}\boldsymbol{x}^\top \boldsymbol{\Sigma}\boldsymbol{x} - \lambda\left(\boldsymbol{x}^\top \boldsymbol{r} - E(r)\right) \tag{1.23}$$

と書け，一階の条件

$$\frac{\partial L}{\partial \boldsymbol{x}} = \boldsymbol{\Sigma}\boldsymbol{x} - \lambda\boldsymbol{r} = \boldsymbol{0} \tag{1.24}$$

$$\frac{\partial L}{\partial \lambda} = -\boldsymbol{x}^\top \boldsymbol{r} + E(r) = 0 \tag{1.25}$$

である．式 (1.24) を

$$\boldsymbol{x} = \lambda\boldsymbol{\Sigma}^{-1}\boldsymbol{r} \tag{1.26}$$

と変形し，左から $\boldsymbol{r}^\top$ をかけると，

$$\boldsymbol{r}^\top \boldsymbol{x} \triangleq E(r) = \lambda\boldsymbol{r}^\top \boldsymbol{\Sigma}^{-1}\boldsymbol{r} \tag{1.27}$$

であるから，λ は

$$\lambda = \frac{E(r)}{r^\top \Sigma^{-1} r} \tag{1.28}$$

と書ける．さらに，ポートフォリオ x は

$$x = \lambda \Sigma^{-1} r = \frac{E(r)}{r^\top \Sigma^{-1} r} \Sigma^{-1} r \tag{1.29}$$

となる．

― 一階の条件と微分 ―

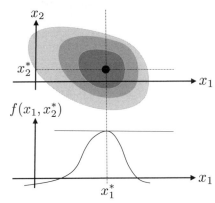

2 変量関数 $f(x_1, x_2)$ を最大化する問題を考える．f に最大値を与える (x_1, x_2) を (x_1^*, x_2^*) とすると，$f(x_1, x_2^*)$ の $x = x_1^*$ における接線は水平となる．この様子を左図に示す．その傾きは f の x_1 に関する一階微分によって求められる．f は x_1 のみならず x_2 の関数でもあるから，x_2 に依存せずに x_1 のみで微分することを x_1 についての偏微分とよび，$\partial f/\partial x_1$ または f_{x_1} と表す．(x_1^*, x_2^*) において f の接線の傾きがゼロであることから，

$$\frac{\partial f}{\partial x_1} = 0$$

となる．これを一階の条件とよぶ．例えば，

$$f(x_1, x_2) = 2x_1^2 + x_1 x_2 + 3x_1 - 2x_2 + 1$$

では，

$$\frac{\partial f}{\partial x_1} = 4x_1 + x_2 + 3 \triangleq 0$$

より

$$x_1^* = \frac{-x_2 - 3}{4}$$

が成り立つ．

なお,関数が 1 変量 $f(x_1)$ の場合,x_1 に関する微分は常微分とよばれ,$\dfrac{df}{dx_1}$ あるいは $f'(x_1)$ と表す.

ここで,ラグランジュ乗数 λ と一階の条件よりポートフォリオ $\boldsymbol{x}$ が得られる背景について考えよう.簡単のために期待リターン 1,分散 2 かつ相関ゼロの 2 資産からなるポートフォリオが期待リターン 1 を満たす配分の中で最もリスクが小さいポートフォリオを考える.この場合,期待リターン $E(r)$ は

$$
\begin{aligned}
E(r) &= \boldsymbol{x}^\top \boldsymbol{r} \\
&= \begin{pmatrix} x_1 & x_2 \end{pmatrix} \begin{pmatrix} 1 \\ 1 \end{pmatrix} \\
&= x_1 + x_2 \\
&= 1
\end{aligned}
\tag{1.30}
$$

であり,リスク $V(r)$ は

$$
\begin{aligned}
V(r) &= \frac{1}{2} \boldsymbol{x}^\top \boldsymbol{\Sigma} \boldsymbol{x} \\
&= \frac{1}{2} \begin{pmatrix} x_1 & x_2 \end{pmatrix} \begin{pmatrix} 2 & 0 \\ 0 & 2 \end{pmatrix} \begin{pmatrix} x_1 \\ x_2 \end{pmatrix} \\
&= x_1^2 + x_2^2
\end{aligned}
\tag{1.31}
$$

である.この様子を図 1.6 に表現すると,2 資産間は $\rho = 0$ であることから,リスクから得られる両資産への投資比率範囲は原点を中心とする半径 $\sqrt{V(r)}$ の真円上にあることがわかる.一方,期待リターン制約から得られる情報は直線で表される.この両者を同時に満たす唯一の部分が両者の接点である.初歩的な代数を用いて接点が特定可能なのは問題が小規模かつ単純な制約条件の下にある場合に限られることを示す.式 (1.23) の第 1 項を L_1 とすると

$$
L_1 = \frac{1}{2} \boldsymbol{x}^\top \boldsymbol{\Sigma} \boldsymbol{x}
\tag{1.32}
$$

は二次曲面となる.これを L_1 曲面とよぶこととする.第 2 項を L_2 とよぶこととすると

$$
L_2 = \lambda \left(\boldsymbol{x}^\top \boldsymbol{r} - E(r) \right)
\tag{1.33}
$$

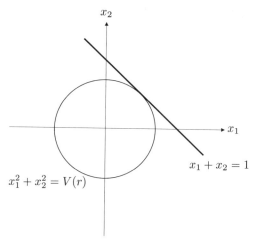

図 1.6 無相関・等分散の 2 資産間の最適投資：リスク $V(r)$ と期待リターン制約 $E(r) = 1$ との位置関係

は平面となる．これを L_2 平面とよぶこととする．互いの位置関係を図 1.7 に示す．$L_1 = L_2 = 1$ の水平断面が図 1.6 である．求解すべき点は，この水平断面上の $L_1 = L_2 = 1$ 水準に存在する L_1 曲面と L_2 平面との接点である．制約条件そのものである式 (1.25) を満たす (x_1, x_2) はこの接点を含んでいる．この事例では，L_1 曲面は原点に接するとともに，L_2 平面は L_1, L_2 軸と $L_2 = -1$ において交わる．次に，λ を特定しよう．三次元の煩雑さを簡略化するために $x_2 = 0$ すなわち x_1-L_1, L_2 平面のみを図 1.8 に示す．図 1.7 においては L_2 平面は，λ の増減に伴って，式 (1.25) を満たす (x_1, x_2) が構成する制約条件を示

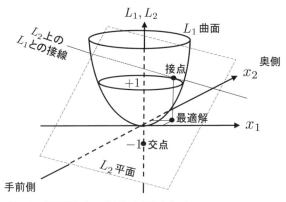

図 1.7 目的関数（L_1 曲面）と制約条件（L_2 平面）の位置関係

1.2 効率的なポートフォリオ

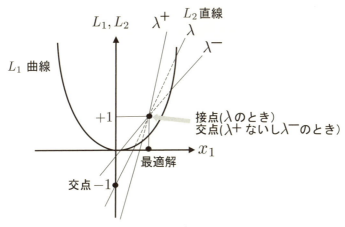

図 1.8 ラグランジュ乗数 λ の大小による目的関数（L_1 曲線）と制約条件（L_2 直線）との位置関係

す直線を軸として回転するため，二次元化した図 1.7 においては，ある λ 値において L_1 曲線と L_2 直線が接し，それ以外の $\lambda^- < \lambda$ あるいは $\lambda < \lambda^+$ では交点が生じる．この接点を与える λ を伴う x が最適解である．接点における性質である一階の条件を適用するために，図 1.9 に図 1.8 の L_1 および L_2 軸を L 軸に切り替えた位置関係を示す．式 (1.23) により，L 軸は $L_1 =$ から L_2 を差引いたものであるから，L_2 直線が水平軸に一致するまで L_1 曲線が時計周り方向に回転する．この状態において L_1 曲線上の傾きがゼロとなる点が求解すべき最適解である．よって，式 (1.24) が要請する L の x_1 に関する一階の条件によって λ が定まる．ラグランジュ乗数と一階の条件との利用により最適解を得

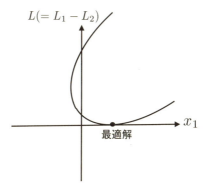

図 1.9 L 上の最適解と一階の条件

るラグランジュの未定定数法を用いる非常に単純な一例を示した．なお，上記の議論には三次元から二次元への縮約に伴って精度を欠く点があることを了承願いたい．

次に，資金の借り入れや貸し出しを禁ずる（自己充足）制約条件 $1 = \boldsymbol{x}^\top \boldsymbol{1}$ を加える．すると，問題は

$$\min V(R) = \frac{1}{2}\boldsymbol{x}^\top \boldsymbol{\Sigma} \boldsymbol{x} \tag{1.34}$$

$$\text{s.t. } E(R) = \boldsymbol{x}^\top \boldsymbol{r} \tag{1.35}$$

$$1 = \boldsymbol{x}^\top \boldsymbol{1} \tag{1.36}$$

と定式化される．制約条件が1つ増えたためにラグランジュ乗数として λ に加えて γ を導入すると，この問題は

$$\min L = \frac{1}{2}\boldsymbol{x}^\top \boldsymbol{\Sigma} \boldsymbol{x} - \lambda \left(\boldsymbol{x}^\top \boldsymbol{r} - E(r) \right) - \gamma \left(\boldsymbol{x}^\top \boldsymbol{1} - 1 \right) \tag{1.37}$$

と書き換えられる．一階の条件は，

$$\frac{\partial L}{\partial \boldsymbol{x}} = \boldsymbol{\Sigma} \boldsymbol{x} - \lambda \boldsymbol{r} - \gamma \boldsymbol{1} = \boldsymbol{0} \tag{1.38}$$

に加え，

$$\frac{\partial L}{\partial \lambda} = E(r) - \boldsymbol{x}^\top \boldsymbol{r} = 0 \tag{1.39}$$

$$\frac{\partial L}{\partial \gamma} = 1 - \boldsymbol{x}^\top \boldsymbol{1} = 0 \tag{1.40}$$

から構成される．式 (1.38) を

$$\boldsymbol{x} = \lambda \boldsymbol{\Sigma}^{-1} \boldsymbol{r} + \gamma \boldsymbol{\Sigma}^{-1} \boldsymbol{1} \tag{1.41}$$

と変形し，さらに左から $\boldsymbol{r}^\top$ をかけると，これはポートフォリオに対する期待リターン $E(r)$

$$E(r) = \boldsymbol{r}^\top \boldsymbol{x} = \lambda \left(\boldsymbol{r}^\top \boldsymbol{\Sigma}^{-1} \boldsymbol{r} \right) + \gamma \left(\boldsymbol{r}^\top \boldsymbol{\Sigma}^{-1} \boldsymbol{1} \right) \tag{1.42}$$

を表す．同様に左から $\boldsymbol{1}^\top$ をかけると，これはポートフォリオの総和1という制約条件

$$\boldsymbol{1}^\top \boldsymbol{x} = 1$$
$$= \lambda \left(\boldsymbol{1}^\top \boldsymbol{\Sigma}^{-1} \boldsymbol{r} \right) + \gamma \left(\boldsymbol{1}^\top \boldsymbol{\Sigma}^{-1} \boldsymbol{1} \right) \tag{1.43}$$

を表す. 以上より, λ および γ は

$$\lambda = \frac{CE(r) - A}{D} \tag{1.44}$$

$$\gamma = \frac{B - AE(r)}{D} \tag{1.45}$$

$$D \triangleq BC - A^2 \tag{1.46}$$

と整理することができる. ただし, A, B および C は

$$A \triangleq \boldsymbol{r}^\top \boldsymbol{\Sigma}^{-1} \mathbf{1} \tag{1.47}$$

$$B \triangleq \boldsymbol{r}^\top \boldsymbol{\Sigma}^{-1} \boldsymbol{r} \tag{1.48}$$

$$C \triangleq \mathbf{1}^\top \boldsymbol{\Sigma}^{-1} \mathbf{1} \tag{1.49}$$

である.

1.2.3 効率的なポートフォリオの特徴

次に, 効率的なポートフォリオ $\boldsymbol{x}$ の特徴について考えよう. 式 (1.41), (1.44) および式 (1.45) により,

$$\begin{aligned}
\boldsymbol{x} &= \frac{CE(r) - A}{D} \boldsymbol{\Sigma}^{-1} \boldsymbol{r} + \frac{B - AE(r)}{D} \boldsymbol{\Sigma}^{-1} \mathbf{1} \\
&= \frac{1}{D} \left(B\boldsymbol{\Sigma}^{-1}\mathbf{1} - A\boldsymbol{\Sigma}^{-1}\boldsymbol{r} \right) + \frac{1}{D} \left(C\boldsymbol{\Sigma}^{-1}\boldsymbol{r} - A\boldsymbol{\Sigma}^{-1}\mathbf{1} \right) E(r)
\end{aligned} \tag{1.50}$$

であることから, ポートフォリオ $\boldsymbol{x}$ は期待リターン $E(r)$ に線形であることがわかる. ここで, $\boldsymbol{g} = \left(B\boldsymbol{\Sigma}^{-1}\mathbf{1} - A\boldsymbol{\Sigma}^{-1}\boldsymbol{r} \right)/D, \boldsymbol{h} = \left(C\boldsymbol{\Sigma}^{-1}\boldsymbol{r} - A\boldsymbol{\Sigma}^{-1}\mathbf{1} \right)/D$ とすると,

$$\boldsymbol{x} = \boldsymbol{g} + \boldsymbol{h}E(r) \tag{1.51}$$

となる. 式 (1.35) における制約条件である期待リターン水準 $E(r)$ に対して $E(r) = 0$ とすると最適ポートフォリオは $\boldsymbol{x} = \boldsymbol{g}$, 同様に $E(r) = 1$ とすると最適ポートフォリオは $\boldsymbol{x} = \boldsymbol{g} + \boldsymbol{h}$ となる. このことから式 (1.51) は以下に示す重要な特徴をもつ:

┌─ 効率的なポートフォリオの特徴 ─────────────────

● この両ポートフォリオ $\boldsymbol{g}$ および $\boldsymbol{g} + \boldsymbol{h}$ は式 (1.50) を満たすので効率

的である

- 効率的なポートフォリオの集合内の任意の点は，$E(r)$ の水準を選択することによって，g および $g + h$ の線形結合によって合成することができる
- すなわち，任意の効率的なポートフォリオどうしの和は効率的である

この特徴は，1.4.2 項に述べる時価総額加重ポートフォリオ，あるいは，2 章で述べるゼロ・ベータ CAPM などでも重要な役割を果たす知見の 1 つである．次に，ポートフォリオ x の分散 $\sigma^2(r) \triangleq x^\top \Sigma x$ を求めよう．その導出のために，式 (1.41) を式 (1.15) に代入し，

$$V(r) = \left(\lambda \Sigma^{-1} r + \gamma \Sigma^{-1} 1 \right)^\top \Sigma x \tag{1.52}$$

とした上で，さらに，ポートフォリオ内における個別資産の保有比率の総和は $1^\top x = 1$ であることから，

$$\begin{aligned} V(r) &= \lambda r^\top \Sigma^{-1} \Sigma x + \gamma 1^\top \Sigma^{-1} \Sigma x \\ &= \lambda r^\top x + \gamma \\ &= \lambda E(r) + \gamma \end{aligned} \tag{1.53}$$

と変形する．ここで，式 (1.44) および式 (1.45) より，

$$\begin{aligned} V(r) &= \frac{CE(r) - A}{D} E(r) + \frac{B - AE(r)}{D} \\ &= \frac{C}{D} \left(E(r) - \frac{A}{C} \right)^2 + \frac{1}{C} \end{aligned} \tag{1.54}$$

となり，$E(r)$ の放物線としての $V(r)$ を得る．さらに，このポートフォリオ x は効率的であるから，分散が最小となる最小分散ポートフォリオは $E(r) - A/C = 0$ のときにリターン-分散平面 (r-σ^2 平面) 上の $(\sigma^2(r), E(r)) = (1/C, A/C)$ に位置することがわかる．式 (1.54) を $E(r)$ について整理すると，

$$E(r) = \frac{A}{C} \pm \sqrt{\frac{D}{C} \left(\sigma^2(r) - \frac{1}{C} \right)} \tag{1.55}$$

となり，その位置関係を図 1.10 に図示する．

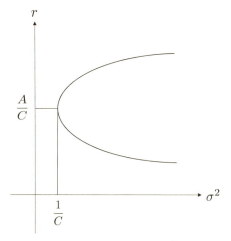

図 1.10　リターン-分散平面（r-σ^2 平面）

1.3　投　資　効　用

　前節では r-σ 平面上において，同一期待リターンの下ではより低リスク，同一リスク下ではより高い期待リターンが予想される投資を効率的な投資であると定め，その投資内容を求めるアプローチを示した．しかし，投資行動を決定する上で，その同一期待リターンの水準とは投資家はどのように設定するのであろうか．あるいは，それが可能な範囲で最も低リスクな投資行動だからといって，投資家にとって適切なのであろうか．前節までの議論はこのような問いに答えていない．リターンを追求する上ではリスクを負担する必要があるが，異なる期待リターン水準間あるいは異なるリスク水準間における最適投資を相互比較する意味がここにある．本節では，投資成果である価値，すなわち金額に対する満足度を計測する尺度として「効用関数」を考える．

1.3.1　期待投資効用
　いかなる投資家もその富の増大に伴って満足度が高まるものと考える．よって効用関数は富の単調増加関数である．ここで確率変数である富 X の効用関数 $U(X)$ の期待値を期待投資効用 $E[U(X)]$ と表すこととする．効用関数 $U(X)$ が単に X に正比例するだけの状態，すなわち富の大小のみが満足度を決める，

といった場合は

$$E[X_1] > E[X_2] \quad \Rightarrow \quad E[U(X_1)] > E[U(X_2)] \tag{1.56}$$

と極めて単純である．しかし，負担するリスクによって満足度が変わる場合，例えば $\sigma(X_1) > \sigma(X_2)$ である場合はこの満足度を適切に表していないため，式 (1.56) では X_1 あるいは X_2 のいずれの投資が優れているか評価することができない．ここで投資効用 $U(X)$ を $X = E[X]$ のまわりでテーラー展開すると，

$$\begin{aligned}
U(X) = &\, U(E[X]) \\
&+ U^{'}(E[X])(X - E[X]) \\
&+ \frac{1}{2}U^{''}(E[X])(X - E[X])^2 \\
&+ \frac{1}{6}U^{'''}(E[X])(X - E[X])^3 \\
&+ \frac{1}{24}U^{(4)}(E[X])(X - E[X])^4 + \cdots
\end{aligned} \tag{1.57}$$

となる．式 (1.56) の例では，式 (1.57) において第 2 項目以降が捨象されている．このような捨象がどのような意味をもつのか，具体的な効用関数を対象に考えよう．

1.3.2　3つの投資態度

効用関数は富の増大に対して単調増加であるとしても，どのような増加関数であるかによって以降の議論が大きく影響を受ける．このため，富の水準によって一単位の富の増加に対してどの程度効用が増加するのか，に応じて3つのパターンに分類する．図 1.11 にそれぞれを図示する．

まず第一に「リスク回避型」の効用は富の水準の増加に伴って一単位の富の増加に対する効用の増加が逓減する．同じ 1 万円を得た場合でも，富が 1 万円の場合と 1 億円の場合では，前者のほうが効用増加幅が大きいことを表す．これが「リスク回避型」と形容される背景は以下の通りとなる．図 1.12 が示すリスク回避型の曲線は凸関数であり，$x_1 < x_2$ である x_1 および x_2 の 2 点について

$$U(\alpha x_1 + (1 - \alpha)x_2) \geq \alpha U(x_1) + (1 - \alpha)U(x_2), \quad 0 \leq \alpha \leq 1 \tag{1.58}$$

を満たす．これを図示すると図 1.12 となる．

効用関数を考えるとき，式 (1.58) の左辺は，金額 x_1 を得られる確率が α，金

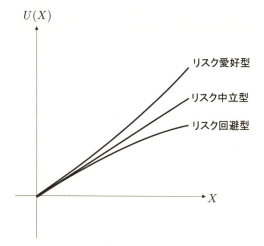

図 1.11　投資効用の違い

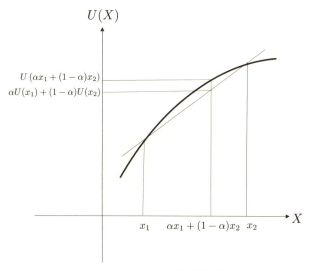

図 1.12　リスク回避型の期待効用

額 x_2 を得られる確率が $1-\alpha$ である投資によって得られる期待値として確定する効用を意味する．一方，右辺は，金額 x_1 による効用と金額 x_2 による効用をそれぞれの確率 α および $1-\alpha$ によって加重したものである．つまり前者は確実であり，後者は不確実である．式 (1.58) の不等号は，同じ富が得られるのであれば確実性が高い，すなわち，よりリスクが低い投資が，より投資効用が

大きいことを示しており，このことが「リスク回避型」とよばれる所以である．
「リスク愛好型」では，その関数の形状から，不等号が式 (1.58) から反転し，

$$U(\alpha x_1 + (1-\alpha)x_2) \leq \alpha U(x_1) + (1-\alpha)U(x_2), \quad 0 \leq \alpha \leq 1 \quad (1.59)$$

が成り立つ．よって，「リスク回避型」とは反対に，同じ富が得られるのであれば確実性が低い，すなわち，よりリスクが高い投資が，より投資効用が大きいことを示している．最後に「リスク中立型」では投資効用は富 x に対して

$$U(x) = ax + b, \quad a > 0 \quad (1.60)$$

が表す直線となる．この場合，$x_1 < x_2$ である x_1 および x_2 の 2 点について，$U(x_1) < U(x_2)$ が成り立つことから，単に富の大小のみが効用に大小を与え，確実性は関与しない．

1.3.3 リスク回避型

一般社会においては議論が残る可能性があるが，投資理論を論じる場合には投資家は「リスク回避型」であるとすることがほとんどである．図 1.12「リスク回避型」の曲線は，$U' > 0$ および $U'' < 0$ として特徴付けされる．具体的にこの特徴を満たす典型的な 3 つの関数として「指数型効用関数」，「二次効用関数（ただし限定区間内）」，「対数型効用関数」および「ベキ乗型効用関数」が効用関数としては一般的で，指数型効用関数は $U(x) = 1 - \mathrm{e}^{-\lambda x}(\lambda \geq 0)$，二次効用関数 $U(x) = x - (\lambda/2)x^2(\lambda \geq 0, x < 1/\lambda)$，対数型効用関数 $U(x) = \ln x$ およびベキ乗型効用関数 $U(x) = \lambda x^\lambda(\lambda \neq 0, \lambda \leq 1)$ などの関数形である．中でも，二次効用関数を最大化する問題が平均分散最適化として有名である．

1.3.4 二次近似の限界

式 (1.57) に示す効用関数のテーラー展開において，$X = \mu$ の周りでは

$$E[U(X)] \approx U(\mu) + \frac{1}{2}U''(\mu)\sigma^2 + \frac{1}{6}U'''(\mu)S\sigma^3 + \frac{1}{24}U^{(4)}(\mu)K\sigma^4 \quad (1.61)$$

となる．ただし，歪度 S および尖度 K は

$$S = \frac{E[(X-\mu)^3]}{\sigma^3} \quad (1.62)$$

$$K = \frac{E[(X-\mu)^4]}{\sigma^4} \quad (1.63)$$

である．$U(\mu)$ について

$$U(\mu) \approx U(0) + U^{'}(0)\mu \tag{1.64}$$

と近似し，$U(0) = 0$ および $U^{'}(0) = 1$ とすると，

$$E[U(X)] \approx \mu + \frac{1}{2}U^{''}(\mu)\sigma^2 + \frac{1}{6}U^{'''}(\mu)S\sigma^3 + \frac{1}{24}U^{''''}(\mu)K\sigma^4 \tag{1.65}$$

となる．これをリスク回避型の投資効用に適用すると，指数型効用関数の場合，

$$E[U(X)] \approx \mu - \frac{\lambda}{2}\sigma^2 + \frac{\lambda^2}{6}S\sigma^3 - \frac{\lambda^3}{24}K\sigma^4 \tag{1.66}$$

となる．λ はリスク回避度である．三次以上の高次項に着目すると，富の密度関数が正規分布である場合はすべてゼロ [*5] となるため，効用は

$$E[U(X)] \approx \mu - \frac{\lambda}{2}\sigma^2 \tag{1.67}$$

と二次効用関数となる．よって，二次効用関数がリスク回避型の投資効用の 1 つである指数型効用関数に対する良い近似であるためには，

平均分散二次効用関数の前提

- 富 x の密度関数が正規分布
- リスク回避度 λ について $\lambda \geq 0$，かつ，富 x について $x < \dfrac{1}{\lambda}$

が必要条件となる．しかし，金融資本市場における資産価格変動の正規性については議論があり，その変動範囲とリスク回避度 λ との関係についても同様であろう．次項 1.3.5 項に述べるマーコウィッツ解は，平均分散二次効用を無制約下で最大化するポートフォリオに他ならない．

図 1.13 には，式 (1.66) に示す指数型効用関数のテーラー展開について低次から高次まで累積した場合，どのように元の指数型効用関数を近似するかを図示する．富が激しく増減し，二次までの近似における λ の範囲 $\lambda \geq 0, x < 1/\lambda$ を逸脱すると，富の増加に伴って投資効用が低下し，単調増加に反する．実デー

[*5]　正規分布における密度関数を 5.5.1 項に導出する．テーラー展開における三次以降の高次奇数項がゼロとなることは，正規分布が左右対称であることから直感的である．正確には，モーメント（積率）母関数を用いて三次以降の高次項がゼロとなることが確認できる．

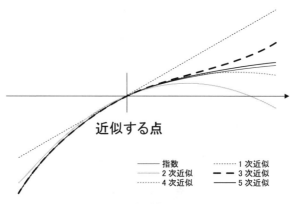

図 1.13 指数効用の近似

タによる高次項捨象の影響を検証するために，図 1.14 には，米国 S&P500 指数を上段，歪度を中段および尖度を下段に図示する．式 (1.66) は，実際の株価変動には分散だけではなく，かなりのマイナス歪度やプラス尖度があることがわかる．式 (1.66) における第 3 項が負の歪度を呈するとき投資効用は低下するが，第 2 項以下のみにより近似する二次効用関数では反映されないため，実際の富の変動に対して投資家が違和感を覚えることとなるのである．

1.3.5　平均分散ポートフォリオ最適化による効用最大化

1.3.4 項では，リスク回避型の投資家にとっての投資効用と平均分散である二次効用近似の限界について述べた．とは言うものの，その簡便さから平均分散最適がもたらす投資家への恩恵は極めて大きい．歪度や尖度などの高次項を認めると，最適解の計算は一般的には解析的に困難となる．このため，ノンパラメトリック法あるいはモンテカルロ法などといった計算機負荷の高く，解の性質に関する理論的解釈が必ずしも容易ではないアプローチを強いられる場合がある．一方，正規分布に従う条件の下での平均分散最適は，

$$\max U(\boldsymbol{x}) = \boldsymbol{x}^\top \boldsymbol{r} - \frac{\lambda}{2} \boldsymbol{x}^\top \boldsymbol{\Sigma} \boldsymbol{x} \tag{1.68}$$

の一階の条件 $\dfrac{\partial U(\boldsymbol{x})}{\partial \boldsymbol{x}} = 0$ を満たす

$$\boldsymbol{x}^* = (\lambda \boldsymbol{\Sigma})^{-1} \boldsymbol{r} \tag{1.69}$$

である．ここで，

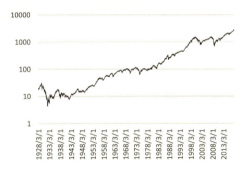

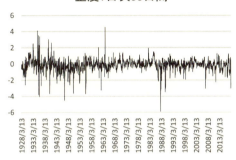

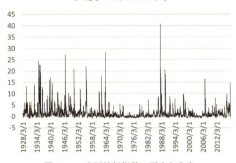

図 1.14　米国株価指数の歪度と尖度

$$r(t) \sim \mathcal{N}(\boldsymbol{\mu}, \boldsymbol{\Sigma}) \tag{1.70}$$

である．これをマーコウィッツ解とよぶことがあり，無制約条件下における二次効用平均分散最適として広く知られている．また，時間経過等により $r(t)$ および $\boldsymbol{\Sigma}(t)$ が変化するなどして最適ポートフォリオを再度構築するためのリバ

ランスを行う場合，保有資産の売買執行に執行コストとよぶ費用を支払う．特に，執行コストが取引量の二乗に比例する場合は，$\Delta \boldsymbol{x}(t) = \boldsymbol{x}(t) - \boldsymbol{x}(t-1)$，さらに，資産数 N のときに $\boldsymbol{B}$ を $(N \times N)$ 正方対角行列の執行コスト係数とすると

$$\max U(\boldsymbol{x}(t)) = \boldsymbol{x}^\top \boldsymbol{r}(t) - \frac{\lambda}{2} \boldsymbol{x}(t)^\top \boldsymbol{\Sigma} \boldsymbol{x}(t)$$
$$-\frac{1}{2} \Delta \boldsymbol{x}(t)^\top \boldsymbol{B} \Delta \boldsymbol{x}(t) \tag{1.71}$$

を満たす

$$\boldsymbol{x}^*(t) = (\lambda \boldsymbol{\Sigma} + \boldsymbol{B})^{-1} \{ \boldsymbol{r}(t) + \boldsymbol{x}(t-1) \} \tag{1.72}$$

を最適解として簡便に計算することができる．平均分散最適はその計算上の扱いやすさから，正規分布が恩恵をもたらす好例である．

1.4 CAPM

すべての市場参加者が投資家が投資理論の必要とする諸前提条件に沿って合理的に行動すると仮定した場合，それらの投資行動の集積する市場におけるリスク資産価格の決定について理論的枠組みを提供する分野が資本資産価格モデル（Capital Asset Pricing Model: CAPM）などで代表される資本市場論である．特に需要と供給が均衡状態の下，リスク資産の価格決定に焦点があてられる．この分野は，Sharpe(1964) および Lintner(1965) などによる CAPM と Ross(1976) による APT（裁定価格理論）が主だったものである．本節では CAPM に焦点をあて，2つのアプローチからの導出方法を紹介する．

1.4.1 前 提 条 件

CAPM はその導出に以下の主要な条件を満たすことを要請する：

> **CAPM の主要な諸条件**
> a) すべての投資家はすべての資産の期末における価値の数多くの可能性について同一の見解を共有する
> b) すべての資産が同時に取り得る収益率は多変量正規分布に従う

c) すべての投資家は期末における期待効用を最大化するポートフォリオを選択する
d) すべての投資家はリスク回避的である
e) すべての投資家は無リスク資産を含むすべて資産に対して任意の大きさをもつロングないしショート・ポジションを構築することができる

これらの諸条件を緩和することによって CAPM が理論的にどのように異なる結果となるかは，これまで多くの優れた研究対象となってきた．本書では，a) および c) について条件緩和を行った場合の実務的な取り組みについて，ブラック・リターマン・モデル，カルマン・フィルターおよびマルコフ・スイッチによるレジーム・スイッチ，また，e) についてはゼロ・ベータ CAPM と関連する低ベータ，低ボラティリティ効果と関連する投資戦略について述べる．

1.4.2　時価総額加重ポートフォリオ

無リスク資産がある世界において，最も効率の高いポートフォリオについて考える．図 1.15 に $r\text{-}\sigma$ 平面上での投資機会の位置関係を示すと，リスク資産のみか

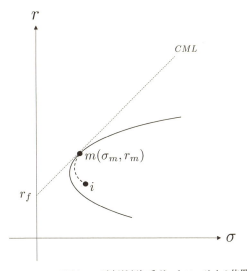

図 1.15　$r\text{-}\sigma$ 平面上での時価総額加重ポートフォリオの位置

ら構成する実曲線，無リスク資産のリターン水準 r_f から実曲線に点 $m(\sigma_m, r_m)$ で接する半直線，および実曲線の内側に位置するリスク資産 i となる．m を通る半直線上の投資は全投資機会の中で，リスクあたりのリターンが最も大きいことから最も効率が高い．ここで，前出の前提条件 a) および c) から，「すべての市場参加者は効率的な投資行動を行い，同一の投資見解を共有する」とされることから，その投資選択は最も効率が高い半直線上のいずれかの点を選択するものと考えられる．

r_f-m 間は無リスク資産と m へのいずれの配分比率も 0 から 1 の範囲である凸結合による配分を表し，リスク性資産内における個別資産投資比率は m における個別資産投資比率に一致する．点 m から右上に延伸する区間では，無リスク資産への配分はマイナスとなるその分 m への配分が合計が 1 の下で上乗せされており，すなわち無リスク金利において借り入れを行う状態を表すアフィン結合である．この半直線は資本市場線（Capital Market Line: CML）とよばれる．資本市場線上のどの点を選択するかは，市場参加者が要求する期待リターン $E(r)$，あるいは許容するリスク σ によって定まる．よって，いかなる市場参加者もその投資のすべて，あるいは一部を m に投資することとなる．この m は実曲線と資本市場線との接点に位置することから，接点ポートフォリオとよぶ．CAPM の全条件を満たす世界においては，すべての投資家がリスク性資産に対して同一の投資を行うことから，m は市場に存在するリスク性資産の総供給量を全市場参加者が分け合う必要がある．よって，その比率は構成する全個別リスク資産をそれらの時価総額加重比率で保有する結果となる．リスク資産を上場する世界各国の取引市場全体の値動きを表す指数は，日本の日経 225 株価指数などのごく一部を除いて，全構成資産をそれぞれの時価総額比率で加重したものとなっている．したがって，より大きい時価総額をもつ個別企業の株価の値動きは，そうでない個別企業の株価の値動きよりも指数に対する影響が相対的に大きいものとなる．投資理論においてはこれを市場ポートフォリオとよび，本書においても式を構成する関連変数にはその添え字として market を表す m を使用する．

以下では，この市場ポートフォリオの効率性について述べよう．まず，K 人から構成される総市場参加者の中で投資家 k による総市場構成資産 $1, \cdots, N$ の保有比率を $(y_1^k, \cdots, y_N^k)$，この投資家 k の保有資産総額が w^k のとき，i 番目

のリスク資産の時価総額は $v_i = \sum_k^K w^k y_i^k$ となる．すべての市場参加者にわたって i 番目のリスク性資産の保有量の総和 $\sum_k^K w^k y_i^k$ をすべての市場参加者の保有資産総額 $\sum_k^K w^k$ で除したものが市場ポートフォリオにおける i 番目のリスク資産の比率 y_i^m であり，

$$y_i^m = \frac{\sum_k^K w^k y_i^k}{\sum_k^K w^k} \tag{1.73}$$

と表される．よって，市場ポートフォリオの構成比率 $\boldsymbol{y}^m$ は

$$\boldsymbol{y}^m = \frac{1}{\sum_k^K w^k} \left(\sum_k^K w^k y_1^k, \cdots, \sum_k^K w^k y_i^k, \cdots, \sum_k^K w^k y_N^k \right) \tag{1.74}$$

であり，右辺内のベクトル各要素は資産それぞれの市場時価総額を表し，総市場時価総額 $\sum_k^K w^k$ で除されることから，市場ポートフォリオの構成比率 $\boldsymbol{y}^m$ は時価総額比率であることがわかる．式 (1.73) は

$$\begin{aligned} y_i^m &= \frac{\sum_k^K w^k y_i^k}{\sum_k^K w^k} \\ &= \frac{w^1}{\sum_k^K w^k} y_i^1 + \cdots + \frac{w^k}{\sum_k^K w^k} y_i^k + \cdots + \frac{w^K}{\sum_k^K w^k} y_i^K \end{aligned} \tag{1.75}$$

と書き直すことができる．式 (1.75) は任意のリスク資産 i に対して成り立つことから，

$$\boldsymbol{y}^m = \begin{pmatrix} y_1^m \\ \vdots \\ y_N^m \end{pmatrix} = \boldsymbol{w}^\top \boldsymbol{y}, \tag{1.76}$$

となる．ただし，

$$\boldsymbol{w} = \left(\frac{w^1}{\sum_k^K w^k}, \cdots, \frac{w^k}{\sum_k^K w^k}, \cdots, \frac{w^K}{\sum_k^K w^k} \right)^\top, \tag{1.77}$$

$$\boldsymbol{y} = (\boldsymbol{y}^1, \cdots, \boldsymbol{y}^k, \cdots, \boldsymbol{y}^K)^\top, \tag{1.78}$$

$$\boldsymbol{y}^k = (y_1^k, \cdots, y_N^k)^\top \tag{1.79}$$

である．CAPM では，「すべての投資家は期末における期待効用を最大化するポートフォリオを選択する」ことを前提条件の 1 つとすることから，$\boldsymbol{y}$ を構成

するすべての市場参加者が保有するポートフォリオはそれぞれ効率的なポートフォリオであるとされており，1.2.3項にて示されたように，それら効率的なポートフォリオどうしの線形結合である市場ポートフォリオも効率的なポートフォリオとなる．

1.4.3　CAPM 導出：古典的アプローチ

無制約な借り入れの対象となる無リスク資産の存在を認める 1.4.1 項の前提条件の下での効率的なポートフォリオ（有効フロンティアとよぶ）を考える．式 (1.35) における制約条件との違いは，リスク資産に加えて無リスク資産の貸借も含め投資対象とすることにある．図 1.15 を構成する市場ポートフォリオ m に加えて，それを構成する個別リスク資産 i のみを追加保有する場合を考える．それぞれへの資金配分は α および $1-\alpha$ とすると，期待リターン μ_p とリスク σ_p はそれぞれ

$$\mu_p = \alpha\mu_m + (1-\alpha)\mu_i \tag{1.80}$$

$$\sigma_p^2 = \alpha^2\sigma_m^2 + 2\alpha(1-\alpha)\mathrm{Cov}(r_m, r_i) + (1-\alpha)^2\sigma_i^2 \tag{1.81}$$

と表される．ここで，$r_m \sim \mathcal{N}(\mu_m, \sigma_m^2)$ および $r_i \sim \mathcal{N}(\mu_i, \sigma_i^2)$ である．全資産を m に投資，すなわち $\alpha = 1$ のとき，点 m においてリスク資産から構成される実曲線は資本市場線（CML）と接することから，

$$\left.\frac{d\mu_p}{d\sigma_p}\right|_{\alpha=1} = \frac{\mu_m - r_f}{\sigma_m} \tag{1.82}$$

を満たさなければならない．式 (1.80) により，

$$\left.\frac{d\mu_p}{d\alpha}\right|_{\alpha=1} = \mu_m - \mu_i \tag{1.83}$$

を得る．また，式 (1.81) により，

$$\begin{aligned}\frac{d\sigma_p^2}{d\alpha} &= 2\sigma_p\frac{d\sigma_p}{d\alpha} \\ &= 2\alpha\sigma_m^2 - (1-\alpha)\sigma_i^2 + 2(1-2\alpha)\sigma_i\mathrm{Cov}(r_m, r_i)\end{aligned} \tag{1.84}$$

を得る．これを変形して得られる

$$\left.\frac{d\sigma_p}{d\alpha}\right|_{\alpha=1} = \frac{\sigma_m^2 - \mathrm{Cov}(r_m, r_i)}{\sigma_m} \tag{1.85}$$

から

$$\left. \frac{d\mu_p}{d\sigma_p} \right|_{\alpha=1} = \frac{\left. \dfrac{d\mu_p}{d\alpha} \right|_{\alpha=1}}{\left. \dfrac{d\sigma_p}{d\alpha} \right|_{\alpha=1}} = \frac{(\mu_m - \mu_i)\sigma_m}{\sigma_m^2 - \mathrm{Cov}(r_m, r_i)} \triangleq \frac{\mu_m - r_f}{\sigma_m} \tag{1.86}$$

である. よって,

$$\mu_m - \mu_i = \frac{(\mu_m - r_f)\{\sigma_m^2 - \mathrm{Cov}(r_m, r_i)\}}{\sigma_m^2} \tag{1.87}$$

より,

$$\begin{aligned} E(r_i) = \mu_i &= r_f + \frac{\mathrm{Cov}(r_m, r_i)}{\sigma_m^2}(\mu_m - r_f) \\ &= r_f + \beta_{i,m}(\mu_m - r_f) \end{aligned} \tag{1.88}$$

として CAPM が導出される.

1.4.4 CAPM 導出：最適投資戦略によるアプローチ

このアプローチにおいて問題は,

$$\begin{aligned} \min\ & V(r) = \frac{1}{2}\boldsymbol{x}^\top \boldsymbol{\Sigma} \boldsymbol{x} \\ \text{s.t.}\ & E(r) = \boldsymbol{x}^\top \boldsymbol{r} + (1 - \boldsymbol{x}^\top \boldsymbol{1})r_f \end{aligned} \tag{1.89}$$

と定式化され, ラグランジュ乗数を λ として,

$$\min L = \frac{1}{2}\boldsymbol{x}^\top \boldsymbol{\Sigma} \boldsymbol{x} - \lambda \left\{ \boldsymbol{x}^\top \boldsymbol{r} + (1 - \boldsymbol{x}^\top \boldsymbol{1})r_f - E(r) \right\} \tag{1.90}$$

と書き換えられる. 一階の条件は,

$$\frac{\partial L}{\partial \boldsymbol{x}} = \boldsymbol{\Sigma} \boldsymbol{x} - \lambda(\boldsymbol{r} - r_f \boldsymbol{1}) = \boldsymbol{0} \tag{1.91}$$

となることから, ポートフォリオは

$$\boldsymbol{x} = \lambda \boldsymbol{\Sigma}^{-1}(\boldsymbol{r} - r_f \boldsymbol{1}) \tag{1.92}$$

となる. 式 (1.92) の両辺に $(\boldsymbol{r} - r_f \boldsymbol{1})^\top$ をかけ, $\boldsymbol{r}^\top \boldsymbol{x} = E(r)$ に注意すると,

$$\lambda = \frac{E(r) - r_f}{(\boldsymbol{r} - r_f \boldsymbol{1})^\top \boldsymbol{\Sigma}^{-1}(\boldsymbol{r} - r_f \boldsymbol{1})} \tag{1.93}$$

となる. 式 (1.93) の分母 $(\boldsymbol{r} - r_f \boldsymbol{1})^\top \boldsymbol{\Sigma}^{-1}(\boldsymbol{r} - r_f \boldsymbol{1})$ を H とすると, 式 (1.92) は,

$$\boldsymbol{x} = \frac{1}{H} \{E(r) - r_f\} \boldsymbol{\Sigma}^{-1} (\boldsymbol{r} - r_f \boldsymbol{1}) \tag{1.94}$$

となる．式 (1.20) により，この条件下におけるポートフォリオ1およびポートフォリオ2のリターンの共分散は

$$
\begin{aligned}
\mathrm{Cov}(r_2, r_1) &= \boldsymbol{x_2}^\top \boldsymbol{\Sigma} \boldsymbol{x_1} \\
&= \boldsymbol{\Sigma}^{-1} (\boldsymbol{r} - r_f \boldsymbol{1}) \frac{E(r_2) - r_f}{H} \boldsymbol{\Sigma} \boldsymbol{\Sigma}^{-1} (\boldsymbol{r} - r_f \boldsymbol{1}) \frac{E(r_1) - r_f}{H} \\
&= \frac{1}{H} \{E(r_2) - r_f\} (\boldsymbol{r} - r_f \boldsymbol{1})^\top \boldsymbol{\Sigma}^{-1} (\boldsymbol{r} - r_f \boldsymbol{1}) \frac{1}{H} \{E(r_1) - r_f\} \\
&= \{E(r_2) - r_f\} \, G \, (E(r_1) - r_f) \tag{1.95}
\end{aligned}
$$

と表される．ここで，式 (1.95) においてポートフォリオ1およびポートフォリオ2に依存しない部分を

$$G = \frac{1}{H} (\boldsymbol{r} - r_f \boldsymbol{1})^\top \boldsymbol{\Sigma}^{-1} (\boldsymbol{r} - r_f \boldsymbol{1}) \frac{1}{H} \tag{1.96}$$

としてまとめる．また，この条件下におけるポートフォリオ2のリターンの分散は，式 (1.95) から

$$V(r_2) = \mathrm{Cov}(r_2, r_2) = \{E(r_2) - r_f\}^2 G \tag{1.97}$$

となる．式 (1.95) を $E(r_2) - r_f$ について整理し，式 (1.95) より，式 (1.97) 同様 $G = \dfrac{V(r_1)}{\{E(r_1) - r_f\}^2}$ であるから，

$$
\begin{aligned}
E(r_2) - r_f &= \frac{\mathrm{Cov}(r_2, r_1)}{G} \frac{1}{E(r_1) - r_f} \\
&= \frac{\mathrm{Cov}(r_2, r_1)}{V(r_1)} E(r_1) - r_f \\
&= \beta_{2,1} \{E(r_1) - r_f\} \tag{1.98}
\end{aligned}
$$

である．また，ポートフォリオ1が市場ポートフォリオ m であれば，

$$E(r_2) - r_f = \beta_{2,m} \{E(r_m) - r_f\} \tag{1.99}$$

であるから，式 (1.88) と等しく

$$E(r_2) = r_f + \beta_{2,m} \{E(r_m) - r_f\} \tag{1.100}$$

が導かれる．これにより，すべてのリスク資産の期待リターンは β に比例してそれ以外の影響を受けない，ということが明らかとなる．式 (1.88) および式

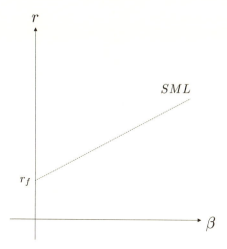

図 1.16 証券市場線（securities market line: SML）

(1.100) を図示すると，図 1.16 となる．図中の直線は証券市場線（Securities Market Line: SML）とよばれる．

2

前提条件の緩和（その1）：無リスク資産の欠如

　1章では標準的な投資理論について概説した．本章ではその延長として，CAPM
が必要とするいくつかの前提のうち，有力な研究者らが着目した緩和の1つと
して，無リスク資産が存在しない，および，存在するもののその借り入れが制
約を受ける場合について述べる．本節前半では Brunnermeier(2014) の一部を
参照しつつ，ゼロ・ベータ・ポートフォリオ導出とその性質について，さらに
後半では，Fischer Black が Black(1972) において言及した，無リスク資産に
関する CAPM 条件緩和において，CAPM の一般化とも理解することができる
ゼロ・ベータ CAPM（または Black CAPM）の導出を紹介する．

　このゼロ・ベータ CAPM は，投資理論の教科書では CAPM の最後の部分に
簡便に紹介されるに留まることが多いが，実際には実務家が市場と対峙する際
に経験する様々な現象を理解する上で現実的な示唆があると考えられる．例え
ば，株式との低相関を呈するポートフォリオを求める声をしばしば耳にするこ
とがある．CAPM の下ではそのようなポートフォリオは非効率的である一方，
ゼロ・ベータ CAPM が成立する条件下では，そのようなポートフォリオが効
率的であることが導かれており，今日のスマート・ベータの一種である低ベー
タ・ポートフォリオ，最小分散ポートフォリオおよびリスク・パリティ・ポー
トフォリオなどの理論的な背景を与えていると考えられる．

2.1　ゼロ・ベータ・ポートフォリオ

　以下では，まず2つのポートフォリオ，効率的なポートフォリオ1と任意の
ポートフォリオ2の共分散を計算する．x_1 および x_2 をそれぞれのポートフォ
リオを構成する個別資産に対する保有比率，r_1 および r_2 がそれぞれのポート

フォリオに対する収益率を表すものとする．両ポートフォリオ間の共分散は，すべての個別資産間の共分散行列を $\boldsymbol{\Sigma}$ とすると，式 (1.20) により，

$$\mathrm{Cov}(r_1, r_2) = \boldsymbol{x}_1^\top \boldsymbol{\Sigma} \boldsymbol{x}_2 \tag{2.1}$$

と定義される．ポートフォリオ 1 は効率的なポートフォリオであるから，式 (1.41) が成り立つので，

$$\boldsymbol{x}_1 = \lambda \boldsymbol{\Sigma}^{-1} \boldsymbol{r} + \gamma \boldsymbol{\Sigma}^{-1} \boldsymbol{1} \tag{2.2}$$

を式 (2.1) に代入すると，

$$\mathrm{Cov}(r_1, r_2) = \left(\lambda \boldsymbol{\Sigma}^{-1} \boldsymbol{r} + \gamma \boldsymbol{\Sigma}^{-1} \boldsymbol{1}\right)^\top \boldsymbol{\Sigma} \boldsymbol{x}_2 \tag{2.3}$$

となる．ここで，ポートフォリオ 2 内における個別資産の保有比率の総和は $\boldsymbol{1}^\top \boldsymbol{x}_2 = 1$ であることから，

$$\begin{aligned}
\mathrm{Cov}(r_1, r_2) &= \lambda \boldsymbol{r}^\top \boldsymbol{\Sigma}^{-1} \boldsymbol{\Sigma} \boldsymbol{x}_2 + \gamma \boldsymbol{1}^\top \boldsymbol{\Sigma}^{-1} \boldsymbol{\Sigma} \boldsymbol{x}_2 \\
&= \lambda \boldsymbol{r}^\top \boldsymbol{x}_2 + \gamma \\
&= \lambda E(r_2) + \gamma
\end{aligned} \tag{2.4}$$

と変形する．ここで，式 (1.44)〜(1.46) から，$\lambda = \{CE(r_1) - A\}/D$，$\gamma = \{B - AE(r_1)\}/D$，さらに，$D = BC - A^2$ により，

$$\begin{aligned}
\mathrm{Cov}(r_1, r_2) &= \frac{CE(r_1) - A}{D} E(r_2) + \frac{B - AE(r_1)}{D} \\
&= \frac{C}{D}\left(E(r_1) - \frac{A}{C}\right) E(r_2) + \frac{C}{D}\left(\frac{B}{C} - \frac{A}{C}E(r_2)\right) \\
&= \frac{C}{D}\left(E(r_1) - \frac{A}{C}\right)\left(E(r_2) - \frac{A}{C}\right) - \frac{A^2}{DC} + \frac{B}{D} \\
&= \frac{C}{D}\left(E(r_1) - \frac{A}{C}\right)\left\{E(r_2) + \frac{1}{C}\left(-\frac{A^2}{D} + \frac{BC}{D}\right)\right\} \\
&= \frac{C}{D}\left(E(r_1) - \frac{A}{C}\right)\left(E(r_2) + \frac{1}{C}\right)
\end{aligned} \tag{2.5}$$

と整理される．

ポートフォリオ 2 がポートフォリオ 1 に対してゼロ・ベータ，つまり共分散 (2.5) がゼロであることから，

$$\frac{C}{D}\left(E(r_1) - \frac{A}{C}\right)\left(E(r_2) + \frac{1}{C}\right) = 0 \tag{2.6}$$

を，ゼロ・ベータ・ポートフォリオに対する期待収益率 $E(r_2)$ として書き直すと，

$$E(r_2) = \frac{A}{C} - \frac{D/C^2}{E(r_1) - A/C} \tag{2.7}$$

となる．右辺第 1 項 A/C は，式 (1.55) により最小分散ポートフォリオに対する期待収益率を表すため，同第 2 項 $\dfrac{D/C^2}{E(r_1) - A/C}$ は，ゼロ・ベータ・ポートフォリオに対する期待収益率 $E(r_2)$ と最小分散ポートフォリオに対する期待収益率 A/C との差を表す．ポートフォリオ 1 は有効フロンティア上にあるという前提から，分母 $E(r_1) - A/C > 0$ および $C^2 > 0$ であり，もし $D/C^2 > 0$ であれば $E(r_2) < A/C$ となるため，ポートフォリオ 2 は非効率的ということになる．

以下では $D/C^2 > 0$ が成り立つかどうか調べよう．A，B および C を与える式 (1.47)〜(1.49) における共分散行列 $\boldsymbol{\Sigma}$ は正定値対称行列なので，$\boldsymbol{\Sigma}^{-1/2}$ が存在し，それも正定値対称行列となる．ここで，$\boldsymbol{r}$ および $\boldsymbol{1}$ を一般化して任意の $N \times 1$ 次元ベクトル $\boldsymbol{x}, \boldsymbol{y} \neq \boldsymbol{0}$ に置き換え，

$$\tilde{\boldsymbol{x}} = \boldsymbol{\Sigma}^{-1/2}\boldsymbol{x}, \qquad \tilde{\boldsymbol{y}} = \boldsymbol{\Sigma}^{-1/2}\boldsymbol{y} \tag{2.8}$$

とすると，

$$\begin{aligned}
\tilde{A} &= \boldsymbol{x}^\top \boldsymbol{\Sigma}^{-1} \boldsymbol{x} \\
&= \boldsymbol{x}^\top \boldsymbol{\Sigma}^{-1/2} \boldsymbol{\Sigma}^{-1/2} \boldsymbol{x} \\
&= \boldsymbol{x}^\top (\boldsymbol{\Sigma}^{-1/2})^\top \boldsymbol{\Sigma}^{-1/2} \boldsymbol{x} \\
&= \tilde{\boldsymbol{x}}^\top \tilde{\boldsymbol{x}}
\end{aligned} \tag{2.9}$$

となる．同様に，

$$\tilde{B} = \boldsymbol{x}^\top \boldsymbol{\Sigma}^{-1} \boldsymbol{y} = \tilde{\boldsymbol{x}}^\top \tilde{\boldsymbol{y}} \tag{2.10}$$

$$\tilde{C} = \boldsymbol{y}^\top \boldsymbol{\Sigma}^{-1} \boldsymbol{y} = \tilde{\boldsymbol{y}}^\top \tilde{\boldsymbol{y}} \tag{2.11}$$

と変形すると．Cauchy-Schwartz の不等式より，

$$(\tilde{\boldsymbol{x}}^\top \tilde{\boldsymbol{x}})(\tilde{\boldsymbol{y}}^\top \tilde{\boldsymbol{y}}) \geq (\tilde{\boldsymbol{x}}^\top \tilde{\boldsymbol{y}})^2 \tag{2.12}$$

が成り立つことから，

$$\tilde{A}\tilde{C} > \tilde{B}^2 \tag{2.13}$$

が示される. $\boldsymbol{x}$ および $\boldsymbol{y}$ は $\boldsymbol{r}$ および $\mathbf{1}$ を一般化したものであるため, $\boldsymbol{r}$ および $\mathbf{1}$ に入れ替えても成り立つ. よって,

$$AC > B^2 \tag{2.14}$$

も示される. つまり, もとのポートフォリオが効率的であるとき, r-σ 平面上でのそれに対するゼロ・ベータ・ポートフォリオは, 最小分散ポートフォリオよりも期待収益率が低い位置にしか存在しない, すなわち,

---
― ゼロ・ベータ・ポートフォリオの特徴 ―

CAPM の下では, ゼロ・ベータ・ポートフォリオは非効率的である

ということになる.

次に, 効率的なポートフォリオ (P), 最小分散ポートフォリオ (MVP) およびゼロ・ベータ・ポートフォリオ (z) それぞれの r-σ^2 平面上での位置関係を調べよう. ポートフォリオ P と最小分散ポートフォリオ MVP を通る直線 $y = ax + b$ について, ポートフォリオ P の座標 $P(V(r_P), E(r_P)) = P\left(\dfrac{C}{D}\left(E(r_P) - \dfrac{A}{C}\right)^2 + \dfrac{1}{C}, E(r_P)\right)$ においては,

$$E(r_P) = a\left\{\frac{C}{D}\left(E(r_P) - \frac{A}{C}\right)^2 + \frac{1}{C}\right\} + b \tag{2.15}$$

である. 同様に最小分散ポートフォリオ MVP の座標 $MVP(1/C, A/C)$ においては,

$$\frac{A}{C} = a\frac{1}{C} + b, \tag{2.16}$$

であることから, y 切片である b は式 (2.15) と式 (2.16) とを連立させて,

$$b = \frac{A}{C} - \frac{D/C^2}{E(r_P) - A/C} \tag{2.17}$$

となる. これはゼロ・ベータ・ポートフォリオ z の期待リターン $E(r_z) = A/C - \dfrac{D/C^2}{E(r_P) - A/C}$ と一致する. このことから, r-σ^2 平面上では, 効率的なポートフォリオ P, 最小分散ポートフォリオ MVP およびゼロ・ベータ・ポートフォリオ z から y 軸に伸びる水平線との交点は一直線上に位置することが示され

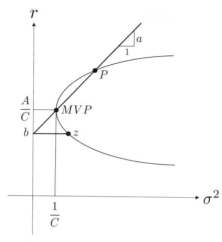

図 2.1 r-σ^2 平面上におけるゼロ・ベータ・ポートフォリオの位置

る.以上を図 2.1 に示す.

最後に非効率なゼロ・ベータ・ポートフォリオ z が示す重要な知見,すなわちゼロ・ベータ CAPM を導こう.式 (2.4) におけるポートフォリオ 2 をゼロ・ベータ・ポートフォリオ z に入れ替えると,その共分散

$$\mathrm{Cov}(r_1, r_z) = \lambda E(r_z) + \gamma = 0 \tag{2.18}$$

により得られる

$$\gamma = -\lambda E(r_z) \tag{2.19}$$

を式 (2.4) に代入すると,

$$\mathrm{Cov}(r_1, r_2) = \lambda \left\{ E(r_2) - E(r_z) \right\}, \tag{2.20}$$

および r_1 の分散

$$V(r_1) = \lambda \left\{ E(r_1) - E(r_z) \right\} \tag{2.21}$$

を得る.式 (2.20) を式 (2.21) で除する [*1)] と,

$$E(r_2) = E(r_z) + \beta_2 \left\{ E(r_1) - E(r_z) \right\} \tag{2.22}$$

[*1)] 式 (1.88) および式 (1.98) で示すように,i 番目の資産リターンの j 番目資産リターンへの β_{ij} を

$$\beta_{ij} = \frac{\mathrm{Cov}(r_i, r_j)}{V(r_j)}$$

と表記する.式 (2.22) では $i = 2, j = 1$ である.

となる．ポートフォリオ 1 が市場ポートフォリオ m のときは，

$$E(r_2) = E(r_z) + \beta_2 \left\{ E(r_m) - E(r_z) \right\} \tag{2.23}$$

とかける．また，ポートフォリオ 2 は個別資産 i でも構わないので，

$$E(r_i) = E(r_z) + \beta_i \left\{ E(r_m) - E(r_z) \right\} \tag{2.24}$$

となる．式 (2.24) は式 (1.88) および式 (1.99) において示された CAPM において，無リスク資産のリターン r_f をゼロ・ベータ・ポートフォリオ z に対する期待リターンで置き換えた形となっており，ゼロ・ベータ CAPM あるいは Black CAPM とよばれる．つまりこれは無リスク資産が存在しない場合の CAPM を示すものであり，詳しくは 2.2 節で述べることとする．

2.2　スマート・ベータ，低ベータ効果，低ボラティリティ効果

　本節では，ゼロ・ベータ・ポートフォリオについて Black(1972) の一部を参照して Black（ゼロ・ベータ）CAPM を深堀することによって，低ベータ効果など，昨今の資産運用に対する示唆について考える．まず最初に無リスク資産がない場合，次に無リスク資産がある一方でその借り入れがない場合の順で展開する．

2.2.1　無リスク金利がない場合

　まず，目標とする期待収益率と自己充足（借り入れ等を行わない）条件の下，分散の最も小さいポートフォリオを求めるための問題設定は，式 (1.34)〜(1.36) と同じである．この条件は，式 (1.34) と同様であるので，ラグランジュ乗数 S_k および T_k を導入すると，

$$\min \sum_{i}^{N} \sum_{j}^{N} x_{ki} x_{kj} \mathrm{Cov}(r_i, r_j)$$

$$-2S_k \left(\sum_{j}^{N} x_{kj} E(r_j) - E(r_k) \right) - 2T_k \left(\sum_{j}^{N} x_{kj} - 1 \right) \tag{2.25}$$

とまとめることができる．ここで，k は L 人から構成される市場における第 k 番目の参加者，すなわち $k = 1, 2, \cdots, L$，また，i は市場を構成する N 個の資

産の第 i 番目，すなわち $i = 1, 2, \cdots, N$ とする．式 (2.25) の第 2 項は式 (1.35) における期待リターン，同第 3 項は式 (1.36) における自己充足条件に由来する．最適解における一階の条件は式 (2.25) を x_{kj} で微分することにより，x_{ki} の最適解は

$$\sum_i^N x_{ki} \mathrm{Cov}(r_i, r_j) - S_k E(r_i) - T_k = 0 \tag{2.26}$$

を満たす．x_{ki} を求めるために，式 (2.26) の左辺第 1 項に着目し，左から $D_{ij} \triangleq \mathrm{Cov}(r_i, r_j)^{-1}$ をかけて移項すると，

$$x_{ki} = S_k \sum_j^N D_{ij} E(r_j) + T_k \sum_j^N D_{ij} \tag{2.27}$$

を得る．式 (2.27) の右辺第 1 項はその形式が式 1.3.5 項にて述べた無制約平均分散効用の最適解であるマーコウィッツ解 (1.69) において期待収益率に期待収益率制約条件を代入したもの，第 2 項は自己充足制約条件によるものとなっている．この第 2 項が，本節後半において「無リスク資産がある一方でその借り入れが制約を受ける世界」を論じる上で重要な役割を果たす．式 (2.27) の右辺では，投資家を特定する添え字 k は，S_k および T_k のみに付されていることから，いかなる投資家も $\sum_j^N D_{ij} E(r_j)$ および $\sum_j^N D_{ij}$ の 2 つの基本的なポートフォリオの線形和からなるポートフォリオを保有することがわかる．式 (2.27) をこの 2 つの基本的なポートフォリオそれぞれについて，添え字 i で表される個別資産についての総和が 1 となるように式 (2.27) を書き直すと，

$$x_{ki} = w_{kp} x_{pi} + w_{kq} x_{qi} \tag{2.28}$$

と書くことができる．ただし，

$$w_{kp} = S_k \sum_i^N \sum_j^N D_{ij} E(r_j) \tag{2.29}$$

$$w_{kq} = T_k \sum_i^N \sum_j^N D_{ij} \tag{2.30}$$

$$x_{pi} = \sum_j^N D_{ij} E(r_j) \bigg/ \sum_i^N \sum_j^N D_{ij} E(r_j) \tag{2.31}$$

$$x_{qi} = \sum_{j}^{N} D_{ij} \Big/ \sum_{i}^{N} \sum_{j}^{N} D_{ij} \qquad (2.32)$$

である．式 (2.28) の第 1 項は期待収益制約条件によるもので p ポートフォリオ，第 2 項は自己充足制約条件によるもので q ポートフォリオとよぶ．すべての投資家が保有する p ポートフォリオおよび q ポートフォリオはともに総和は 1，さらに，式 (2.28) を i についての和が自己充足条件を満たす必要があることなどから，

$$w_{kp} + w_{kq} = 1 \qquad (2.33)$$

が成り立つ．このことから，効率的なポートフォリオは p および q の 2 つの基本的なポートフォリオの和であることがわかる．ここで，この 2 つのポートフォリオの市場ポートフォリオへのベータ[*2] が等しくないとすると，p および q への配分の違いにより，ベータが 1 であるポートフォリオ m および 0 のポートフォリオ z を構成することが可能であろう．つまり，第 k 番目の投資家にとってのポートフォリオは，m および z の 2 つのポートフォリオのみの組み合わせによって構成することができる．m および z ともに効率的なポートフォリオであるため，1.2.3 項で示されるように，その線形和であるポートフォリオも効率的である．ここで，$\mathrm{Cov}(r_m, r_z) = 0$ であることに注意すると，第 k 番目の投資家にとってのポートフォリオの β_k は，このポートフォリオの r_m に連動する資金比率，また r_z に連動する資金比率はその残り $1 - \beta_k$ となるため，その収益率を m および z の収益率によって表現すると

$$r_k = \beta_k r_m + (1 - \beta_k) r_z \qquad (2.34)$$

となる．この様子を図 2.2 に示す．

このため，式 (2.34) の期待値は，β_k の線形関係として

$$E(r_k) = E(r_z) + \beta_k \left(E(r_m) - E(r_z) \right) \qquad (2.35)$$

と表現される．一方，無リスク資産が存在し，無制限に無リスク資産の貸借が可能な前提の下での CAPM では，式 (1.88) および式 (1.99) とにより，

$$E(r_k) = r_f + \beta_k \left(E(r_m) - r_f \right) \qquad (2.36)$$

[*2]　式 (1.88) における $\beta_{i,m}$ あるいは式 (1.100) における $\beta_{2,m}$．

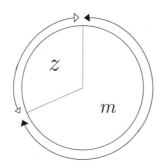

$$\beta_k = w_{km}\beta_{km} + w_{kz}\beta_{kz} = w_{km}$$

図 2.2 市場ポートフォリオとゼロ・ベータ・ポートフォリオの組み合わせによる効率的なポートフォリオの再構成

と表現される．つまり，式 (2.35) と式 (2.36) との比較から，

ゼロ・ベータ CAPM

CAPM の前提から無リスク資産の存在を削除すると，その y 切片が無リスク資産の収益率からゼロ・ベータ・ポートフォリオの期待収益率に入れ替わる

ことを示すものである．それ以外は，市場ポートフォリオに対するベータである β_k も含め影響を受けない．式 (2.36) は無リスク資産の存在の下で成り立つ特別な姿として理解することができる．

次に，証券市場線への影響を調べるため，式 (2.35) を個別資産への適用を考える．式 (2.25) の最適化問題を，第 k 番目の投資家にとっての最適ポートフォリオと第 i 番目の個別資産との 2 資産問題に置き換えると，式 (2.26) は

$$\mathrm{Cov}(r_i, r_k) - S_k E(r_i) - T_k = 0, \tag{2.37}$$

同様に，第 j 番目の個別資産との 2 資産問題では

$$\mathrm{Cov}(r_j, r_k) - S_k E(r_j) - T_k = 0 \tag{2.38}$$

となる．両式の差をとると，

$$\mathrm{Cov}(r_i, r_k) - \mathrm{Cov}(r_j, r_k) = S_k \{E(r_i) - E(r_j)\} \tag{2.39}$$

となる．効率的なポートフォリオ k と同様に効率的なポートフォリオの 1 つで

ある市場ポートフォリオ m を k と入れ替え，i および j はポートフォリオでも成り立つので，j を z と入れ替え，$\mathrm{Cov}(m, z) = 0$ に注意すると，

$$\mathrm{Cov}(r_i, r_m) = S_m \left\{ E(r_i) - E(r_z) \right\} \tag{2.40}$$

と変形することができ，

$$E(r_i) = E(r_z) + \left\{ V(r_m)/S_m \right\} \beta_i \tag{2.41}$$

と整理される．第 i 資産を市場ポートフォリオ m に替えると，

$$\frac{V(r_m)}{S_m} = E(r_m) - E(r_z) \tag{2.42}$$

であるので，式 (2.41) は，

$$E(r_i) = E(r_z) + \beta_i \left\{ E(r_m) - E(r_z) \right\} \tag{2.43}$$

と変形することができる．式 (2.43) はアプローチが異なるものの，2.1 節のゼロ・ベータ・ポートフォリオにて導出された式 (2.24) と一致する．式 (2.43) は無リスク資産が存在せず，無リスク資産の貸借が不可能な世界における証券市場線ともいえるものである．個別資産に関しても，ベータおよび y 切片に対するゼロ・ベータ・ポートフォリオに対する期待収益率の役割は式 (2.35) が与える効率的なポートフォリオと同様であることが得られる．

2.2.2 無リスク金利での借り入れが制約される場合

次に，現実に近い状態として，無リスク資産が存在するものの，無リスク資産の空売り，すなわち借り入れができない世界を考える．ただし，依然としてリスク資産の空売りは可能とする．

リスク資産の空売りが可能であることから，効率的なポートフォリオは無リスク資産を含むものと含まないものと 2 種類に分かれる．無リスク資産を式 (2.25) の第 $N+1$ 番目の資産として扱う．リスク資産 $i = 1, 2, \cdots, N$ においては，最適解 x_{ki} に対して式 (2.27) であるので，効率的なポートフォリオの無リスク資産を含まない部分は，ベータが 1 であるポートフォリオ m(市場ポートフォリオ) および 0 のポートフォリオ z（ゼロ・ベータ・ポートフォリオ）が構成する．無リスク資産の収益率はリスク性資産の収益率との共分散がゼロであるため，式 (2.26) 左辺第 1 項がゼロとなることから，

$$-S_k r_f - T_k = 0 \tag{2.44}$$

が成り立つ. ところで, 2つのラグランジュ乗数について, S_k は式 (2.29), T_k は式 (2.30) の係数であることから, S_k は, k 番目の投資家による p ポートフォリオの保有比率, 一方, T_k は q ポートフォリオに保有比率を定めるものである. 互いに異なるベータをもつ p および q から, ベータが 1 であるポートフォリオ m (市場ポートフォリオ) および 0 のポートフォリオ z (ゼロ・ベータ・ポートフォリオ) を構成できるため,

> #### ── 無リスク資産の借り入れが制約される場合 ──
> 　無リスク資産の借り入れを認める CAPM においては, 効率的なポートフォリオ内にゼロ・ベータ・ポートフォリオ z は存在しないが, 無リスク資産が存在するにも関わらず, その借り入れが制約される場合, 効率的なポートフォリオにはゼロ・ベータ・ポートフォリオ z がその一部を構成しなければならない

ことになる. 最後に, 低ベータ効果の要となる r_f, $E(r_z)$ および $E(r_m)$ の大小関係を確認しよう. まず, 3つの構成要素 m, z および無リスク資産について重要な特徴を整理する. z は m との共分散はゼロであるため, 第 k 番目の投資家にとっての効率的なポートフォリオの期待収益率とその分散は

$$E(r_k) = w_{km}E(r_m) + w_{kz}E(r_z) + w_{kf}r_f \tag{2.45}$$

$$V(r_k) = w_{km}^2 V(r_m) + w_{kz}^2 V(r_z) \tag{2.46}$$

である. もし $r_f \geq E(r_z)$ であるとすると, 投資家は w_{kz} を引き下げ, その分, w_{kf} を引き上げることによって, ポートフォリオ収益率の分散を引き下げるとともに, 収益率を引き上げるか, 従前の水準にとどめることが可能となる. このような状況はそもそも効率的であるはずのこのポートフォリオと矛盾する. このポートフォリオが市場ポートフォリオ m であるときは $w_{km} = 1$ かつ $w_{kz} = w_{kf} = 0$ となる. もし, $E(r_z) \geq E(r_m)$ であるとすると, 投資家は w_{km} をほんの少し引き下げ, その分 w_{kz} を引き上げることによって, ポートフォリオ収益率の分散を引き下げるとともに, 収益率を引き上げるか従前の水準にとどめることが可能となる. このような状況もまた, このポートフォリオ

が非効率的であることに他ならない．このポートフォリオが効率的である前提下では $E(r_z)$ について

$$r_f < E(r_z) < E(r_m) \tag{2.47}$$

である．つまり，

── ゼロ・ベータ・ポートフォリオの特徴 ──

ゼロ・ベータ・ポートフォリオに対する期待収益率は正

$$E(r_z) > 0 \tag{2.48}$$

である．

実証面では，Black, Jensen and Scholes(1972) が，

$$E(r_i) = r_f + \beta_i \left(E(r_m) - r_f \right) \tag{2.49}$$

から推定される期待収益率よりも，実際に観測される収益率が，β_i が低（高）い株式のポートフォリオではより高（低）いことを報告した．さらに，異なる水準の β_i の株式から構成され，かつ，十分に分散される複数の株式ポートフォリオの収益率は，1つではなく2つのファクターからなる

$$r_i = a_i + b_i r_m + (1 - b_i) r_z + \epsilon \tag{2.50}$$

によって，式 (2.49) よりも高い説明力が得られることを見出している．式 (2.47) によって $r_z > 0$ であるから，式 (2.50) は，低（高）β_i である株式からなるポートフォリオが優れた（劣る）特性を示すことになる．これらの実証結果は 1.4.3 項に示す CAPM の前提条件のうち e) が成り立っておらず，投資家は無リスク金利の借入を無制限には行わないなどの緩和をすることによってこれらの観測結果が説明可能であることが示される．

このことと「ゼロ・ベータ最小分散ポートフォリオ z が市場ポートフォリオ m と並んで投資家の効率的なポートフォリオを構成する」こととを合わせると，

── 低ベータ・ポートフォリオ ──

無リスク資産の借り入れが制約される場合，低ベータ・ポートフォリオが効率的である

ということになる. 図 2.3 に, 低ベータ効果および CAPM における証券市場線 (SML) のイメージを図示する. 低ベータ領域におけるシャープ・レシオ [*3] が高い背景に対する直観的な解釈は図 2.4 に示す通りとなる. CAPM では無制限に無リスク金利での借り入れが可能であることから, 合理的かつ高いリターン $E(r_p)$ を求める投資家は, その借入資金を使って市場ポートフォリオ m を保有

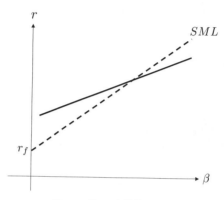

図 2.3　低ベータ効果：SML

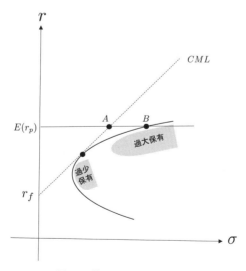

図 2.4　低ベータ効果：r-σ 平面

[*3] リスクあたりのリターンを示す尺度の 1 つで $(r - r_f)/\sigma$ と表される. r-σ 平面における傾きである.

することによって，CML 上の A に投資する．これに対して，無リスク金利での借り入れに躊躇するレバレッジ回避的な世界では，高いリターン $E(r_p)$ を求める投資家は有効フロンティア上ではなく，より高いリスク負担を必要とする B に投資することとなる．この結果，高いリスク領域のリスク資産が CAPM に比べてより過剰に保有されるため，高いリスク領域のリスク資産に対する期待リターンが CAPM が成立する世界に比べて相対的に低い水準となる．一方，低いリスク領域の資産については CAPM に比べて過少な保有となるため，期待リターンが相対的に高い水準となる．この結果，CAPM が成立しないレバレッジ回避的な世界では r-σ 平面上での位置関係が CAPM と異なる構成となると考えられるのである．近年の資産運用実務では，上記に由来する収益源泉を「レバレッジ回避リスクプレミアム」とよぶことが珍しくない．

2.3 最小分散ポートフォリオ

1.2.3 項では，r-σ 平面上での最小分散ポートフォリオの位置について示し，また，1.4.2 項〜1.4.4 項では，時価総額加重ポートフォリオが最も効率的であることを示した．これによれば，最小分散ポートフォリオは時価総額加重ポートフォリオに比べて効率性は劣後することになるが，多くの実証研究ではこれを覆す結果が報告されている．初期の研究の 1 つである Haugen and Baker(1991) が米国株式を対象に最小分散ポートフォリオが時価総額加重ポートフォリオに比べて，より高いリターンとより低いリスクが観測されたことを報告して以降，精力的に後続研究がなされている．Jagannathan and Ma(2003) に続き，Ang, Hodrick, Xing and Zhang(2006) が米国株式について，さらに，Ang, Hodrick, Xing and Zhang(2009) は，先進 23 カ国株式において実証している．日本においても石部 (2007)，石部・角田・坂巻 (2009, 2011)，山田・上崎 (2009) および山田・永渡 (2010) が同様の事実，および独自の視点から実証報告を行っている．低ボラティリティ株式に多いとされる小型株式や割安株式などの効果を中立化によって打ち消してもなお，最小分散ポートフォリオの優位性は有意であるが，これらの背景として Brennan(1993) は，情報レシオ [*4)] 最大化を求めら

[*4)] 情報レシオ (Information Ratio: IR) はアクティブ・リターンの期待値をその標準偏差で除

れるアクティブ・マネーシャーはベンチマークへの追随性確保を理由に，たとえアルファ[5]がプラスであっても低ベータである個別銘柄への投資をためらうのではないか，との仮説を唱えている．Baker and Haugen(2012) の考察では，マネージャーが得るボーナス報酬のオプション性が，より高いボラティリティ資産への需要の背景と指摘している．この他にも，大型株式のバブル・リスク，あるいは，正の歪度を選好する投資家が低リターン高リスクを許容する，などといったものまで考察の対象である．

2.2 節の Black(1972) が導出する CAPM の課す条件の１つである「無リスク資産を無限に借り入れ可能」を緩和することによって導出される低ベータ効果の理論的背景も，上記の諸考察の中で評価され得るものではないだろうか.

2.4 リスク・パリティ

近年，アセット・アローケーション（資産配分）においてリスク・パリティとよばれる手法が広く受け入れられるようになった．これは資金ではなくリスクを配分する手法の一種であるが，各資産や各ファクターなどへのリスク配分を等分とすることを特徴とする．その明解さを支持する理由とする投資家も見受けられる．しかしながら，リスク等配分が好ましい投資成果をもたらす合理性について，議論は未だ収束には至ってはいないのではないだろうか．その中で，Asness, Frazzini and Pedersen(2012) は，投資家のレバレッジ回避的な投資行動にその合理性を端的に主張する．ここでいう「レバレッジ回避的」とは，2.2 節において Black(1972) が導出した低ベータ効果の理論的背景に他ならないことを Asness, Frazzini and Pedersen(2012) は指摘しており，この結果，株式と国債をはじめとするアセット・アロケーションにおいてリスク・パリティを適用

したもので

$$IR = \frac{E(r_P - r_{BM})}{\sqrt{V(r_P - r_{BM})}}$$

である．ただし，r_P：ポートフォリオ・リターン，r_{BM}：ベンチマーク・リターンである．

[5] 式 (1.88) あるいは式 (1.100) が示す CAPM が成立せず，例えば独自の情報をもつ市場参加者であるアクティブ・マネージャーが β のみでは説明できない追加的なリターンを得るときに，それをアルファ (α) とよび

$$E(r_i - r_f) = \alpha_i + \beta_{i,m}(r_m - r_f)$$

として y 切片を構成する．

すると，最もボラティリティ[6] が低い国債への資金配分がよりボラティリティ水準が高い他の資産クラスよりも各段に大きいものとなる．満期保有，ALM あるいは LDI に利用される国債を CAPM の範囲内とするか否かの議論はさておき，これは時価総額加重比率によるポートフォリオが最も効率的であるとするCAPM と相入れるものではない．Asness, Frazzini and Pedersen(2012) が例示するリスク・パリティのアルゴリズムに基づくアセット・アロケーションによるパフォーマンスは，数回にわたる金利サイクルを含む長期間を通じて，時価総額加重ポートフォリオをはるかに超過するリターンと高いシャープ・レシオを呈している．リスク・パリティは株式，国債，コモディティなどといった資産に対して，等リスク配分を行うため，ボラティリティが低い国債への資金配分がその時価総額比率に比べて大幅に大きくなる．例えば，1980 年代初頭以降 40 年近くにわたり米国の長期金利は低下傾向を呈してきた．このため，リスク・パリティの高パフォーマンスの大部分がこの金利低下に帰するとする見方がある．より長期間を対象とする Asness, Frazzini and Pedersen(2012) による実証例からは，高位に国債へ投資するためにリスク・パリティが金利低下期間に特異的に好パフォーマンスを呈するという指摘はあたらず，より普遍性をもつものであることが示唆される．例示された証券市場線は，図 2.3 のように，低ベータ域で高く，CAPM よりも緩やかな傾斜である．このような実証報告から，個別株式を実証分析の対象とする Black, Jensen and Scholes(1972) の理論的背景である Black (1972) は，アセット・アロケーションにおける低ベータ効果の背景であると指摘されるのである．一方，大森 (2013) は，世界の資本市場において国債が株式に比べて時価総額が支配的である状況を仮想した場合，リスク・パリティによるアセット・アロケーションは時価総額加重ポートフォリオに比べて株式への配分がより多くなることから，低リスク資産が割安となることを導くレバレッジ回避に合理性を依拠する主張には矛盾があることを指摘する．これに替わって，投資家の自信過剰によっても低リスク資産が割安になることを示している．リスク・パリティの好パフォーマンスを巡る議論の収束にはさらなる研究を待つ必要があるかもしれない．

---

[6]　リターンのばらつき度合を表す尺度として，式 (1.4) あるいは式 (1.13) などの標準偏差が用いられることが多い．

3

前提条件の緩和（その2）：異なる市場見通しの混在

1.4.2項では均衡状態における CAPM について，リスク性資産 i の期待超過リターンが市場ポートフォリオの超過リターンに対する β_i のみに比例することを確認した．本章では CAPM の要件の中で，「すべての投資家はすべての資産の期末における価値の数多くの可能性について同一の見解を共有する」が成り立たず，投資家が独自の市場見通しをもつ場合について考える．この際に一般的に用いられやすい平均分散最適の問題点と，その解決策として広く知られるブラック・リターマン・モデルについて，その特徴の1つである Theil の混合推定の利用に加えて，ベイズとしての特徴を紹介する．

3.1 平均分散最適の脆弱性

平均分散最適において，留意しなければならない脆弱性があることがしばしば指摘される．それは，リターンとリスクに関する情報の整合性にある．特に資産のリターン間の相関が高い場合，その問題は露呈しやすい．実際，この問題は 1980 年代にプラザ合意以降の円高に遭遇した日本の保険会社による外債投資ポートフォリオが直面した問題として，ブラック・リターマン・モデルの開発のきっかけの1つとなった．

式 (1.69) で与えられる平均分散最適は，その簡便性から資産運用実務における広範囲にわたる意思決定に多用される．CAPM の諸前提とは異なり，ある投資家 k が独自の市場見通しをもつ場合を考える．見通しには式 (1.68) を構成するリターンに関する r およびリスクに関する Σ が対象となる．ここでは前者を対象とすると，リターンに対して

$$\boldsymbol{r}^k(t) - r_f(t)\mathbf{1} = \boldsymbol{\mu}^k + \boldsymbol{\epsilon}^k(t), \quad \boldsymbol{\epsilon}^k(t) \sim \mathcal{N}(0, \boldsymbol{\Sigma}^k) \tag{3.1}$$

といった見通しをもつものとする．一方，後者 $\boldsymbol{\Sigma}$ に関する見通しについては投資家 k 独自の見通しを持たず，全市場参加者とそれを共有するものとする．実際のところ，$\boldsymbol{\Sigma}$ は $\boldsymbol{\mu}$ に比べて安定しており，過去データから推定されることから，実務においては，リスクに関してこのような多くの市場参加者が類似する推定見解の共有が珍しくない．投資意思決定上，実はここに深刻な矛盾が生じ得る．式 (3.1) においてリスクに関する情報のみを $\boldsymbol{\Sigma}^k$ ではなく，式 (1.70) が示す $\boldsymbol{\Sigma}$ を利用すると，リターンに関するモデルは

$$\boldsymbol{r}^k(t) - r_f(t)\mathbf{1} = \boldsymbol{\mu}^k + \boldsymbol{\epsilon}^k(t), \quad \boldsymbol{\epsilon}^k(t) \sim \mathcal{N}(0, \boldsymbol{\Sigma}) \tag{3.2}$$

となる．この様子について $N=2$ の場合について図 3.1 にリターンの 2 変量正規分布確率密度を示す．

x 軸は資産 1，y 軸は資産 2 のリターンを表し，塗りつぶし領域は式 (1.70) による同時確率密度，一方，実線は式 (3.1) によるものを表す．それぞれの中心は最も密度の高い，両資産のリターン期待値 (μ_1, μ_2) を座標とする．仮にこ

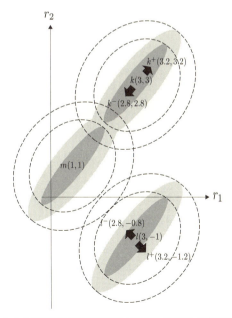

図 3.1 リターンの 2 変量正規分布確率密度：投資家の見通しが市場均衡と近い相関性をもつ場合

の座標を $m(\mu_1 = 1, \mu_2 = 1)$ としよう. 塗りつぶし楕円を描く $\boldsymbol{\Sigma}$ に内包される 2 資産間相関を $\rho = +0.9$ とし, 高い確率で 2 資産のリターンの符号が同一方向となる例示を行う. 資産 1 および資産 2 のボラティリティを $\sigma_1 = 2$ および $\sigma_2 = 1$ とすると, 分散共分散行列は

$$\boldsymbol{\Sigma} = \begin{pmatrix} \sigma_1 & 0 \\ 0 & \sigma_2 \end{pmatrix} \begin{pmatrix} 1 & \rho \\ \rho & 1 \end{pmatrix} \begin{pmatrix} \sigma_1 & 0 \\ 0 & \sigma_2 \end{pmatrix} = \begin{pmatrix} 1 & 1.8 \\ 1.8 & 4 \end{pmatrix} \tag{3.3}$$

である. 一方, $m(1,1)$ を中心とする破線楕円を描く $\boldsymbol{\Sigma}$ に内包される 2 資産間相関は $\rho = +0.1$ とする. 投資家 k は 2 資産に対する期待リターンに $\boldsymbol{\mu}^m$ ではなく $\boldsymbol{\mu}^k$ を想定しており, それが m からの距離にして $\sqrt{8}$ となる座標 $k(3,3)$ であるとする. 他方, 別の投資家 l がやはり m ではなく l を想定しており, それが m からの距離にしてやはり $\sqrt{8}$ となる座標 $l(3,-1)$ であるとする. k および l ともに m からは等距離に位置するが, その起こりやすさを表す確率密度が l は k よりも格段に低い. これは, $\boldsymbol{\Sigma}$ が 2 資産間の高相関を意味する分散共分散行列であるにもかかわらず, 投資家 k の見通しは資産 1 に対してより強気であるとともに, 資産 2 に対してもより強気であるため, $\boldsymbol{\Sigma}$ による示唆と同質である. 対照的に投資家 l の見通しは資産 1 に対してはより強気である一方, 資産 2 に対してはより弱気であるため, $\boldsymbol{\Sigma}$ による示唆と大きく異なる (矛盾) ためである. この違いは, 平均分散最適において最適解の安定性に影響をもたらし得る.

具体的に最適解 $\boldsymbol{x}^* = (\lambda \boldsymbol{\Sigma})^{-1} \boldsymbol{\mu}$ を計算して確認してみよう. 表 3.1 には, $\sigma = 2$ および $\sigma = 1$ は固定しつつ, 2 資産間の相関を $\rho = +0.9$ および $\rho = +0.1$ を想定する. それぞれの相関の下で投資家 k および投資家 l による見通し $\boldsymbol{\mu}^k$ および $\boldsymbol{\mu}^l$ にとっての最適解としてマーコウィッツ解 (x_1^*, x_2^*) を「中心値 k, l」の列に表示する. さらに m から k および l に伸びるの直線上, k および l からそれぞれ ± 0.2 移動した点を k^+, k^- および l^+, l^- とする. 投資家 k および l が, m からの乖離として期待リターンに関する独自の見通しをもつとするならば, その乖離幅の大小はこの直線上にあると考えるのが自然であろう. 表 3.1 には中心値 k および l の左右には, k^+, k^- および l^+, l^- におけるマーコウィッツ解を示す.

まず, $\rho = +0.9$ の場合, 投資家 l の投資の絶対値が投資家 k に比べて大きい

3.1 平均分散最適の脆弱性 53

表 **3.1** 独自の市場見通しをもつ 2 人の投資家の最適解の違い

投資家	$\rho = +0.9$		
	$-$	中心値 k, l	$+$
k	(8.11,-2.95)	(8.68,-3.16)	(9.26,3.37)
l	(16.63,-7.68)	(18.16,-8.42)	(19.68,-9.16)
	$\rho = +0.1$		
k	(2.69, 0.57)	(2.87, 0.61)	(3.07, 0.65)
l	(2.87,-0.34)	(3.08,-0.41)	(3.29,-0.46)
	$\rho = -0.9$		
l	(12.84,5.58)	(13.42,5.79)	(14.00,6.00)

ことがわかる.投資家 k のリターンに関する見通しは 2 資産ともにプラスであり,その方向性は $\rho = +0.9$ と矛盾しない.一方.投資家 l のリターンに関する見通しは 2 資産間の符号が異なり,その方向性は $\rho = +0.9$ に対して矛盾する.さらに $\rho = +0.9$ の場合,直線上において投資家 l がほんの少し見通しを変えただけで,最適投資が大きく変動する一方,投資家 k の最適解は大きく変化しない.$\rho = +0.1$ の場合,投資家 k および l にとって最適解に変化量には大きな差が生じない.これらの背景はマーコウィッツ解 $\boldsymbol{x}^* = (\lambda\boldsymbol{\Sigma})^{-1}\boldsymbol{\mu}$ における $\boldsymbol{\Sigma}$ の逆行列 $\boldsymbol{\Sigma}^{-1}$ にある.相関が高い場合にはその各要素がそうでない場合に比べて $\boldsymbol{x}^*$ を与える $\boldsymbol{\mu}$ の係数行列である $\boldsymbol{\Sigma}^{-1}$ の各要素が大きいために $\boldsymbol{\mu}$ の変化に対して $\boldsymbol{x}^*$ が過敏となるのである.相関性が高い組み合わせをとる投資対象群の間で最適投資を考える場合,常にこの問題が潜んでおり,その不安定性の影響を軽減するために,しばしば,投資配分の上限・下限を設定,不安定性の影響に限界を設けようとする実務が散見される.しかし,こういった制約条件そのものが最適解を支配(コーナー・ソリューションとよばれる)しており,期待リターンやリスク推定を行う意義を奪うものとなるため,決して合理的な結果が得られない.上記の例では,投資家 l が利用するリスクに関する情報 $\boldsymbol{\Sigma}$ が負相関に基づくものであればこれほどの不安定性は起こさない.例えば図 3.2 に示すように $\rho = +0.9$ ではなく $\rho = -0.9$ である場合には,$-$ から $+$ までの最適解の大きさの変化幅は,表 3.1 の最下段が示す通りとなる.

3.2 節に示すブラック・リターマン・モデルは,資産リターンの分布どうしを混合する枠組みを取り入れことによって,このような平均分散最適の脆弱性を改善するものである.

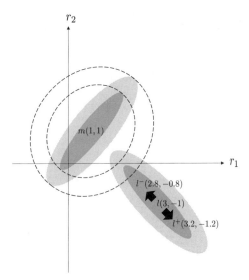

図 3.2 リターンの 2 変量正規分布確率密度：投資家の見通しが市場均衡と大きく異なる相関性をもつ場合

3.2 ブラック・リターマン・モデル：均衡期待リターン

3.1 節では，平均分散最適が陥りやすい最適解の不安定性を述べた．この問題意識を Robert Litterman と共有した Fischer Black は，問題が Σ^{-1} を通じて発生することを認識した上で，両者はいかにして投資家独自の見通しと安定的で経済直観的な最適解が両立するか議論し，その糸口の 1 つとして CAPM が要求する均衡状態における市場に内在する期待リターン，いわゆる均衡期待リターンを利用することとし，Black and Litterman(1990, 1991a, 1991b, 1992) を発表した．その優れた基盤と利便性が故に，現在も多岐にわたる後続研究を通じて多くの研究者や実務家が拡張を試みるモデルである．その基盤における考え方は以下の通りである．

CAPM の下では，時点 t におけるリスク資産 i に対するリターン $r_i(t)$ は式 (1.88) ないし式 (1.99) により，

$$r_i(t) - r_f(t) = \beta_i \{r_m(t) - r_f(t)\} + \epsilon_i(t), \quad \epsilon_i(t) \sim \mathcal{N}(0, \sigma_{\epsilon_i}^2) \qquad (3.4)$$

と与えられる．ここで，$r_f(t)$ は無リスク資産のリターン，$r_m(t)$ は市場ポート

フォリオのリターン，β_i はリスク資産 i の市場ポートフォリオ m に対するベータである．この均衡状態において，CAPM 前提条件をすべてクリアする前提の下では，あらゆるリスク回避的な投資家が保有するリスク資産のポートフォリオは，式 (1.74) で与えられる時価総額加重された市場ポートフォリオ $\bm{y}^m$ であるから，その下でのリスク資産のリターン $\bm{\Pi}(t) = (r_1(t), \cdots, r_i(t), \cdots, r_N(t))^{\top}$ は平均分散最適のマーコウィッツ解

$$\bm{y}^m = (\lambda \bm{\Sigma})^{-1} \bm{\Pi}(t) \tag{3.5}$$

を満たす．$\bm{\Pi}$ は，その定義上，式 (1.68) から

$$\max U(\bm{y}^m) = (\bm{y}^m)^{\top} \bm{\Pi}(t) - \frac{\lambda}{2} (\bm{y}^m)^{\top} \bm{\Sigma} \bm{y}^m \tag{3.6}$$

を満たすため，平均分散を投資効用とする限り，市場ポートフォリオ $\bm{y}^m$ を最適解としてもらたす市場見通し，すなわち均衡期待リターンである．それとは異なる独自の見通しを反映しようとする投資家にとっては，背反するであろうすべての投資家が合意する均衡期待リターン $\bm{\Pi}$ を基盤とすることは受け入れがたいであろう．しかしながら，このアプローチに 3.3 節に登場する工夫を凝らすことによって，以下に示す合理的な枠組み，あるいは著明な事実を矛盾なく投資判断に受け入れることを可能とする：

均衡期待リターンを利用する正当性

- 市場に作用するメカニズムは資産価格が均衡状態からの乖離が生じると，裁定取引やアクティブ・マネージャーらなどにより，再び均衡状態に戻そうとする力が働く，といった反復が市場では常態的に起きている
- 市場ポートフォリオのリターンを長期的に上回る市場参加者はそれほど多くない，言い換えると，資産価格評価上，均衡期待リターンからの乖離に基づいて割高，割安の評価が可能であることは，図 1.16 の証券市場線（SML）が示している
- 時価総額加重ポートフォリオを維持する上で，原則として，売買コストを支払う資産の取引執行が不要である

3.3 投資家固有の相場観を導入する混合推定

投資家独自の市場見通しが不安定な最適解をもたらしやすい構造的な問題を解決するために，3.2 節では市場に内在する均衡期待リターンを重要な錨として，まずは安定的な時価総額加重ポートフォリオを担保する枠組みから組み上げるアプローチを示した．リスク資産のパッシブ運用においては時価総額加重ポートフォリオがベンチマークである場合が基本的であるため，この枠組みにおける投資家独自の見通し導入はベンチマークをアウトパフォームする意図に直結する明瞭性がある．投資家がどのような独自の市場見通しの持ち方をするかに着目し，ブラック・リターマン・モデルでは以下 2 つのタイプ

- 絶対的な市場見通し（例）：資産 A の期待リターン μ_A およびその分散 ω_A
- 相対的な市場見通し（例）：資産 B の資産 A に対する超過期待リターンが μ_{B-A} およびその分散 ω_{B-A}

を想定し，両者を

$$F\mu = Q + \epsilon \tag{3.7}$$

と統合する．ここで $F^{*1)}$ は，市場見通しの総数 J および投資対象資産総数 N において，絶対あるいは相対といったそれぞれの市場見通しを表現するビュー・ポートフォリオ行列 $(J \times N)$ である．上記の 2 資産 A，B および何ら独自の見通しを持たない資産 C からなる 3 資産に対しての例示は

$$F = \begin{pmatrix} +1 & 0 & 0 \\ -1 & +1 & 0 \end{pmatrix} \tag{3.8}$$

となる．μ は投資対象資産総数 N それぞれに対する $N \times 1$ 列の期待リターン・ベクトルであり，3 資産に対しての例示は

$$\mu = \begin{pmatrix} \mu_A \\ \mu_B \\ \mu_C \end{pmatrix} \tag{3.9}$$

---

*1) 本章内にて F と表記するビュー・ポートフォリオは，ブラック・リターマン・モデルに関する論文等では P と表記されることが一般的であるが，本書では推移確率行列にて P を使用するため，F と表記する．

と表し，Q は J 個からなる個別市場見通しそれぞれに対する期待リターンを表す $J \times 1$ 列のベクトルであり，上記に対する例示は

$$Q = \begin{pmatrix} \mu_A \\ \mu_{B-A} \end{pmatrix} \tag{3.10}$$

である．さらに ϵ は多変量正規分布に従う $J \times 1$ 列の誤差ベクトル $\epsilon \sim \mathcal{N}(\mathbf{0}, \Omega)$ であり，J 個の市場見通しそれぞれのばらつきを表す誤差分散共分散 $\Omega(J \times J)$ は，上記に対する例示では

$$\Omega = \begin{pmatrix} \omega_A & 0 \\ 0 & \omega_{B-A} \end{pmatrix} \tag{3.11}$$

である．それぞれの市場見通しの誤差の間に相関がある場合には式 (3.11) の非対角要素にそれらの共分散を反映する．市場見通しに応じて式 (3.8)〜(3.11) を適切に設定することにより，実務上多くの市場見通しを柔軟に反映することができる．

次に，式 (3.7) に定式化された投資家独自の市場見通しと，均衡期待リターン Π に関する情報との統合を考える．均衡期待リターン Π については，式 (3.5) より，

$$\Pi = \lambda \Sigma y^m \tag{3.12}$$

である．各資産のリターン・ベクトルは均衡期待リターン Π を期待値として

$$\mu = \Pi + u \tag{3.13}$$

となる．投資家独自の情報 (3.7) および市場に内在する情報 (3.13) において，それぞれ左辺に関心の対象である各資産に対する期待リターン μ が現れている．これらは式 (3.7) と式 (3.13) とでは互いに異なる量の要素から構成されているが，ブラック・リターマン・モデルは，これらを統合して得られる新たな量が，この投資家にとって尤もらしい期待リターン μ^* となると考え，Theil(1971) による混合推定を用いて μ^* を導出するのである．具体的には以下の通りとなる．

改めて式 (3.7) と式 (3.13) とを並べると

$$\Pi = \mu + u, \quad u \sim \mathcal{N}(\mathbf{0}, \Sigma) \tag{3.14}$$

$$Q = F\mu + \epsilon, \quad \epsilon \sim \mathcal{N}(\mathbf{0}, \Omega) \tag{3.15}$$

となる. $\boldsymbol{\mu}^*$ を共有する表現として

$$\begin{pmatrix} \boldsymbol{\Pi} \\ \boldsymbol{Q} \end{pmatrix} = \begin{pmatrix} \boldsymbol{I} \\ \boldsymbol{F} \end{pmatrix} \boldsymbol{\mu}^* + \begin{pmatrix} \boldsymbol{u} \\ \boldsymbol{\epsilon} \end{pmatrix}, \quad \begin{pmatrix} \boldsymbol{u} \\ \boldsymbol{\epsilon} \end{pmatrix} \sim \mathcal{N}\left(0, \begin{pmatrix} \tau\boldsymbol{\Sigma} & 0 \\ 0 & \boldsymbol{\Omega} \end{pmatrix} \right) \quad (3.16)$$

と整理する. $\boldsymbol{I}$ は単位行列, τ は $\boldsymbol{\Sigma}$ に対するスカラー係数として, 均衡期待リターンのばらつきの大小を調整することにより, 均衡期待リターンの投資家独自の市場見通しに対する相対的な信頼度を与えるために作用するもので, 投資家自身が設定する. 投資家が独自の市場見通しの自信が強い (弱い) 場合には τ はより大きく (小さく) 設定することとなる. $\boldsymbol{\mu}^*$ を推定する上で式 (3.16) における残差項の非対角要素がゼロではなく, 対角要素も同一ではないことから, 一般化最小二乗法 (Generalized Least Square: GLS) を適用させることとなる. ここで,

$$\boldsymbol{Y} = \begin{pmatrix} \boldsymbol{\Pi} \\ \boldsymbol{Q} \end{pmatrix}, \quad \boldsymbol{X} = \begin{pmatrix} \boldsymbol{I} \\ \boldsymbol{F} \end{pmatrix}, \quad \boldsymbol{w} = \begin{pmatrix} \boldsymbol{u} \\ \boldsymbol{\epsilon} \end{pmatrix} \quad (3.17)$$

として, 式 (3.16) を

$$\boldsymbol{Y} = \boldsymbol{X}\boldsymbol{\mu}^* + \boldsymbol{w} \quad (3.18)$$

と書き換える. $\boldsymbol{\Sigma}$ および $\boldsymbol{\Omega}$ ともに対称行列であることから, 式 (3.18) の残差分散 $\boldsymbol{A}$ を

$$\boldsymbol{A} \triangleq V(\boldsymbol{w}) = \begin{pmatrix} \tau\boldsymbol{\Sigma} & 0 \\ 0 & \boldsymbol{\Omega} \end{pmatrix} \quad (3.19)$$

とすると, $\boldsymbol{A} = \boldsymbol{A}^\top$, すなわち $\boldsymbol{A}$ は対称行列である. よって $\boldsymbol{A}$ を, 対角要素が固有値となる対角行列である $\boldsymbol{\Gamma}$ および固有値ベクトルからなる行列 $\boldsymbol{D}$ によって

$$\boldsymbol{A} = \boldsymbol{D}^\top \boldsymbol{\Gamma} \boldsymbol{D} \quad (3.20)$$

として構成することができる. このとき,

$$\boldsymbol{A} = \boldsymbol{F}^\top \boldsymbol{F} \quad (3.21)$$

を満たす $\boldsymbol{F} = \boldsymbol{\Gamma}^{1/2}\boldsymbol{D}$ が存在する. $\boldsymbol{F}^{-1}$ を式 (3.17) にかけて, $\boldsymbol{Y}^* = \boldsymbol{F}^{-1}\boldsymbol{Y}$, 同様に $\boldsymbol{X}^* = \boldsymbol{F}^{-1}\boldsymbol{X}$, および $\boldsymbol{w}^* = \boldsymbol{F}^{-1}\boldsymbol{w}$ とすると,

$$\boldsymbol{Y}^* = \boldsymbol{X}^* \boldsymbol{\mu}^* + \boldsymbol{w}^* \tag{3.22}$$

の残差分散は

$$\begin{aligned}
V(\boldsymbol{w}^*) &= V(\boldsymbol{F}^{-1}\boldsymbol{w}) \\
&= \boldsymbol{F}^{-\top} V(\boldsymbol{w})(\boldsymbol{F})^{-1} \\
&= \boldsymbol{F}^{-\top} \boldsymbol{A}^{\top}(\boldsymbol{F})^{-1} \\
&= \boldsymbol{F}^{-\top} \boldsymbol{F}^{\top} \boldsymbol{F}(\boldsymbol{F}^{\top})^{-1} \\
&= \boldsymbol{I} \tag{3.23}
\end{aligned}$$

となる. よって, 式 (3.22) は

$$\boldsymbol{Y}^* = \boldsymbol{X}^* \boldsymbol{\mu}^* + \boldsymbol{w}^*, \quad \boldsymbol{w}^* \sim \mathcal{N}(\boldsymbol{0}, \boldsymbol{I}) \tag{3.24}$$

となる. 等分散であることから, 最小二乗法 (Ordinary Least Square: OLS) を適用すると,

$$\begin{aligned}
\min_{\boldsymbol{\mu}^*} (\boldsymbol{w}^*)^{\top} \boldsymbol{w}^* &= \min_{\boldsymbol{\mu}^*} (\boldsymbol{Y}^* - \boldsymbol{X}^* \boldsymbol{\mu}^*)^{\top} (\boldsymbol{Y}^* - \boldsymbol{X}^* \boldsymbol{\mu}^*) \\
&= \min_{\boldsymbol{\mu}^*} (\boldsymbol{F}^{-1}\boldsymbol{Y} - \boldsymbol{F}^{-1}\boldsymbol{X}\boldsymbol{\mu}^*)^{\top} (\boldsymbol{F}^{-1}\boldsymbol{Y} - \boldsymbol{F}^{-1}\boldsymbol{X}\boldsymbol{\mu}^*) \\
&= \min_{\boldsymbol{\mu}^*} (\boldsymbol{Y} - \boldsymbol{X}\boldsymbol{\mu}^*)^{\top} \boldsymbol{A}^{-1} (\boldsymbol{Y} - \boldsymbol{X}\boldsymbol{\mu}^*) \\
&= \min_{\boldsymbol{\mu}^*} (\boldsymbol{Y} - \boldsymbol{X}\boldsymbol{\mu}^*)^{\top} V(\boldsymbol{w})^{-1} (\boldsymbol{Y} - \boldsymbol{X}\boldsymbol{\mu}^*) \\
&= \min_{\boldsymbol{\mu}^*} (\boldsymbol{Y} - \boldsymbol{X}\boldsymbol{\mu}^*)^{\top} \begin{pmatrix} \tau\boldsymbol{\Sigma} & \boldsymbol{0} \\ \boldsymbol{0} & \boldsymbol{\Omega} \end{pmatrix}^{-1} (\boldsymbol{Y} - \boldsymbol{X}\boldsymbol{\mu}^*) \tag{3.25}
\end{aligned}$$

と定式化される. この結果,

$$\begin{aligned}
\boldsymbol{\mu}^* &= \left\{ (\boldsymbol{X}^*)^{\top}(\boldsymbol{X}^*) \right\}^{-1} (\boldsymbol{X}^*)^{\top}(\boldsymbol{Y}^*) \\
&= \left\{ (\boldsymbol{F}^{-1}\boldsymbol{X})^{\top}(\boldsymbol{F}^{-1}\boldsymbol{X}) \right\}^{-1} (\boldsymbol{F}^{-1}\boldsymbol{X})^{\top}(\boldsymbol{F}^{-1}\boldsymbol{Y}) \\
&= \left\{ (\boldsymbol{X})^{\top} \boldsymbol{A}^{-1}(\boldsymbol{X}) \right\}^{-1} (\boldsymbol{X})^{\top} \boldsymbol{A}^{-1}(\boldsymbol{Y}) \\
&= \left\{ \left(\boldsymbol{F}^{\top} \boldsymbol{I}^{\top} \right) \begin{pmatrix} \boldsymbol{\Omega} & \boldsymbol{0} \\ \boldsymbol{0} & \tau\boldsymbol{\Sigma} \end{pmatrix}^{-1} \begin{pmatrix} \boldsymbol{F} \\ \boldsymbol{I} \end{pmatrix} \right\}^{-1}
\end{aligned}$$

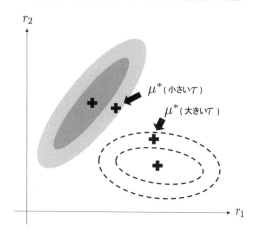

図 3.3 リターンの混合推定

$$\times \left\{ \begin{pmatrix} F^\top & I^\top \end{pmatrix} \begin{pmatrix} \Omega & 0 \\ 0 & \tau\Sigma \end{pmatrix}^{-1} \begin{pmatrix} \Pi \\ Q \end{pmatrix} \right\}$$

$$= \left\{ F^\top \Omega^{-1} F + (\tau\Sigma)^{-1} \right\}^{-1} \left\{ F^\top \Omega^{-1} Q + (\tau\Sigma)^{-1} \Pi \right\} \quad (3.26)$$

を得る．図 3.3 には，混合推定のイメージ図を示す．2 組ある同心楕円のうち，塗りつぶしは均衡期待リターンによる確率密度，一方，破線は投資家の独自市場見通しによるものである．μ^* は，均衡期待リターンおよび投資家独自の市場見通しの両分布に対して，最も尤もらしい適合となる期待値である．すなわち，独自の市場見通しをもつ投資家が τ を妥当な範囲に設定することによって，リスクと大きく矛盾することなく混合推定された資産収益率の期待値とそのばらつきが，独自の市場見通しの微小変化にも安定した平均分散最適をもたらすものとなる．具体的な計算例を図 3.4 に示そう．上段，中段および下段は，それぞれ $\tau = 10, 1, 0.001$ に対応する．上段 ($\tau = 10$) では，Σ に対する信頼度が小さいことを表す．3 つの確率密度分布は左側から均衡期待リターン Π，混合推定される期待リターン μ^*，投資家独自の市場見通し，の順で位置する．混合推定された期待リターンの確率密度分布は 2 つの間に位置するが，その右側の独自の市場見通しの確率密度分布に近い位置となる．中段 ($\tau = 1$) では，Σ に対する信頼度がある程度高いことを表すことから，混合推定される期待リターンは左右 2 つの確率密度の中央付近に位置する．下段 ($\tau = 0.001$) では，Σ

3.3 投資家固有の相場観を導入する混合推定

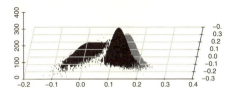

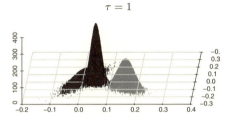

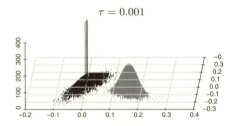

図 3.4 最適解の分布

$\lambda = 1$, $\sigma_1^2 = 0.0016$, $\sigma_2^2 = 0.0081$, $\rho_{12} = 0.8$, $\boldsymbol{y}^m = \begin{pmatrix} 0.7 \\ 0.3 \end{pmatrix}$, $\boldsymbol{\Pi} = \begin{pmatrix} 0.001984 \\ 0.004446 \end{pmatrix}$, $\boldsymbol{F} = \begin{pmatrix} 1 & 0 \\ 0 & 1 \end{pmatrix}$, $\boldsymbol{Q} = \begin{pmatrix} 0.16 \\ -0.1 \end{pmatrix}$, $\boldsymbol{\Omega} = \begin{pmatrix} 0.001 & -0.0005 \\ -0.0005 & 0.001 \end{pmatrix}$.

に対する信頼度が非常に高いことを表すため，ほぼ均衡期待リターン $\boldsymbol{\Pi}$ に一致する位置をとる．

図 3.5 には，図 3.4 に図示した混合推定された期待リターンの分布に対応するマーコウィッツ解の分布を図示する．投資家独自の市場見通し $\boldsymbol{Q}$, $\boldsymbol{F}$ を大きく反映する上段（$\tau = 10$）の場合は，$\boldsymbol{Q}$ が示すように，2資産のリターンが $\boldsymbol{\Sigma}$ に反して互いに逆方向の符号であるために，マーコウィッツ解は非常に不安定であるために，その分布は著しく広範囲にわたっている．一方，下段（$\tau = 0.001$）の場合は，$\boldsymbol{\Sigma}$ への信頼性が高く，均衡期待リターン $\boldsymbol{\Pi}$ を大きく反映する．$\boldsymbol{\Sigma}$ と $\boldsymbol{\Pi}$ は矛盾しないため，マーコウィッツ解は安定する．中段（$\tau = 1$）の場合

$\tau = 10$

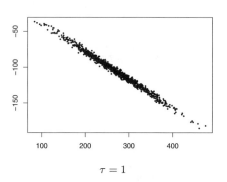

$\tau = 1$

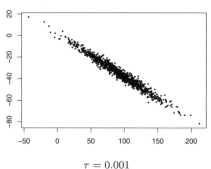

$\tau = 0.001$

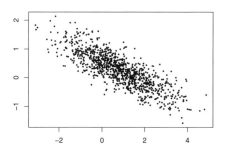

図 3.5 最適ポートフォリオ x^* の分布

$\lambda = 1$, $\sigma_1^2 = 0.0016$, $\sigma_2^2 = 0.0081$, $\rho_{12} = 0.8$, $y^m = \begin{pmatrix} 0.7 \\ 0.3 \end{pmatrix}$, $\boldsymbol{\Pi} = \begin{pmatrix} 0.001984 \\ 0.004446 \end{pmatrix}$, $\boldsymbol{F} = \begin{pmatrix} 1 & 0 \\ 0 & 1 \end{pmatrix}$, $\boldsymbol{Q} = \begin{pmatrix} 0.16 \\ -0.1 \end{pmatrix}$, $\boldsymbol{\Omega} = \begin{pmatrix} 0.001 & -0.0005 \\ -0.0005 & 0.001 \end{pmatrix}$.

は，均衡期待リターンと投資家独自の市場見通しをそれぞれ適度に反映する結果，マーコウィッツ解のとる範囲は上段に比べると狭い．

3.3 投資家固有の相場観を導入する混合推定

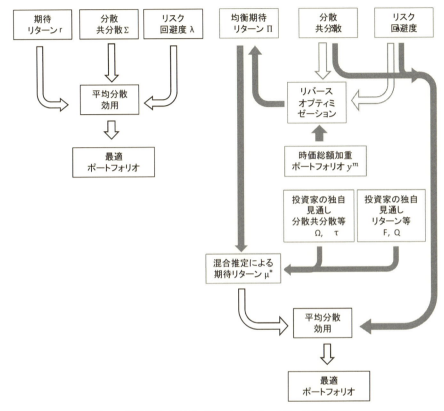

図 3.6 平均分散モデルとブラック・リターマン・モデルの違い

　1990年代にはブラック・リターマン・モデルが実務で利用されるようになり，それ以前のポートフォリオ決定プロセスが大きく変わることとなった．均衡期待リターンの算出プロセスは，リスク回避度と資産リターンの分散共分散行列に加えて時価総額加重された市場ポートフォリオを入力として得ることから，リバース・オプティマイゼーションと称されることもある．図3.6の左側に標準的な平均分散最適および右側にブラック・リターマン・モデルそれぞれの流れのイメージを図示する．

3.4 ベイズとしてのブラック・リターマン・モデル

3.3 節では，ブラック・リターマン・モデルが混合推定を用いて 2 つの情報を統合することにより，均衡状態において市場のリスクに内在する均衡期待リターンと，投資家自身の市場見通しに関する確率密度を反映し，巧みに期待リターンを算出することによって，平均分散最適の脆弱性を克服する構造を示した．実はこの統合はベイズ統計学の枠組みで理解することが容易であることも知られている．本節では，ベイズ統計学について基礎的な解説を行い，ブラック・リターマン・モデルにおけるベイズ統計学からのとらえ方を示す．

3.4.1 ベ イ ズ 統 計

ベイズ統計は 200 年以上も前に Thomas Bayes によって考案されたものの，その後長い間にわたって理解と利用が広く浸透することが無かった．むしろ古典派の統計学の立場からの批判対象であったといってよい．今日，ベイズ統計は日常生活に欠かせない存在となっていることは，スマートフォンなどを利用する現代人にとって良く知られつつある．その背景には，

```
┌─ ベイズ利用普及の背景 ─────────────────────
│
│  ● ベイズ更新に必要な大きな計算負荷が，計算コストの低減によって処
│    理できるようになったこと
│  ● かつて非科学的とされていた主観的な情報の利用は，情報化社会の進
│    展に伴う利用者の情報リテラシー向上によって，もはや必ずしも適切
│    な懸念ではなくなったこと
│
└──────────────────────────────────────────
```

などが指摘される．本書では，4.1 節ではカルマン・フィルター，4.2 節ではマルコフ・スイッチによるレジームスイッチ・モデルについての解説，5 章ではレジーム・スイッチ・モデルがもたらす知見，および 6 章ではその応用を示す．いずれもベイズ更新の枠組みに沿ったもので，投資実務における平均分散アプローチと CAPM からの進展において，ベイズ統計の果たす大きな役割を示すものである．

a. ベイズの定理

2つの事象 A および B について考える．事象 A と B ともに発生する確率を $P(A, B)$ と表すと，

$$P(A, B) = P(B|A) P(A)$$
$$= P(A|B) P(B) \tag{3.27}$$

である．ここで，$P(A)$ および $P(B)$ はそれぞれ事象 A および B が発生する確率，$P(B|A)$ は事象 A が発生した場合に事象 B が発生する条件付き確率，同様に，$P(A|B)$ は事象 B が発生した場合に事象 A が発生する条件付き確率を表す．式 (3.27) を変形すると，事象 B が発生した場合に事象 A が発生する確率，すなわち条件付き確率 $P(A|B)$ は

$$P(A|B) = \frac{P(B|A) P(A)}{P(B)} \tag{3.28}$$

となる．改めて，$P(A)$ は何の情報もない場合に事象 A が発生すると考える確率として事前確率，一方，事象 B が発生したという情報が得られた場合に事象 A が発生する $P(A|B)$ は事後確率ともよばれる．以上を図示すると図 3.7 となる．

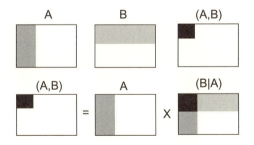

図 **3.7** ベイズの定理

b. ベイズ更新

このベイズの定理が利用されている身近な事例の1つとして，電子メール受信における迷惑メール振分けがある．キーワードを使用して迷惑メールを振り

分けるメカニズムを例に，ベイズ更新について解説する．

まず，事象 A は「ある受信メールが迷惑メールであること」とする．さらに，事象 B は「受信メールに『無料』の文字があること」とする．この場合，式 (3.28) は

$$P(\text{迷惑} \mid \text{無料}) = \frac{P(\text{無料} \mid \text{迷惑})\, P(\text{迷惑})}{P(\text{無料})} \tag{3.29}$$

となる．受信メールに「無料」の文字があるにもかかわらず，迷惑メールではないことがあるので，それについては

$$P\left(\overline{\text{迷惑}} \mid \text{無料}\right) = \frac{P\left(\text{無料} \mid \overline{\text{迷惑}}\right) P(\overline{\text{迷惑}})}{P(\text{無料})} \tag{3.30}$$

となる．ここで，$\overline{A}$ は A の背反事象を表す．受信メールの「無料」の文字の有無が，迷惑メールをどの程度の確率で振り分けることができるかを計算するために，式 (3.29) と式 (3.30) とを比較する必要がある．右辺分母は共通なので捨象して比例表現をとると，

$$P(\text{迷惑} \mid \text{無料}) \propto P(\text{無料} \mid \text{迷惑})\, P(\text{迷惑}) \tag{3.31}$$

$$P\left(\overline{\text{迷惑}} \mid \text{無料}\right) \propto P\left(\text{無料} \mid \overline{\text{迷惑}}\right) P(\overline{\text{迷惑}}) \tag{3.32}$$

となる．また，

$$\frac{P(\text{迷惑} \mid \text{無料})}{P(\text{迷惑} \mid \text{無料}) + P\left(\overline{\text{迷惑}} \mid \text{無料}\right)} \tag{3.33}$$

が「『無料』の文字のある場合に，迷惑メールである」確率となる．1つの単語の有無だけで迷惑メールを判別する場合はこの確率はさほど高くならない．また，確率 $1 - \dfrac{P(\text{迷惑} \mid \text{無料})}{P(\text{迷惑} \mid \text{無料}) + P\left(\overline{\text{迷惑}} \mid \text{無料}\right)}$ で，迷惑メールではないメールが迷惑メールとして振り分けられる．

そこで，基準とする単語数を増やすことによって，確率をより高くすることを考える．例えば「アプリ」などといった単語がある事象を事象 C とすると，

$$P(A, B, C) = P(A \mid B, C)\, P(B, C)$$

$$= P(B, C \mid A)\, P(A) \tag{3.34}$$

$$\Leftrightarrow P(A \mid B, C) P(B, C) = P(B, C \mid A)\, P(A) \tag{3.35}$$

3.4 ベイズとしてのブラック・リターマン・モデル

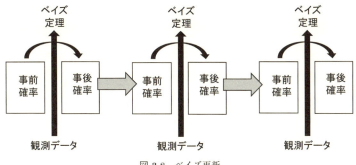

図 3.8 ベイズ更新

であることから，

$$P(A|B,C) = \frac{P(B,C|A)\,P(A)}{P(B,C)} \tag{3.36}$$

が成り立つ．事象 B と C の発生が独立であるとすると，

$$P(B,C) = P(B) \times P(C) \tag{3.37}$$

であるので，

$$\begin{aligned} P(A|B,C) &= \frac{P(B|A)\,P(C|A)\,P(A)}{P(B)P(C)} \\ &= \frac{P(C|A)}{P(C)} \frac{P(B|A)}{P(B)} P(A) \\ &= \frac{P(C|A)}{P(C)} P(A|B) \end{aligned} \tag{3.38}$$

と整理される．$P(A|B)$ は1つめのキーワードである事象 B，すなわち「『無料』の文字がある」のみを使用した場合の事後確率が2つめのキーワードである事象 C，すなわち「『アプリ』の文字がある」を追加使用した場合における事前確率となっている．この構造がベイズ更新とよばれるもので，図示すると図 3.8 の関係となる．ベイズ更新とは，事前確率と事実（観測データ）を基にベイズの定理より得られた事後確率を事前確率として位置付け，新たな事実（新しい観測データ）を基にさらなる事後確率を得ることを繰り返すこと，である．

3.4.2 ベイズとしてのブラック・リターマン・モデル

ベイズ更新における事前と事後との関係は，ブラック・リターマン・モデルにおいては，均衡期待リターンと投資家独自の市場見通しという関係となって

いる．投資家自身が独自の情報を持ち合わせていない場合，CAPM 諸前提の
1つが示すように，「他の市場参加者と同じ市場見通しを共有する」場合は，こ
の投資家の各資産に対する市場見通しは，CAPM が前提とする市場の均衡状
態におけるリターンに関する期待値とそのばらつきとなる．この期待値とその
ばらつき（例えば分散など）からなる事前分布に，投資家自身の市場見通しが
ある場合，投資家自身の市場見通しであるリターンに関する期待値とそのばら
つきを統合し，事後分布としてのリターンに関する期待値とそのばらつきを得
る．以上がベイズの立場からのブラック・リターマン・モデルのとらえ方とな
る．以下では，そのとらえ方を具体的に確認する．

式 (3.27) および式 (3.28) では，事象 A および事象 B が 100% の確率で発生
するという前提がある．実際の現象においては，このような決定的な事象以外
にも，確率的な事象も多く存在する．事象 A がある確率分布 $f(p)$ に，事象 B
がある確率分布 $f(z)$ に従って発生する場合に，式 (3.28) は

$$
\begin{aligned}
P(p|z) &= \frac{P(z|p)\,f(p)}{f(z)} \\
&= \frac{P(z|p)\,f(p)}{\int_0^1 P(z|p)\,f(p)dp}
\end{aligned}
\tag{3.39}
$$

と書き換えられる．この様子をブラック・リターマン・モデルについて図示す
ると図 3.9 のようになる．事前分布として式 (3.14) で与える均衡リターンの確
率分布は事象 A の確率分布 $f(p)$ に対応し，式 (3.15) で与える投資家自身の独
自の市場見通しの確率分布は事象 B の確率分布 $f(z)$ に対応する．これにより
得られた事後分布が混合推定されたリターンに関する分布であり，図 3.9 の実
線に例示する．

ブラック・リターマン・モデルでは繰り返しのベイズ更新は行わず，一度だ
け事後分布を計算する．一方，4.1 節に概説するカルマン・フィルター，およ
び，それに続くレジーム・スイッチ・モデルでは，モデル内の時変的な振舞いを
示すパラメタを状態変化を伴うベイズ更新として取り扱う．以下では，ブラッ
ク・リターマン・モデルにおけるリターンの混合推定について，ベイズの定理に
沿っているということを，Sartchell and Scowcroft(2000) を引用して確認しよ
う．ブラック・リターマン・モデルでは確率分布に関するベイズの定理 (3.39)
において，

3.4 ベイズとしてのブラック・リターマン・モデル

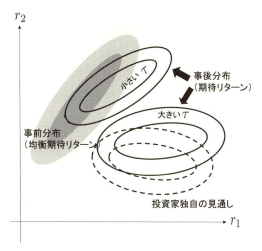

図 3.9 事後分布が混合推定されたリターンに関する分布

$$f(p) \triangleq \boldsymbol{\Pi} = \boldsymbol{\mu} + \boldsymbol{u}, \quad \boldsymbol{u} \sim \mathcal{N}(\boldsymbol{0}, \boldsymbol{\Sigma})$$

$$f(z) \triangleq \boldsymbol{Q} = \boldsymbol{F}\boldsymbol{\mu} + \boldsymbol{\epsilon}, \quad \boldsymbol{\epsilon} \sim \mathcal{N}(\boldsymbol{0}, \boldsymbol{\Omega})$$

であるので,適当な定数 k に対して

$$\begin{aligned}&P\left(\boldsymbol{\mu}^{*} \mid \boldsymbol{\Pi}\right)\\&= \frac{k \exp\left(-\frac{1}{2}(\boldsymbol{\Pi}-\boldsymbol{\mu}^{*})^{\top}(\tau\boldsymbol{\Sigma})^{-1}(\boldsymbol{\Pi}-\boldsymbol{\mu}^{*})-\frac{1}{2}(\boldsymbol{F}\boldsymbol{\mu}^{*}-\boldsymbol{Q})^{\top}\boldsymbol{\Omega}^{-1}(\boldsymbol{F}\boldsymbol{\mu}^{*}-\boldsymbol{Q})\right)}{f(z)}\end{aligned}$$
(3.40)

となる.τ は式 (3.16) において導入する τ と同一である.指数の肩について第 1 項と第 2 項の共通の係数である $(-1/2)$ をカッコ外に取り出して展開すると,

$$\begin{aligned}&(\boldsymbol{\mu}^{*})^{\top}(\tau\boldsymbol{\Sigma})^{-1}(\boldsymbol{\mu}^{*}) - 2\boldsymbol{\Pi}(\tau\boldsymbol{\Sigma})^{-1}\boldsymbol{\mu}^{*} + \boldsymbol{\Pi}^{\top}(\tau\boldsymbol{\Sigma})^{-1}\boldsymbol{\Pi}\\&\quad + (\boldsymbol{\mu}^{*})^{\top}\boldsymbol{F}^{\top}\boldsymbol{\Omega}^{-1}\boldsymbol{F}\boldsymbol{\mu}^{*} - 2\boldsymbol{Q}^{\top}\boldsymbol{\Omega}^{-1}\boldsymbol{F}\boldsymbol{\mu}^{*} + \boldsymbol{Q}^{\top}\boldsymbol{\Omega}^{-1}\boldsymbol{Q}\\&= (\boldsymbol{\mu}^{*})^{\top}\left\{(\tau\boldsymbol{\Sigma})^{-1} + \boldsymbol{F}^{\top}\boldsymbol{\Omega}\boldsymbol{F}\right\}\left\{(\tau\boldsymbol{\Sigma})^{-1} + \boldsymbol{F}^{\top}\boldsymbol{\Omega}^{-1}\boldsymbol{F}\right\}^{-1}\\&\quad \left\{(\tau\boldsymbol{\Sigma})^{-1} + \boldsymbol{F}^{\top}\boldsymbol{\Omega}^{-1}\boldsymbol{F}\right\}\boldsymbol{\mu}^{*}\\&\quad - 2\left\{\boldsymbol{\Pi}^{\top}(\tau\boldsymbol{\Sigma})^{-1} + \boldsymbol{Q}^{\top}\boldsymbol{\Omega}^{-1}\boldsymbol{F}\right\}\left\{(\tau\boldsymbol{\Sigma})^{-1}\boldsymbol{F}^{\top}\boldsymbol{\Omega}^{-1}\boldsymbol{F}\right\}^{-1}\\&\quad \left\{(\tau\boldsymbol{\Sigma})^{-1} + \boldsymbol{F}^{\top}\boldsymbol{\Omega}^{-1}\boldsymbol{\mu}^{*}\right\} + \boldsymbol{Q}^{\top}\boldsymbol{\Omega}^{-1}\boldsymbol{Q} + \boldsymbol{\Pi}^{\top}(\tau\boldsymbol{\Sigma})^{-1}\boldsymbol{\Pi} \quad (3.41)\end{aligned}$$

となる．ここで，

$$C = (\tau\Sigma)^{-1}\Pi + F^\top\Omega^{-1}Q \tag{3.42}$$

$$H = (\tau\Sigma)^{-1} + F^\top\Omega^{-1}F \tag{3.43}$$

$$A = Q^\top\Omega^{-1}Q + \Pi^\top(\tau\Sigma)^{-1}\Pi \tag{3.44}$$

とすると，式 (3.41) は，

$$
\begin{aligned}
&(\mu^*)^\top H^\top H^{-1}H\mu^* - 2C^\top H^{-1}H\mu^* + A \\
&= (H\mu^* - C)^\top H^{-1}(H\mu^* - C) + A - C^\top H^{-1}C \\
&= (\mu^* - H^{-1}C)^\top H(\mu^* - H^{-1}C) + A - C^\top H^{-1}C \tag{3.45}
\end{aligned}
$$

となる．式 (3.45) を式 (3.40) の指数の肩に戻し，μ^* を含む項および含まない項に分けられることに注意すると，

$$
\begin{aligned}
P(\mu^*\,|\,\Pi) &\propto \exp\left\{\left(\mu^* - H^{-1}C\right)^\top H\left(\mu^* - H^{-1}C\right) + A - C^\top H^{-1}C\right\} \\
&\propto \exp\left\{\left(\mu^* - H^{-1}C\right)^\top H\left(\mu^* - H^{-1}C\right)\right\} \tag{3.46}
\end{aligned}
$$

となる．よって，μ^* の期待値 $E(\mu^*)$ および分散 $V(\mu^*)$ は，それぞれ

$$
\begin{aligned}
E(\mu^*) &= H^{-1}C \\
&= \left\{(\tau\Sigma)^{-1} + F^\top\Omega^{-1}F\right\}^{-1}\left\{(\tau\Sigma)^{-1}\Pi + F^\top\Omega^{-1}Q\right\} \tag{3.47}
\end{aligned}
$$

$$V(\mu^*) = H^{-1} = \left\{(\tau\Sigma)^{-1} + F^\top\Omega^{-1}F\right\}^{-1} \tag{3.48}$$

となり，期待値 $E(\mu^*)$ は式 (3.26) と一致し，ベイズの定理からもブラック・リターマン・モデルにおける混合推定によるリターンが導出されることを確認する．なお，式 (3.46) から式 (3.47)，および式 (3.48) に続く流れについては，式 (5.38) および式 (5.51) を参照されたい．

4

前提条件の緩和（その**3**）：緩急多彩なマーケットの構造変化

　CAPM の主要な前提条件の 1 つである「すべての投資家は期末における期待効用を最大化するポートフォリオを選択する」の下では，投資家は投資期間として 1 期間のみに限定し，その間は，投資対象の期待リターンやリスクなどが不変であることを想定する．しかしながら，これらが時間とともに変動することに違和感を覚える向きはそれほど多数ではないのではないだろうか．本章では，CAPM のキー・パラメータである β が時間変動する場合の事例として，野村 (2016) が示す手法を活用し，初歩的なカルマン・フィルターについて取り上げる．実際の市場ではしばしばリスクオン・リスクオフなどと形容される非常に急激な構造変化がみられることがある．このような変化は金融経済危機にとどまらず，様々な背景によってもたらされるものであり，その都度，アドホックな対応をとるなど，投資家は苦労を強いられる．本章後半では，このような市場構造を認め，正面からよりシステマティックな対応をとることを目的として，劇的な変化をマルコフ・スイッチに基づくレジーム・スイッチによって捉えるための基礎的な知識を紹介する．カルマン・フィルターとレジーム・スイッチとは互いに状態空間モデルにおける状態方程式を「ベイズ更新」する点で類似している．読者は本章を通じて，状態変化を扱う二例であるカルマン・フィルターおよびレジーム・スイッチについての基礎的なしくみに触れるとともに，そのモデル推定方法やシミュレーション応用について知識を得るであろう．

4.1　穏やかな変化への対応：カルマン・フィルター

　3.4.1 項 b において述べたベイズ更新は，ベイズの定理に基いて，事前分布に対して観測される事実を反映した事後分布を導き，さらにその事後分布を次

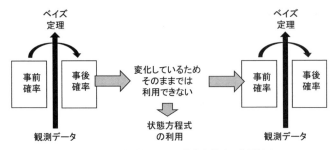

図 4.1 ベイズ更新における状態方程式の位置付け

の更新における事前分布とする考え方である．カルマン・フィルターは，この事後分布をそのまま次の事前分布とすることが適切ではなく，その間に状態変化を伴う場合に用いられる．これは 1960 年代，ロケット誘導分野などの工学において実用化された．現代の日常生活における身近な事例の 1 つは，カーナビやスマートフォンで多用される GPS による現在位置推定がある．これらはいずれも知りたい位置推定対象が移動する．ここでは，知りたい推定対象（状態）が移動（変化）することに対応するために状態方程式が導入される．図 4.1 はベイズ更新における状態方程式の位置づけを示す．その状態に支配されるものが観測される対象であり，その状態の関数としての観測方程式によってモデル化する．この 2 つを合わせて状態空間表現とよび，重要な概念の 1 つである．本節では，式 (1.88) および式 (1.98) に定める CAPM-β_i が一定ではなく変動するものと想定した場合に，その推定方法としてのカルマン・フィルターを解説する．この枠組みでは，シングルファクターである CAPM は観測方程式，CAPM-β_i は状態方程式としてモデル化される．

Brooks, Faff and McKenzie(1998) は，オーストラリア株式セクターを対象に，他のモデリングの枠組みに比べ，状態空間表現とカルマン・フィルターが最も優れていることを報告している．また近年には，Nieto, Orbeand and Zarraga(2014) が，β_i 間の格差が大きいメキシコ株式を対象とした比較研究において同様の結果を得ている．本節では，野村 (2016) 等が示す流れに基いて，CAPM-β_i の時変性を扱うカルマン・フィルターを例示する．

CAPM-β_i に対するカルマン・フィルターについて記述する前に一般化した記述をしよう．最も単純な例としての状態空間モデルは，観測値 $y(t)$ とそれを発生させる状態 $\alpha(t)$ の時系列からなる

4.1 穏やかな変化への対応：カルマン・フィルター

$$\alpha(t) \sim m(t)(\alpha(t)|\alpha(t-1)), \quad y(t) \sim l(t)(y(t)|\alpha(t)) \tag{4.1}$$

の形式をとる．式 (4.1) の右辺は条件付き密度関数であり，$\alpha(t-1)$ が所与の下での $\alpha(t)$ の密度関数が時刻依存することを認める関数形 $m(t)$ で与えられるとともに，同様に $\alpha(t)$ が所与の下での $y(t)$ の密度関数が時刻依存することを認める関数形 $l(t)$ で与えられることを意味する．例えば $l(t)$ および $m(t)$ については，

$$\alpha(t) = \alpha(t-1) + \mu(t), \quad \alpha(t) \sim \mathcal{N}(E(\alpha(t)), \sigma_\mu^2) \tag{4.2}$$

$$y(t) = \alpha(t) + \epsilon(t), \quad \epsilon(t) \sim \mathcal{N}(0, \sigma_\epsilon^2) \tag{4.3}$$

が単純な事例であろう．カルマン・フィルターは，ベイズ更新において状態方程式を用いて表現される状態変化がある場合に，効率的な推定を提供するアルゴリズムである．その流れは，$t=1$ における $\alpha(t)$ の期待値および分散の初期状態をそれぞれ $a(1)$，$A(1)$，さらに $Y(t-1) = y(1), \cdots, y(t-1)$ とすると，時点 $t-1$ における $\alpha(t)$ に対する予測値と予測誤差の分散をそれぞれ $a(t) = E(\alpha(t)|Y(t-1))$，$A(t) = V(\alpha(t)|Y(t-1))$，さらに時点 t においてその時点までの情報 $Y(t) = y(1), \cdots, y(t)$ から求めるフィルター化推定値とその推定誤差の分散をそれぞれ $\alpha(t|t) = E(\alpha(t)|Y(t))$，$A(t|t) = V(\alpha(t)|Y(t))$ を交互に更新するものである．ベイズ更新におけるこれらの位置関係を経過時刻とともに図 4.2 に図示する．時点 $t-1$ における状態 α の 1 期先予測 $a(t)$ から，同時点における y の 1 期先予測 $y(t)$ は

$$E(y(t)|Y(t-1)) = E(\alpha(t) + u(t)|Y(t-1)) = a(t) \tag{4.4}$$

となる．時点 t において $y(t)$ が観測されると，$y(t) - a(t)$ が 1 期先予測の誤差として確定する．その分散 $V(y(t) - a(t)|Y(t-1))$ が 1 期先予測の誤差分散

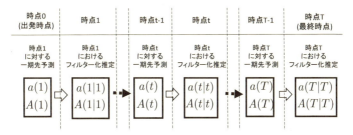

図 4.2　ベイズ更新における状態方程式の推移

である．

以下では，対象を CAPM-β_i に関する式 (4.6) および式 (4.7) に戻した上で，その更新について具体的に計算を行う．

4.1.1 CAPM-β_i の時変性を扱うカルマン・フィルターによるベイズ更新

時点 t の資産 i の収益率 $r_i(t)$, $t = 1, \cdots, T$ が 1.4.2 項において導出した CAPM に従うものとすると，

$$r_i(t) - r_f(t) = \beta_i(t)\{r_m(t) - r_f(t)\} + \epsilon_i(t), \quad \epsilon_i(t) \sim \mathcal{N}(0, \sigma_{\epsilon_i}^2) \quad (4.5)$$

で与えられる．表記を簡便とするために，$y_i(t) = r_i(t) - r_f(t)$ および $y_m(t) = r_i(t) - r_f(t)$ とすると，式 (4.5) は，

$$y_i(t) = \beta_i(t)y_m(t) + \epsilon_i(t), \quad \epsilon_i(t) \sim \mathcal{N}(0, \sigma_{\epsilon_i}^2) \quad (4.6)$$

である．$Y_i(t) = y_i(1), \cdots, y_i(t)$ とする．

ここで，式 (4.5) における $\beta_i(t)$ が時間依存している場合を想定して，市場ポートフォリオのリターン $r_m(t)$ に対する感応度合（ファクター・ローディング）に時変性があるものとしよう．このとき，ベータ値 $\beta_i(t)$ が

$$\beta_i(t) = \beta_i(t-1) + \nu_i(t), \quad \beta_i(t) \sim \mathcal{N}(\hat{\beta}_i(t), \sigma_{\nu_i}^2) \quad (4.7)$$

による最も単純な時系列の 1 つであるランダムウォーク・モデルに従うものとする．この構造を図 4.3 に図示する．

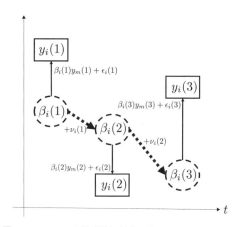

図 4.3 CAPM-β 時変性に対するカルマン・フィルター

4.1 穏やかな変化への対応：カルマン・フィルター   75

この枠組みは 3.4.1 項 b で述べたベイズ更新と異なり，事後確率分布をそのまま次の時点における事前確率分布として扱うことができず，確率分布を支配する状態が変化する場合に有効である．状態空間表現においては，式 (4.6) を観測方程式，式 (4.7) を状態方程式とよぶ．この状態空間表現の下での更新について具体的な計算を行おう．

まず，初期時点 0 において $\beta(t)$ の初期値として

$$\beta_i(1) \sim N(b_i(1), B_i(1)) \tag{4.8}$$

であるとする．

次に，時点 $t = 1$ において得る市場データ（観測結果）$y_i(1)$ を用いて，状態 $\beta_i(1)$ についてのフィルター化推定としての期待値 $b_i(1|1) = E\left(\beta_i(1)|Y_i(1)\right)$ および分散 $B_i(1|1) = V\left(\beta_i(1)|Y_i(1)\right)$ を求める．ここで時点 $t-1$ における $y_i(t)$ の 1 期先予測

$$
\begin{aligned}
E\left(y_i(t)|Y_i(t-1)\right) &= E\left(\beta_i(t)y_m(t) + \epsilon_i(t)|Y_i(t-1)\right) \\
&= b_i(t)Y_m(t)
\end{aligned}
\tag{4.9}
$$

から，初期時点 0 において資産 i のリターンの 1 期先予測の誤差は，

$$v_i(1) = y_i(1) - b_i(1)y_m(1) \tag{4.10}$$

であり，その期待値は，

$$
\begin{aligned}
E(v_i(1)) &= E(y_i(1) - b_i(1)y_m(1)) \\
&= E(\beta_i(1)y_m(1) + \epsilon_i(1) - b_i(1)y_m(1)) \\
&= b_i(1)y_m(1) + 0 - b_i(1)y_m(1) \\
&= 0
\end{aligned}
\tag{4.11}
$$

となり，分散 $V_i(1)$ は，

$$
\begin{aligned}
V_i(1) &= V\left(v_i(1)\right) \\
&= V\left(\beta_i(1)y_m(1) + \epsilon_i(1) - b_i(1)y_m(1)\right) \\
&= y_m(1)V\left(\beta_i(1)\right)y_m(1) + \sigma_{\epsilon_i}^2 \\
&= y_m(1)B_i(1)y_m(1) + \sigma_{\epsilon_i}^2
\end{aligned}
\tag{4.12}
$$

となる．さらに $\beta_i(1)$ と $v_i(1)$ との共分散は

$$\mathrm{Cov}(\beta_i(1), v_i(1)) = \mathrm{Cov}(\beta_i(1), \beta_i(1)y_m(1) + \epsilon_i(1) - b_i(1)y_m(1))$$

$$= y_m(1)V(\beta_i(1)) + \mathrm{Cov}(\beta_i(1), \epsilon_i(1))$$

$$= y_m(1)B_i(1) \tag{4.13}$$

と与えられる.

求めるフィルター化推定 $b_i(1|1)$ および $B(1|1)$ は

$$b_i(1|1) = E(\beta_i(1)|\,y_i(1)) \tag{4.14}$$

および

$$B_i(1|1) = V(\beta_i(1)|y_i(1)) \tag{4.15}$$

であることから,y_i による条件付きの β_i の期待値と分散を考える.

一般に,2 変量 x および y からなる正規分布の同時密度関数 $f(x,y)$ は x,y の期待値を μ_x, μ_y,標準偏差を σ_x, σ_y および両変数間の相関係数を ρ とすると,

$$f(x,y) = \frac{1}{2\pi\sigma_x\sigma_y\sqrt{1-\rho^2}}$$

$$\times \exp\left(-\frac{1}{2(1-\rho^2)}\frac{(x-\mu_x)^2}{\sigma_x^2} - 2\rho\frac{(x-\mu_x)(y-\mu_y)}{\sigma_x\sigma_y} + \frac{(y-\mu_y)^2}{\sigma_y^2}\right) \tag{4.16}$$

で与えられ,$u = (x-\mu_x)/\sigma_x$,$\nu = (y-\mu_y)/\sigma_y$ と変換すると,式 (4.16) の指数部分は

$$-\frac{1}{2(1-\rho^2)}\frac{(x-\mu_x)^2}{\sigma_x^2} - 2\rho\frac{(x-\mu_x)(y-\mu_y)}{\sigma_x\sigma_y} + \frac{(y-\mu_y)^2}{\sigma_y^2}$$

$$= -\frac{1}{2(1-\rho^2)}(u^2 - 2\rho u\nu + \nu^2)$$

$$= -\frac{(\nu-\rho u)^2 + u^2 - \rho^2 u^2}{2(1-\rho^2)}$$

$$= -\frac{(\nu-\rho u)^2}{2(1-\rho^2)} - \frac{u^2}{2}$$

$$= -\frac{[(y-\mu_y)/\sigma_y - \rho(x-\mu_x)/\sigma_x]^2}{2(1-\rho^2)} - \frac{(x-\mu_x)^2}{2\sigma_x^2}$$

$$= -\frac{[(y-\mu_y) - \rho\sigma_y(x-\mu_x)/\sigma_x]^2}{2\sigma_y^2(1-\rho^2)} - \frac{(x-\mu_x)^2}{2\sigma_x^2} \tag{4.17}$$

と整理される.よって,同時密度関数 $f(x,y)$ は,

$$f(x,y) = \frac{1}{\sqrt{2\pi}\sigma_y\sqrt{1-\rho^2}}\exp\left(-\frac{\{(y-\mu_y)-\rho\sigma_y(x-\mu_x)/\sigma_x\}^2}{2\sigma_y^2(1-\rho^2)}\right)$$

$$\times\frac{1}{\sqrt{2\pi}\sigma_x}\exp\left(-\frac{(x-\mu_x)^2}{2\sigma_x^2}\right) \tag{4.18}$$

となる．さらに X の周辺分布の密度関数は，

$$
\begin{aligned}
f_x(x) &= \int_{-\infty}^{\infty} f(x,y)dy \\
&= \int_{-\infty}^{\infty} \frac{1}{\sqrt{2\pi}\sigma_y\sqrt{1-\rho^2}}\exp\left(-\frac{\{(y-\mu_y)-\rho\sigma_y(x-\mu_x)/\sigma_x\}^2}{2\sigma_y^2(1-\rho^2)}\right) \\
&\quad \times\frac{1}{\sqrt{2\pi}\sigma_x}\exp\left(-\frac{(x-\mu_x)^2}{2\sigma_x^2}\right)dy \\
&= \int_{-\infty}^{\infty} \frac{1}{\sqrt{2\pi}\sigma_y\sqrt{1-\rho^2}}\exp\left(-\frac{[(y-\mu_y)-\rho\sigma_y(x-\mu_x)/\sigma_x)]^2}{2\sigma_y^2(1-\rho^2)}\right)dy \\
&\quad \times\frac{1}{\sqrt{2\pi}\sigma_x}\exp\left(-\frac{(x-\mu_x)^2}{2\sigma_x^2}\right) \\
&= \frac{1}{\sqrt{2\pi}\sigma_x}\exp\left(-\frac{(x-\mu_x)^2}{2\sigma_x^2}\right) \tag{4.19}
\end{aligned}
$$

から，平均 μ_x，分散 σ_x^2 の正規分布である．式 (4.18) および式 (4.19) から $X=x$ における Y の条件付き確率密度関数は，式 (3.27) より

$$
\begin{aligned}
f(y|x) &= \frac{f(x,y)}{f_x(x)} \\
&= \frac{1}{\sqrt{2\pi}\sigma_y\sqrt{1-\rho^2}}\exp\left(-\frac{\{(y-\mu_y)-\rho\sigma_y(x-\mu_x)/\sigma_x\}^2}{2\sigma_y^2(1-\rho^2)}\right) \quad (4.20)
\end{aligned}
$$

であるため，平均 $\mu_y+\rho\sigma_y(x-\mu_x)/\sigma_x$，分散 $\sigma_y^2(1-\rho^2)$ の正規分布であることがわかる．正規分布の密度関数については 5.5.1 項および 5.5.2 項を参照されたい．

以上を利用して式 (4.14) および式 (4.15) を計算する．ここで 1 期先予測の誤差 $v_i(1)=y_i(1)-b_i(1)y_m(1)$ は，$y_i(1)$ から定数 $b_i(1)$ と外生変数 $y_m(1)$ の積を差引いたものであり，$y_i(1)$ のばらつきに対するその影響は一律であるため $y_i(1)$ と $v_i(1)$ との対応関係は変わらない．この様子を図 4.4 に示す．上部に位置する楕円は y_i 全体，その内部にある塗りつぶしは着目するある条件を満たす，即ち，条件付きの y_i を示す．下部に位置する楕円は y_i から b_iy_m を差し

4. 前提条件の緩和（その3）：緩急多彩なマーケットの構造変化

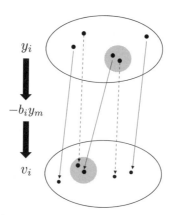

図 4.4 外生変数 $b_i y_m$ 差し引き前後の対応関係のイメージ

引いたあとの v_i 全体，その内部にある塗りつぶしは条件付きの v_i を示す．矢印は上下の対応関係を表すが，このうち実線矢印は $b_i y_m$ を差し引きの前後で条件をクリアする集合が不変であることを示している．一方，破線矢印は変化する場合を示すが，本例では実線矢印となるのである．よって，条件付き期待値に対して $E(\cdot|y_i(1)) = E(\cdot|v_i(1))$ が成り立つ．このことから，フィルター化推定 $b_i(1|1)$ および $B_i(1|1)$ は

$$\begin{aligned}
b_i(1|1) &= E\left(\beta_i(1)|\,y_i(1)\right) \\
&\triangleq E\left(\beta_i(1)|\,v_i(1)\right) \\
&= \mu_{\beta_i(1)} + \rho\sigma_{\beta_i(1)}(v_i(1) - \mu_{v_i(1)})/\sigma_{v_i(1)} \\
&= E\left(\beta_i(1)\right) + \frac{\mathrm{Cov}(\beta_i(1), v_i(1))}{V(v_i(1))} v_i(1) \\
&= b_i(1) + \frac{y_m(1)B_i(1)}{V_i(1)} v_i(1) \\
&= b_i(1) + K_i(1)v_i(1),
\end{aligned} \qquad (4.21)$$

および

$$\begin{aligned}
B_i(1|1) &= V\left(\beta_i(1)|y_i(1)\right) \\
&\triangleq V\left(\beta_i(1)|v_i(1)\right) \\
&= \sigma^2_{\beta_i(1)}(1 - \rho^2) \\
&= \sigma^2_{\beta_i(1)}(1 - \frac{\mathrm{Cov}\left(\beta_i(1), v_i(1)\right)^2}{\sigma^2_{\beta_i(1)}\sigma^2_{v_i(1)}})
\end{aligned}$$

$$= V\left(\beta_i(1)\right) - \frac{\mathrm{Cov}(\beta_i(1), v_i(1))^2}{V\left(v_i(1)\right)}$$

$$= B_i(1) - \frac{(y_m(1)B_i(1))^2}{V_i(1)}$$

$$= B_i(1)\left(1 - y_m(1)K_i(1)\right) \tag{4.22}$$

であることがわかる. ここで,

$$K_i(1) = \frac{B_i(1)}{V_i(1)} y_m(1) \tag{4.23}$$

とした.

次に, $t = 1$ における $t = 2$ に対する 1 期先予測としての期待値 $b_i(2)$ と分散 $B_i(2)$ を求めると,

$$b_i(2) = E\left(\beta_i(2)|\, y_i(1)\right)$$

$$= E\left(\beta_i(1) + \nu_i(1)|\, y_i(1)\right)$$

$$= b_i(1|1) \tag{4.24}$$

$$B_i(2) = V\left(\beta_i(2)|\, y_i(1)\right)$$

$$= V\left(\beta_i(1) + \nu_i(1)|\, y_i(1)\right)$$

$$= B_i(1|1) + \sigma_{\nu_i}^2 \tag{4.25}$$

となる.

次に, 時点 $t = 1$ における初期値, フィルタリングおよび時点 $t = 2$ に対する 1 期先予測が得られたので, 時点 $t = 2, \cdots, T$ における観測値 $Y_i(t-1) = y_i(1), \cdots, y_i(T-1)$ の下で一般化しよう. まず 1 期先予測の誤差 $v(t)$ についての条件付き期待値は,

$$E\left(v_i(t)|\, Y_i(t-1)\right) = E\left(y_i(t) - b_i(t)y_m(t)|\, Y_i(t-1)\right)$$

$$= E\left(\beta_i(t)y_m(t) + \epsilon_i(t) - b_i(t)y_m(t)|\, Y_i(t-1)\right)$$

$$= b_i(t)y_m(t) + 0 - b_i(t)y_m(t)$$

$$= 0 \tag{4.26}$$

であり, 条件付き分散 $V_i(t)$ は,

$$V_i(t) = V\left(v_i(t)|\, Y_i(t-1)\right)$$

$$= V\left(\beta_i(t)y_m(t) + \epsilon_i(t) - b_i(t)y_m(t)\,|\,Y_i(t-1)\right)$$

$$= y_m(t)V\left(\beta_i(t)\right)y_m(t) + V\left(\epsilon_i\,|\,Y_i(t-1)\right)$$

$$= y_m(t)B_i(t)y_m(t) + \sigma^2_{\epsilon_i}, \tag{4.27}$$

となる. さらに $\beta_i(t)$ と $v_i(t)$ との条件付き共分散は

$$\mathrm{Cov}(\beta_i(t), v_i(1))|Y_i(t-1))$$

$$= \mathrm{Cov}(\beta_i(t), \beta_i(t)y_m(t) + \epsilon_i(t) - b_i(t)y_m(t)|Y_i(t-1))$$

$$= y_m(t)V\left(\beta_i(t)\,|\,Y_i(t-1)\right) + \mathrm{Cov}(\beta_i(t), \epsilon_i(t)|Y_i(t-1))$$

$$= y_m(t)B_i(t) + 0 \tag{4.28}$$

と与えられる. $Y_i(t-1)$ が与えられると $b_i(t) = E\left(\beta_t(t)\,|\,Y_i(t-1)\right)$ は変数から定数に変わる. 再び図 4.4 が示すように, $y_i(t)$ から $b_i(t)y_m(t)$ を差し引いた $v_i(t) = y_i(t) - b_i(t)y_m(t)$ と $y_i(t)$ とは対応関係は変わらないため, 条件付き期待値に対して $E\left(\cdot\,|\,y_i(t)\right) = E\left(\cdot\,|\,v_i(t)\right)$ が成り立つ. よって, フィルター化推定 $b_i(t|t)$ および $B_i(t|t)$ は式 (4.21) および式 (4.22) と同様に

$$\begin{aligned}
b_i(t|t) &= E\left(\beta_i(t)\,|\,y_i(t)\right)\\
&\triangleq E\left(\beta_i(t)\,|\,v_i(t)\right)\\
&= \mu_{\beta_i(1)} + \frac{\rho\sigma_{\beta_i(t)}(v_i(t) - \mu_{v_i(t)})}{\sigma_{v_i(t)}}\\
&= E\left(\beta_i(t)\right) + \frac{\mathrm{Cov}(\beta_i(t), v_i(t))}{V\left(v_i(t)\right)}v_i(t)\\
&= b_i(t) + \frac{y_m(1)B_i(t)}{V_i(t)}v_i(t)\\
&= b_i(t) + K_i(t)v_i(t)
\end{aligned} \tag{4.29}$$

および

$$\begin{aligned}
B_i(t|t) &= V\left(\beta_i(t)|y_i(t)\right)\\
&\triangleq V\left(\beta_i(t)|v_i(t)\right)\\
&= \sigma^2_{\beta_i(t)}(1 - \rho^2)\\
&= \sigma^2_{\beta_i(t)}\left(1 - \frac{\mathrm{Cov}\left(\beta_i(t), v_i(t)\right)^2}{\sigma^2_{\beta_i(t)}\sigma^2_{v_i(t)}}\right)
\end{aligned}$$

$$
\begin{aligned}
&= V\left(\beta_i(t)\right) - \frac{\mathrm{Cov}(\beta_i(t), v_i(t))^2}{V\left(v_i(t)\right)} \\
&= B_i(t) - \frac{\left(y_m(t)B_i(t)\right)^2}{V_i(t)} \\
&= B_i(t)\left(1 - y_m(t)K_i(t)\right)
\end{aligned}
\tag{4.30}
$$

であることがわかる. ここで,

$$
K_i(t) = \frac{B_i(t)}{V_i(t)} y_m(t)
\tag{4.31}
$$

である.

次に, フィルター化推定 $b_i(t|t)$ および $B_i(t|t)$ が明らかになったので, 1期先予測 $b_i(t+1)$ および $B_i(t+1)$ は,

$$
\begin{aligned}
b_i(t+1) &= E\left(\beta_i(t+1)\,|\,y_i(t)\right) \\
&= E\left(\beta_i(t) + \nu_i(t)\,|\,y_i(t)\right) \\
&= b_i(t|t)
\end{aligned}
\tag{4.32}
$$

$$
\begin{aligned}
B_i(t+1) &= V\left(\beta_i(t+1)\,|\,y_i(t)\right) \\
&= V\left(\beta_i(t) + \nu_i(t)\,|\,y_i(t)\right) \\
&= B_i(t|t) + \sigma_{\nu_i}^2
\end{aligned}
\tag{4.33}
$$

となる.

以上によって状態方程式および観測方程式からなる CAPM-$\beta_i(t)$ の時変性を表すモデルをカルマン・フィルターによって更新するアルゴリズムを記述した. 状態である CAPM-$\beta_i(t)$ を「状態方程式に従って予測」した結果を, 時点の進展に伴って得られる第 i 資産の収益率の「観測結果を使ってフィルタリングした結果を用いて補正する」ことを繰り返す. 一連の更新を通して $\beta_i(t)$ の各時点における期待値と分散が推定される. この中で式 (4.31) に定義する $K_i(t)$ はカルマン・ゲインとよばれ, 式 (4.29) によって期待値のフィルター化推定量 $b_i(t|t)$ を得る際に, $Y_i(t-1)$ が所与の下で $v_i(t)$ が与えられたことによって1期先予測 $b_i(t)$ を $+K_i(t)v_i(t)$ だけ補正する上で, $\beta_i(t)$ に対する1期先予測の誤差 $v_i(t)$ の係数として作用する. つまり, 1期先予測の誤差 $v_i(t)$ が大きければ大きいほど, また, カルマン・ゲインが大きければ大きいほど補正量が大きくなる. このカルマン・ゲインは, 改めてその分母 (4.27) を表示すると

$$K_i(t) = \frac{B_i(t)y_m(t)}{y_m(t)B_i(t)y_m(t) + \sigma_{\epsilon_i}^2} \tag{4.34}$$

である．つまり，カルマン・ゲインは，CAPM-β_i の 1 期先予測誤差分散 $y_m(t)B_i(t)y_m(t)$ と観測方程式における誤差分散 $\sigma_{\epsilon_i}^2$ との総和に対する $B_i(t)y_m(t)$ が支配する比率である．$\beta_i(t)$ の 1 期先予測の分散 $B_i(t)$ よりも CAPM における推定誤差分散 σ_ϵ^2 が支配的である場合にはカルマン・ゲインが小さくなり，補正があまり行われない．同様に式 (4.30) によってフィルター化推定量 $B_i(t|t)$ を得る際に，1 期先予測の分散 $B_i(t)$ が $1 - y_m(t)K_i(t)$ 倍に縮小することを意味し，各時点におけるカルマン・ゲインが大きいほど，状態である CAPM-$\beta_i(t)$ の分散が小さくなることを意味する．以上より，カルマン・フィルターは CAPM-β_i の 1 期先予測誤差分散 $B_i(t)$ と観測方程式における誤差分散 $\sigma_{\epsilon_i}^2$ の相対的な大小関係が重要であることがわかる．カルマン・ゲインが大きいほど状態である CAPM-$\beta_i(t)$ に大きな補正が行われ，その予測誤差分散が低下することになるのである．

4.1.2　カルマン・フィルターの推定

4.1.1 項では CAPM-$\beta_i(t)$ をカルマン・フィルターに基づいて推定するアルゴリズムと，状態方程式における誤差分散 $\sigma_{\nu_i}^2$ と観測方程式における誤差分散 $\sigma_{\epsilon_i}^2$ がカルマン・ゲイン値を与える重要なパラメタであることを示した．ところで，観測データに適合の良い CAPM-$\beta_i(t)$ を見出すためには，この両パラメタを見出す必要がある．以下では，尤度関数を定めて尤度を最大化する最尤推定による方法を示す．上述のカルマン・フィルターでは，与えられた状態方程式における誤差分散 $\sigma_{\nu_i}^2$ と観測方程式における誤差分散 $\sigma_{\epsilon_i}^2$ の下でその逐次計算が進み，状態方程式によってモデル化する $\beta_i(t)$ の各時点において期待値および分散が得られる．最尤推定においては尤度を最大化する $\sigma_{\nu_i}^2$ および $\sigma_{\epsilon_i}^2$ を探索する必要がある．モデルのデータに対する当てはまりは，観測値の予測誤差 $v_i(t)$ が平均ゼロ，分散 $V_i(t)$ の正規分布からの乖離がいかに小さいかによって評価される．

　一般に，時点 $t = 1$ から t までの同時確率密度 $f(y(1), \cdots, y(t))$ は

$$f(y(1), \cdots, y(t)) = f(y(t)|Y(t-1))f(Y(t-1)) \tag{4.35}$$

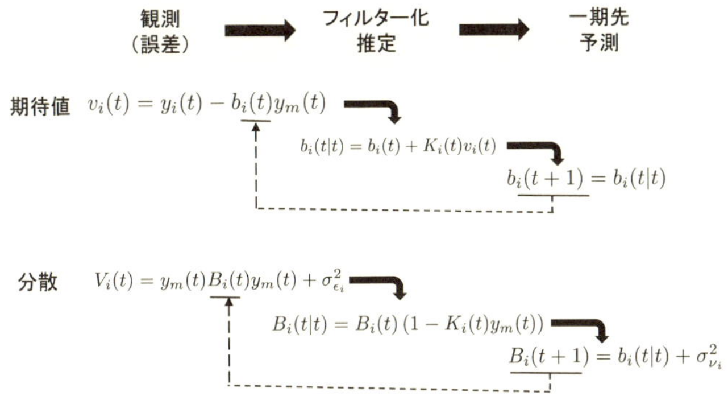

4.1 穏やかな変化への対応：カルマン・フィルター

観測　　　　→　　フィルター化　　→　　一期先
（誤差）　　　　　　推定　　　　　　　　予測

期待値　$v_i(t) = y_i(t) - b_i(t)y_m(t)$

$b_i(t|t) = b_i(t) + K_i(t)v_i(t)$

$b_i(t+1) = b_i(t|t)$

分散　$V_i(t) = y_m(t)B_i(t)y_m(t) + \sigma_{\epsilon_i}^2$

$B_i(t|t) = B_i(t)\left(1 - K_i(t)y_m(t)\right)$

$B_i(t+1) = b_i(t|t) + \sigma_{\nu_i}^2$

図 4.5 CAPM-β_i に対するカルマン・フィルターのフロー：$\sigma_{\nu_i}^2$ および $\sigma_{\epsilon_i}^2$ 所与の下

であり，さらに ν_i および ϵ_i ともに正規分布を仮定するため，正規分布の確率密度関数により式 (4.35) は，

$$f\left(y(1), \cdots, y(T) | \sigma_{v_i}^2, \sigma_{\epsilon_i}^2\right)$$

$$= \prod_{t=1}^{T} f\left(y(t) | Y(t-1); \sigma_{v_i}^2, \sigma_{\epsilon_i}^2\right)$$

$$= \prod_{t=1}^{T} \frac{1}{\sqrt{2\pi V_i(t)}} \exp\left(-\frac{1}{2V_i(t)}\{y_i(t) - b_i(t)y_m(t)\}^2\right) \quad (4.36)$$

で与えられる．よって，モデルのデータに対する当てはまりの良さを表す対数尤度 $\ln \mathcal{L}(\sigma_{\nu_i}^2, \sigma_{\epsilon_i}^2)$ は，

$$\ln \mathcal{L}(\sigma_\nu^2, \sigma_\epsilon^2) = -\frac{T}{2}\ln 2\pi - \frac{1}{2}\sum_{t=1}^{T}\left(\ln V_i(t) + \frac{v_i(t)^2}{V_i(t)}\right) \quad (4.37)$$

となる．最尤推定の結果として，それを与える $\sigma_{\nu_i}^2$ および $\sigma_{\epsilon_i}^2$ が得られるとともに，各時点 t において $v_i(t)$，$V_i(t)$，$b_i(t+1)$，$B_i(t+1)$ および $K_i(t)$ を通じて目的であった $\beta_i(t)$ が推定される．以上の流れを図 4.5 にまとめる．

対数尤度 (4.37) には様々なアルゴリズムが適用されるが，上記の問題では，尤度関数の形状が単峰性であることと，パラメタの少なさなどから，準ニュートン法によって初期値依存性のない結果が得られる．なお，準ニュートン法については 4.2.9 項 a に概説する．

具体例の 1 つとして，カルマン・フィルターによるゼネラル・エレクトリック社（GE）の普通株式の S&P500 に対する CAPM-β を図 4.6 の上段に，同下

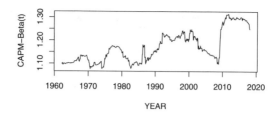

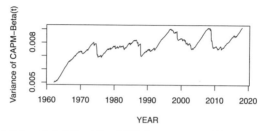

図 4.6 ゼネラル・エレクトリック社の普通株式の S&P500 に対する CAPM-β（上段）とその分散の推移（下段）
$\ln \mathcal{L}(\sigma_\nu^2, \sigma_\epsilon^2) = 977.8267$, $\sigma_{\nu_i}^2 = 4.041\mathrm{e}-5$, $\sigma_{\epsilon_i}^2 = 3.177\mathrm{e}-3$.

段にはその分散の推移を示す．使用データは 1962 年 2 月から 2018 年 1 月までの月次データ，無リスク金利のリターン r_f には月次化した米国フェデラル・ファンド・レートを用いた．

観測値の対する予測誤差 v_i に対する正規性を確認するために，図 4.7 には v_i を図示する．Jarque-Bera 検定の結果は同図脚注に示す通り，正規性は棄却される．このことは，上記のモデルに対するカルマン・フィルターでは，迅速な変動に対して対応しきれないことを表しており，4.2 節以降に述べるレジーム・スイッチ・モデルによる急激な変化への対応をモデル化する余地があることを示すものである．

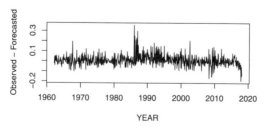

図 4.7 ゼネラル・エレクトリック社の普通株式の S&P500 に対する観測値の対する予測誤差 v_i 推移
$\chi^2 = 677.8376$, $df = 2$, $p\text{-}value < 2.2\mathrm{e}-16$.

4.2 急激な変化への対応：レジーム・スイッチ

4.1節では，市場構造の比較的穏やかな変動の下で，代表的なモデル化の例としてカルマン・フィルターを取り上げた．これに対して本節では，急激で非連続的な変化への対応についてレジーム・スイッチ・モデルを挙げ，特にマルコフ・スイッチ・モデルに焦点を当て，その基本的な性質と推定方法などについて紹介する．なお，本節以降においては，Hamilton(1990), Kim and Nelson(1999)および沖本(2014a, 2014b)などを一部参照する．

4.2.1 経済成長とインフレ

経済状態を端的に表す指標は経済成長とインフレーションである．その状態を2×2の4象限で表し，それぞれの状態において高いリターンが期待されうる資産を列挙すると，図4.8に例示するように概ね以下のパターンが典型的であろう．

- 第I象限（高成長・インフレ）：コモディティ，株式
- 第II象限（低成長・インフレ）：コモディティ
- 第III象限（低成長・デフレ）：国債
- 第IV象限（高成長・デフレ）：株式・社債

どの水準をもって高あるいは低と区別するかは一意には定まらないが，いずれにしてもその区分を閾値を与えて認識するということになろう．これが閾値型のレジーム・スイッチ・モデルの基本的な典型である．

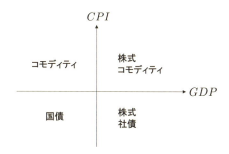

図4.8　マクロ経済環境と投資対象

4.2.2 財政・金融政策シフト

金利の歴史において 1970 年代の米国は極めて長い期間にわたって顕著なレジーム・スイッチを呈したといってよい．いわゆる失われた 10 年と称されるこの期間は経済成長の成熟化とベトナム戦争が招いた財政負担の結果としてのスタグフレーションに見舞われた．これを鎮静化すること目的として，その後，ボルカー連邦準備制度理事会（FRB）議長の下で第 1 期目のレーガン政権がインフレと失業対策を実施した．図 4.9 には，この間の株価，政策金利，長期金利および消費者物価指数を示す．また，図 4.10 には，1960 年以降の米国の事後的な実質金利推移を示す．事後的な実質金利が概ね 3 段階の水準を渡り歩い

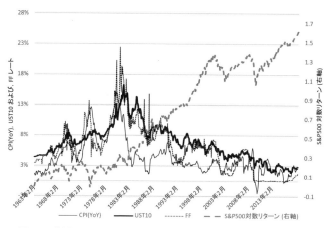

図 4.9 米国における株価，政策金利，長期金利および消費者物価指数

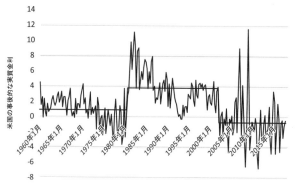

図 4.10 米国の事後的な実質金利（％）の推移
直線はその期間の平均値水準を示す．

た様子が伺える．政治の強いリーダーシップの下，政策（レジーム）の変更がデータに透けて見えるといってよいであろう．

4.2.3 ボラティリティの変化

金融経済危機発生の際には株価の大幅下落を伴いやすい．その株価の大幅な下落には，概ね株価変動率も大幅に増加する傾向がある．しかも，その傾向が短期的な場合のみならず，しばらくの間にわたって持続することがある．図4.11には，米国株式S&P500指数の水準を上段に，ヒストリカル・ボラティリティの推移を下段に図示する．株価指数の水準が下落する期間が継続する間，ボラティリティが上昇する様子が示される．株価下落の終焉とともに，ボラティリティが低下し，再びもとの水準に戻るのである．同図が示すこのような背景には，株価下落が継続する期間においては，市場参加者間で株価水準に対する合意形成が難しい状態があるものと考えられる．ボラティリティはそれぞれの時点から過去のリターン・データをサンプリングし，その標準偏差を計算したものである．下段ではサンプリング期間を5営業日から250営業日まで，様々なボラティリティを比較するが，そのサンプリング期間の長短によって大きくボラティリティ水準が異なることがわかる．サンプリング期間中は母集団，つまり真のボラティリティに変化がない，という前提が必要であることから，サン

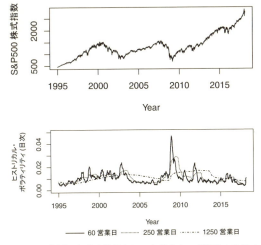

図4.11 米国における株価とヒストリカル・ボラティリティ

プリング期間の長さの選定は極めて重要となる．例えば，日経株価バブル崩壊，ブラックマンデーあるいはリーマン・ショックなどを含む大きな変動がサンプリング期間から外れると，一気にボラティリティが急低下するといった経済直観的とは言えない推定結果に頭を抱える実務家もおられるであろう．レジーム・スイッチ・モデルでは，サンプリング期間内における変数（この例ではボラティリティ水準）の劇的な変化を扱うことができるため，経済直観的な推定結果が得られやすい．

4.2.4 資産リターン間の依存性の変化

分散投資のメリットを確保する資産運用にとって，資産リターン間の相互依存性（相関性など）は大きな関心の1つである．なぜならば，様々な要因によってそれらが変動するためである．4.2.3項ではサンプリング期間の影響について若干触れたが，相関についても同様である．経済金融危機においては，世界的に各国株式市場間や日本円などの間の相関が著しくなることは広く知られている．一方，株式と債券との間の相関係数も変動するが，その変動性は背後にある経済状態等によって多彩となりやすい．米国株式と米国国債利回りとの相関係数の推移を図 4.12 に例示する．時期によってプラス側あるいはマイナス側に符号が変わることがわかる．ポートフォリオが享受するべき分散効果に大きな影響を与えることから，このような変動をレジーム・スイッチとして迅速かつ適時適切に捉える必要がある．

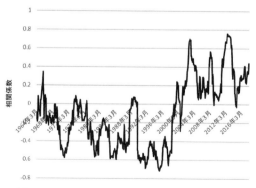

図 4.12 米国における株式リターンと長期金利変化幅との相関係数の推移
サンプリング期間：月次データ 24 カ月間．

4.2.5 レジーム・スイッチとジャンプとの違い

　急激な変化をレジーム・スイッチとして扱う際には，大きなジャンプと混同を避ける必要がある．図 4.13 の上段には，ある系列の水準が急激に変化するイメージ，下段にはその一階階差を示す．仮に，上段が示す系列を株価水準 $S(t)$ の時系列とすると，明らかに株価水準は低位から高位に急激かつ大幅に変位したことになる．このため，株価水準を対象とすればレジーム・スイッチとみなすことができる．一方，株価水準ではなく株価リターンを対象とする枠組みの場合，下段が示す通り，急激な変化は極めて一時的であり，直後には従前のリターンの水準に戻っている．この場合，株価リターンはレジーム・スイッチではなく，ジャンプとしてみなす必要がある．レジーム・スイッチでは一旦状態が変化すると，しばらくその状態が持続するのである．4.2.3 項と 4.2.4 項とで述べた事例では，一旦，非連続的な変動が発生すると，その性質がしばらく元に戻らず，変動後の新しい性質がしばらくの間は持続するとともに，その後，元の性質を取り戻すといった特徴をもつため，ジャンプ過程とは異なる．

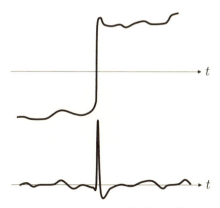

図 4.13　レジーム・スイッチとジャンプとの違い

4.2.6 マルコフ・スイッチ・モデル

　そもそもレジームには，戦後レジームからの脱却などと言われるように，政治体制あるいはそれが施策する政策といった意味が強く，投資の分野においてはまだ馴染みがある用語とは言えない．マクロ経済分野においては，中央銀行による金利や緩和などといった金融政策は，このようなレジームの意味を活用

したものと言える．事実，ファイナンス分野におけるレジーム・スイッチの学術および実務における導入例には，マクロ経済に関連するものが先行し，後にインベストメントに波及する前後関係となった．

　数値化が必ずしも容易ではないものの，直観的に劇的な変更か否かを判別しやすい政治政策とは異なり，様々な事象を数値化しやすい経済や投資といった分野では定量的なアプローチが可能である．政治，経済あるいは投資などの分野の如何によらず急激で大きな変更が生じる場合，その背後にある何かが根本的に変化したものと考える場合，その何かのことを「状態」，またその変化のことを「状態変化」とよぶ．この状態変化が引き起こすレジーム・スイッチには，状態が直接観測できる場合とそうでない場合の2つに大別することができる．まず，直接観測できる場合では，所与の閾値を境界として，観測された値がその境界よりも大きい場合と小さい場合とに分別することによって，異なるレジームとして認識する方法である．

　現時点 t において，どの状態にあるか確定的に観測できているので，それを所与として残るモデルの全パラメタを推定すればよい．4.2.1項の「経済成長とインフレ」は一例である．シンプルさが大きな利点であると同時に，利用者自身のもつ知見等をベースに，自ら閾値を設定することができる．閾値の設定水準によって判断が大きく影響を受けるために，それに足る十分な情報が必要となることと，少なからず主観性が入り込む余地があることなどに留意する必要があろう．

　2つめは，状態が直接観測できない場合におけるマルコフ・スイッチとよばれる手法である．直接観測できない場合，他のすべてのパラメタと同様に，状態も推定する必要がある．このため，雲をつかむかのような印象を与えかねないが，状態変化が一次のマルコフ性に従うという大きな前提を課すことによって，多くの場合，容易な推定が可能である．一次のマルコフ性とは，現時点 t におけるレジームが時点 $t-1$ のレジームのみの影響を受け，時点 $t-2$ 以前のレジームの影響を受けることが無いことを意味する．将来についても同様で，1時点先 $t+1$ のレジームは，現時点 t におけるレジームのみの影響を受け，時点 $t-1$ のレジーム以前のレジームの影響を明示的には受けない．自らの過去の影響をうけるデータの系列を時系列とよぶことがあるが，マルコフ・スイッチは最も単純な時系列である．この単純さは，従来から分析や予測に利

用されるモデルに対してレジーム・スイッチを許容する拡張余地をもたらす利点となる. 時点 t における状態を $I(t)$, そのとりうる状態の数が J 個あることを $I(t) \in \{0, 1, \cdots, i-1, i, i+1, \cdots, J-1\}$ と表現する. このとき, 推定される状態は, 状態 i に属する確率 $p^i(t)$ とすると, $\sum_{i=0}^{J-1} p^i(t) = 1$ である.

a. 観測方程式

ここで, マルコフ・スイッチによるモデルの適用例を Kim and Nelson(1999) からその一部を参照しよう. レジーム・スイッチのないモデル, あるいは 2 つ以上のレジームが存在しないという意味で, 1 レジーム・モデルとして, 以下の回帰モデルを考える:

$$y(t) = \boldsymbol{x}(t)\boldsymbol{\beta} + \varepsilon(t), \quad \epsilon_t \sim \mathcal{N}(0, \sigma^2) \tag{4.38}$$

ここで, $\boldsymbol{x}(t)$ は $1 \times k$ の外部変数ベクトルである. 推定するこのモデルのパラメタは $\boldsymbol{\beta}$ および σ^2 であり, それは対数尤度

$$\ln \mathcal{L} = \sum_{t=1}^{T} \ln\{f(y(t))\} \tag{4.39}$$

を最大化することによって得られる. ここで,

$$f(y(t)) = \frac{1}{\sqrt{2\pi\sigma^2}} \exp\left(-\frac{\{y(t) - \boldsymbol{x}(t)\boldsymbol{\beta}\}^2}{2\sigma^2}\right) \tag{4.40}$$

である. 一方, 2 つの状態の間をスイッチするモデルを考えると,

$$y(t) = \boldsymbol{x}(t)\boldsymbol{\beta}_{I(t)} + \varepsilon(t), \quad \varepsilon(t) \sim \mathcal{N}(0, \sigma^2_{I(t)}) \tag{4.41}$$

$$\boldsymbol{\beta}_{I(t)} = \boldsymbol{\beta}_0\{1 - I(t)\} + \boldsymbol{\beta}_1 I(t) \tag{4.42}$$

$$\sigma^2_{I(t)} = \sigma^2_0\{1 - I(t)\} + \sigma^2_1 I(t) \tag{4.43}$$

$$I(t) \in 0, 1 \tag{4.44}$$

として, 状態 0 と状態 1 の 2 状態をとりうるレジーム依存のモデルとなる. この例では (4.41) が観測方程式である. $I(t)$ を直接観測することができる場合, $I(t), t = 1, 2, \cdots, T$ は既知であり回帰分析におけるダミー変数の扱いとなることから,

$$\ln \mathcal{L} = \sum_{t=1}^{T} \ln\{f(y(t)|I(t))\} \tag{4.45}$$

を最大化することによって得られる. ここで,

$$f(y(t)|I(t)) = \frac{1}{\sqrt{2\pi\sigma_{I(t)}^2}} \exp\left(-\frac{\left\{y(t) - \boldsymbol{x}(t)\boldsymbol{\beta}_{I(t)}\right\}^2}{2\sigma_{I(t)}^2}\right) \qquad (4.46)$$

である．一方，$I(t)$ を直接観測することができない場合，以下の過程によって，$\boldsymbol{\beta}$ および σ^2 とともに，$I(t)$ を推定対象とすることができる．まず最初に，$y(t)$ と $I(t)$ との同時分布の密度関数を条件付き周辺分布の密度関数どうしの積

$$f(y(t), I(t)|\mathcal{F}(t-1)) = f(y(t)|I(t), \mathcal{F}(t-1))f(I(t)|\mathcal{F}(t-1)) \qquad (4.47)$$

として与えられる．ここで，$\mathcal{F}(t-1)$ は時点 $t-1$ までに得られる情報（フィルトレーションとよばれる）を表す．次に，$y(t)$ の周辺分布を得るために，$I(t)$ のとりうる 2 状態の範囲で積分すると，

$$\begin{aligned}
&f(y(t)|\mathcal{F}(t-1)) \\
&= \sum_{I(t)=0}^{1} f(y(t), I(t)|\mathcal{F}(t-1)) \\
&= \sum_{I(t)=0}^{1} f(y(t)|I(t), \mathcal{F}(t-1))f(I(t)|\mathcal{F}(t-1)) \\
&= \frac{1}{\sqrt{2\pi\sigma_0^2}} \exp\left(-\frac{(y(t) - \boldsymbol{x}(t)\boldsymbol{\beta_0})^2}{2\sigma_0^2}\right) \times P\left(I(t) = 0|\mathcal{F}(t-1)\right) \\
&\quad + \frac{1}{\sqrt{2\pi\sigma_1^2}} \exp\left(-\frac{(y(t) - \boldsymbol{x}(t)\boldsymbol{\beta_1})^2}{2\sigma_1^2}\right) \times P\left(I(t) = 1|\mathcal{F}(t-1)\right) \quad (4.48)
\end{aligned}$$

と展開される．$P[I(t) = 0|\mathcal{F}(t-1)]$ および $P[I(t) = 1|\mathcal{F}(t-1)]$ は，時点 $t-1$ までの情報から時点 t における状態が $I(t) = 0$ および $I(t) = 1$ として推定される確率であり，事前確率ともよばれる．すると，最大化する尤度関数は，

$$\ln\mathcal{L} = \sum_{t=1}^{T} \ln\left\{\sum_{I(t)=0}^{1} f\left(y(t)|I(t), \mathcal{F}(t-1)\right) P\left(I(t)|\mathcal{F}(t-1)\right)\right\} \qquad (4.49)$$

となる．$y(t)$ の周辺分布は，言わば，各状態における密度関数の確率加重平均である．このため，加重の重みとなる確率 $P\left(I(t) = 0|\mathcal{F}(t-1)\right)$ および $P\left(I(t) = 1|\mathcal{F}(t-1)\right)$ を計算する必要がある．しかしこの確率を得るには何らかの前提が必要である．この前提として，大別して 2 つの場合が考えられる．1 つはこの確率が自身の過去とは独立する場合，もう 1 つは自身の過去に依存す

4.2 急激な変化への対応：レジーム・スイッチ　　　　　93

る場合である．前者はさらに時間軸上で一定である場合，および外部変数等の
関数である場合などが考えられる．例えば，外部変数 $\boldsymbol{Z}(t)$ の関数である場合，

$$P\left(I(t)=0\,\middle|\,\mathcal{F}(t-1)\right)=p(t)=\frac{\exp\left\{p_1+\boldsymbol{Z}^\top(t-1)p_2\right\}}{1+\exp\left\{p_1+\boldsymbol{Z}^\top(t-1)p_2\right\}} \tag{4.50}$$

$$P\left(I(t)=1\,\middle|\,\mathcal{F}(t-1)\right)=1-p(t)=1-\frac{\exp\left\{p_1+\boldsymbol{Z}^\top(t-1)p_2\right\}}{1+\exp\left\{p_1+\boldsymbol{Z}^\top(t-1)p_2\right\}} \tag{4.51}$$

としてロジスティック関数を利用することにより，$0 \leq P \leq 1$ を満たす変換が
可能である．

　さらに重要な場合として，自身の過去に依存する性質について考える．状態
$I(t)$ が $I(t-1),\cdots,I(t-p)$ に依存して決まる場合，$I(t)$ は p 次のマルコフ性
をもつといわれる．以下では簡単化のため，一次のマルコフ性に限定して状態
$I(t)$ の確率を推定することとする．この場合，ロジスティック関数の利用によ
り，時点 $t-1$ から時点 t までの間に状態 0 および状態 1 がそれぞれ持続する
確率（滞留確率）は式 (4.50) および式 (4.51) における指数の肩をそれぞれ任意
の定数 p_0 および q_0 とする

$$P\left(I(t)=0\,\middle|\,I(t-1)=0\right)=p(t)=\frac{\exp\left(p_0\right)}{1+\exp\left(p_0\right)} \tag{4.52}$$

$$P\left(I(t)=1\,\middle|\,I(t-1)=1\right)=q(t)=\frac{\exp\left(q_0\right)}{1+\exp\left(q_0\right)} \tag{4.53}$$

で表される．時点 t の初めにおいて，各状態の確率は $P\left(I(t-1)=i\,\middle|\,\mathcal{F}(t-1)\right)$ $(i \in \{0,1\})$ であるから，確率加重 $P\left(I(t)=j\,\middle|\,\mathcal{F}(t-1)\right)$ $(j \in \{0,1\})$ は

$$\begin{aligned}
&P\left(I(t)=j\,\middle|\,\mathcal{F}(t-1)\right)\\
&=\sum_{i=0}^{1} P\left(I(t)=j, I(t-1)=i\,\middle|\,\mathcal{F}(t-1)\right)\\
&=\sum_{i=0}^{1} P\left(I(t)=j\,\middle|\,I(t-1)=i\right) P\left(I(t-1)=i\,\middle|\,\mathcal{F}(t-1)\right) \tag{4.54}
\end{aligned}$$

で与えられる．$P\left(I(t)=j\,\middle|\,I(t-1)=i\right)$ $(i \in \{0,1\}\,,j \in \{0,1\})$ は推移確率
とよばれる．時点 t の終わりに $y(t)$ を観測すると，式 (4.54) は，

$$\begin{aligned}
&P\left(I(t)=j\,\middle|\,\mathcal{F}(t)\right)\\
&=P\left(I(t)=j\,\middle|\,\mathcal{F}(t-1),y(t)\right)
\end{aligned}$$

$$
= \frac{f(I(t) = j, y(t) | \mathcal{F}(t-1))}{f(y(t) | \mathcal{F}(t-1))}
$$

$$
= \frac{f(y(t) | I(t) = j, \mathcal{F}(t-1)) P(I(t) = j | \mathcal{F}(t-1))}{\sum_{j=0}^{1} f(y(t) | I(t) = j, \mathcal{F}(t-1)) P(I(t) = j | \mathcal{F}(t-1))} \tag{4.55}
$$

と更新することができる. ここで, $\mathcal{F}(t) = \{\mathcal{F}(t-1), y(t)\}$ である. 式 (4.54) および式 (4.55) を繰り返すことによって, $P(I(t) = j | \mathcal{F}(t-1))$ $(t = 1, \cdots, T)$ を得ることができる. ただし初期時点 $t = 1$ においては, $P(I = 1 | \mathcal{F}_0)$ が必要となるため, 特段の情報がない下では, 定常確率

$$
\pi_0 = P(I(0) = 0 | \mathcal{F}(0)) = \frac{1-p}{2-p-q} \tag{4.56}
$$

$$
\pi_1 = P(I(0) = 1 | \mathcal{F}(0)) = \frac{1-q}{2-p-q} \tag{4.57}
$$

を利用すればよい. 式 (4.56) および式 (4.57) の導出については状態数を J とした上で, 4.2.7 項 a のフィルター化確率において述べる.

b. 推 移 確 率

4.2.6 項 a では $I(t)$ を

$$
P(I(t) = j | I(t-1) = i, I(t-2) = k, \cdots)
$$

$$
= P(I(t) = j | I(t-1) = i) = p_{ij} \tag{4.58}
$$

によって一次のマルコフ性に限定した. 状態数 (レジーム総数) が J であるとき, 時点 t の任意の状態 i から時点 $t+1$ の各状態へ推移する確率の総和は,

$$
p_{i1} + p_{i2} + \cdots + p_{iJ} = 1 \tag{4.59}
$$

である. 時点 t の状態 $i \in \{1, \cdots, J\}$ であるため, すべての推移を表すと,

$$
\boldsymbol{P} = \begin{pmatrix} p_{11} & \cdots & p_{1J} \\ \vdots & \ddots & \vdots \\ p_{J1} & \cdots & p_{JJ} \end{pmatrix} \tag{4.60}
$$

として, $J \times J$ 行列に集約される. この $\boldsymbol{P}$ を推移確率行列とよび, その (j, i) 成分が状態 i から状態 j への推移確率である.

　分析対象が単一のレジームではなく, 複数のレジームに従う場合であっても, レジームどうしが独立である場合に限っては, 推移確率行列は複数ではなく単

一での表現が可能となる．具体的には，互いに独立な L 個のレジームに対する推移確率行列が，それぞれ $\boldsymbol{P}_1, \boldsymbol{P}_2, \cdots, \boldsymbol{P}_L$ で表される場合，それらのレジームから構成される状態間の推移確率は推移確率行列

$$\boldsymbol{P} = \boldsymbol{P}_1 \otimes \boldsymbol{P}_2 \cdots \otimes \boldsymbol{P}_L \tag{4.61}$$

によって表される．$\otimes$ はクロネッカー積を示し，$\boldsymbol{P}$ は $JL \times JL$ の大きさとなる．

c. 状態方程式

時点 t におけるレジームが i である確率を $\pi_i(t)$ とするとき，

$$\boldsymbol{\pi}(t) = \begin{pmatrix} \pi_1(t) \\ \vdots \\ \pi_J(t) \end{pmatrix} \tag{4.62}$$

を同時点におけるレジーム確率が表す状態と考える．レジームの系列 $\{I\}$ が一次のマルコフ性に従う場合，$\boldsymbol{\pi}(t)$ はランダムなノイズ項を無視すると

$$\boldsymbol{\pi}(t+1) = \boldsymbol{P}^\top \boldsymbol{\pi}(t) \tag{4.63}$$

に従う．これは式 (4.2) に示すカルマン・フィルターにおける状態方程式に匹敵するものである．$\boldsymbol{\pi}(t+1)$ の全要素の中で第 j 番目の要素が最大であるときに $I(t+1) = j$ と定めれば，式 (4.41) に例示する観測方程式の中で，時点 $t+1$ において $I(t+1)$ に依存する $\beta_{I(t+1)}$ および $\sigma^2_{I(t+1)}$ が定まる．これは式 (4.3) が示すカルマン・フィルターにおける観測方程式が状態変数 $\alpha(t)$ に依存する構造に相当する．

4.2.7 3種類のレジーム

レジームがそれぞれの時点においてどの状態であるかを直接的に観測することができない場合，推定によって探ることになる．そのレジームの種類には，どの時点までの情報を既知とするかによって3種類が知られており，それぞれ，推定あるいは予測のために利用する情報の時点が異なる．本項では，開始時点から時点 t までに入手可能な情報すべてを $\mathcal{F}_{1:t} = \{\mathcal{F}_1, \cdots, \mathcal{F}_t\}$ と表し，$\mathcal{F}_t$ は時点 t におけるデータセットを表す．T は全データセットの終点における時点を表す．時点 t におけるレジームは総数 J 個の中のいずれか $I(t) \in \{1, \cdots, J\}$

をとるものとする.

a. フィルター化確率

フィルタリングは，始点から時点 t までの情報を用いて，時点 t におけるレジームを推定する場合に用いられ，フィルター化確率を $P\left(I(t)=i|\,\mathcal{F}_{1:t}\right)$ と表し，以下のプロセスを経て求めることができる．時点 t において初めて観測可能な情報を得る前に，まず，1 時点前の $t-1$ における，事前（prior）としての時点 t におけるフィルター化確率 $P\left(I(t)=i|\,\mathcal{F}_{1:t-1}\right)$ は，

$$
\begin{aligned}
P\left(I(t)=j|\,\mathcal{F}_{1:t-1}\right) &= \sum_{i=1}^{J} P\left(I(t)=j, I(t-1)=i|\,\mathcal{F}_{1:t-1}\right) \\
&= \sum_{i=1}^{J} P\left(I(t)=j|\,I(t-1)=i\right) P\left(I(t-1)=i|\,\mathcal{F}_{1:t-1}\right) \\
&= \sum_{i=1}^{J} p_{ij} P\left(I(t-1)=i|\,\mathcal{F}_{1:t-1}\right)
\end{aligned}
\tag{4.64}
$$

として与えられる．ここで，p_{ij} は推移確率行列 $\boldsymbol{P}$ の (i,j) 要素である．時点が t に進んで $y(t)$ を観測することによって，$\mathcal{F}_{1:t}=\{\mathcal{F}_{1:t}, y(t)\}$ であることから，事前のフィルター化確率 $P\left(I(t)=j|\,\mathcal{F}_{1:t-1}\right)$ を以下のプロセスによって，事後のフィルター化確率 $P\left(I(t)=j|\,\mathcal{F}_{1:t}\right)$

$$
\begin{aligned}
&P\left(I(t)=j|\,\mathcal{F}_{1:t}\right) \\
&= P\left(I(t)=j|\,y_t, \mathcal{F}_{1:t-1}\right) \\
&= \frac{f(I(t)=j, y_t|\mathcal{F}_{1:t-1})}{f(y_t|\mathcal{F}_{1:t})} \\
&= \frac{f(y_t|I(t)=j, \mathcal{F}_{1:t-1}) P\left(I(t)=j|\,\mathcal{F}_{1:t-1}\right)}{\sum_{j=1}^{J} f(y_t|I(t)=j, \mathcal{F}_{1:t-1}) P\left(I(t)=j|\,\mathcal{F}_{1:t-1}\right)}
\end{aligned}
\tag{4.65}
$$

へと更新することができる．式 (4.65) は，分子において着目する状態 j に関して事前のフィルター化確率式 (4.64) を新しい観測値 $y(t)$ の尤度によって加重し，分母においては着目する状態 j，およびそれ以外のすべての状態に関する総和をとることによって，着目する状態 j の事後のフィルター化確率を求めるものである．さらにプロセスは式 (4.64) に戻り，時点が $t-1$ から t に進むことで $P\left(I(t-1)=j|\,\mathcal{F}_{1:t-1}\right)$ に式 (4.65) で得た $P\left(I(t)=j|\,\mathcal{F}_{1:t}\right)$ を代入することにより事前に関しては $P\left(I(t+1)=j|\,\mathcal{F}_{1:t}\right)$ を得て，事後に関しては $y(t+1)$

4.2 急激な変化への対応：レジーム・スイッチ 97

を観測値を踏まえて $P\left(I(t+1)=j|\,\mathcal{F}_{1:t+1}\right)$ を得る．このプロセスを時点 T に達するまで実行することにより，全時点におけるフィルター化確率を求めることができる．以上をまとめると，

$$
\begin{aligned}
P\left(I(t)=j|\,\mathcal{F}_{1:t}\right) &= P\left(I(t)=j|\,\mathcal{F}_t,\mathcal{F}_{1:t-1}\right) \\
&= \frac{P\left(\mathcal{F}_t|\,I(t)=j,\mathcal{F}_{1:t-1}\right)P\left(I(t)=j|\,\mathcal{F}_{1:t-1}\right)}{P\left(\mathcal{F}_t|\,\mathcal{F}_{1:t-1}\right)}
\end{aligned} \tag{4.66}
$$

となる．ただし，初期時点 $t=1$ における事前確率 $P\left(I(1)=j|\,\mathcal{F}_0\right)$ を得るには，$P\left(I(0)|\,\mathcal{F}_0\right)$ が必要となるが，一般的には得ることができない．しかしながら，定常状態におけるフィルター化確率を用いることにより，初期値選択の影響を合理的に低減することができる．つまり，各状態の確率ベクトルを

$$
\boldsymbol{\pi} = (P(I=1),\cdots,P(I=J))^\top \tag{4.67}
$$

とすると，定常状態では

$$
\boldsymbol{\pi}(t+1) = \boldsymbol{P}^\top\boldsymbol{\pi}(t) = \boldsymbol{\pi}(t) \tag{4.68}
$$

が成立するため，

$$
\boldsymbol{\pi}^* = \boldsymbol{P}^\top\boldsymbol{\pi}^* \tag{4.69}
$$

を満たす $\boldsymbol{\pi}^*$ を利用すればよい．$\mathbf{1}_J$ を全要素が 1 である $J\times 1$ のベクトルとすると，確率の和は 1 であるため

$$
\mathbf{1}_J^\top\boldsymbol{\pi}^* = 1 \tag{4.70}
$$

である．また，$\mathbf{0}_J$ を全要素が 0 である $J\times 1$ のベクトルとすると，式 (4.69) により，

$$
(\mathbf{1}_J - \boldsymbol{P}^\top)\boldsymbol{\pi}^* = \mathbf{0}_J, \tag{4.71}
$$

さらに，式 (4.70) とにより

$$
\boldsymbol{A}\boldsymbol{\pi}^* = \begin{bmatrix} \mathbf{0}_J \\ 1 \end{bmatrix} \tag{4.72}
$$

となる．ここで，$\boldsymbol{I}_J$ を $J\times J$ の単位行列とすると，$\boldsymbol{A}$ は $(J+1)\times J$ であるため，$\boldsymbol{\pi}^*$ を得るために $(\boldsymbol{A}^\top\boldsymbol{A})^{-1}\boldsymbol{A}^\top$ を左からかけると，

$$
(\boldsymbol{A}^\top\boldsymbol{A})^{-1}\boldsymbol{A}^\top\boldsymbol{A}\boldsymbol{\pi}^* = (\boldsymbol{A}^\top\boldsymbol{A})^{-1}\boldsymbol{A}^\top\begin{bmatrix} \mathbf{0}_J \\ 1 \end{bmatrix} \tag{4.73}
$$

となるので,

$$I_J \pi^* = \pi^* = (A^\top A)^{-1} A^\top \begin{bmatrix} \mathbf{0}_J \\ 1 \end{bmatrix} \qquad (4.74)$$

となる. したがって, π^* は行列 $(A^\top A)^{-1} A^\top$ の最終列である. $J = 2$ のとき, 式 (4.56) および式 (4.57) となる.

フィルターとよばれる上記の繰り返しの過程によって各時点のそれぞれの状態の確率が定義されるが, さらにその計算を行うためには, 推移確率行列 P の全要素を含むモデルを構成するパラメタ θ を求めなければならないが, その手法は多岐にわたり, 代表的な手法を 4.2.9 項に数例を概説する.

b. 1期先予測

マルコフ性の下では, 任意の複数期間将来のレジームについて, その確率を計算することが可能である. ここで, Hamilton(1994) を参照すると, 時点 t において $I(t) = i$ であるときに, 第 i 要素が 1, それ以外のすべての要素が 0 である $J \times 1$ のベクトルを $\pi(t)$ としよう. このとき, 1 期先時点 $t+1$ において $I(t+1) = j$ となる確率は p_{ij} である. $I(t+1) = j$ 以外についても考慮すると,

$$E(\pi(t+1)|I(t) = i) = [p_{i1}, p_{i2}, \cdots, p_{ij}] \qquad (4.75)$$

であり,

$$E[\pi(t+1)|\pi(t)] = P^\top \pi(t) \qquad (4.76)$$

であるので, 期待値を取り去ると,

$$\pi(t+1) = P^\top \pi(t) + \epsilon(t+1) \qquad (4.77)$$

となる. 式 (4.77) を m 期先まで拡張するとともに, $\pi(t)$ で表現すると,

$$\pi(t+m) = \epsilon(t+m) + (P^\top)^1 \epsilon(t+m-1) + (P^\top)^2 \epsilon(t+m-2) + \cdots$$
$$+ (P^\top)^{m-1} \epsilon(t+1) + (P^\top)^m \pi(t) \qquad (4.78)$$

と展開される. その期待値

$$E[\pi(t+m)|\pi(t)] = (P^\top)^m \pi(t) \qquad (4.79)$$

は, 推移確率行列のべき乗の積として表される.

次に 1 期先予測について具体的に示そう. 始点から時点 t までの情報を用いて, 時点 $t+1$ におけるレジームを予測する. これを $P(I(t+1) = i | \mathcal{F}_{1:t})$ と

表し，以下によって求めることができる．レジームの過程は，4.2.6 項に示すマルコフ性によって

$$P\left(I(t) = j \mid I(t-1) = i, I(t-2) = h, \cdots\right) = P\left(I(t) = j \mid I(t-1) = i\right)$$
$$= p_{ij} \tag{4.80}$$

に従い，$I(t) = j$ となる確率は，$I(t-1)$ における状態のみに依存し，それよりも前の時点の状態には依存しない．このことから，時点 t におけるレジーム確率，例えばフィルター化確率 $P\left(I(t) = j \mid \mathcal{F}_{1:t}\right)$ が既知の下，1 期先のレジーム確率の予測値は

$$\begin{aligned}
P\left(I(t+1) = j \mid \mathcal{F}_{1:t}\right) &= \sum_{i=1}^{J} P\left(I(t+1) = j, I(t) = i \mid \mathcal{F}_{1:t}\right) \\
&= \sum_{i=1}^{J} P\left(I(t+1) = j \mid I(t) = i\right) P\left(I(t) = i \mid \mathcal{F}_{1:t}\right) \\
&= \sum_{i=1}^{J} p_{ij} P\left(I(t) = i \mid \mathcal{F}_{1:t}\right) \tag{4.81}
\end{aligned}$$

となる．なお，式 (4.81) は 6.1 においてレジーム依存の最適ポートフォリオを導出する上で重要な役割を演ずる．

c. 平滑化（スムージング）

平滑化（スムージング）は，始点から最終時点 T までの情報を用いて，時点 $t(< T)$ におけるレジームを推定する場合に用いられる．あえて過去においては得られていない情報を用いてその過去に遡って推定する意義は，事後的に過去を振り返ることによって過去の事象を理解することであり，平滑化確率は様々な情報を提供する可能性がある．例えば，始点から最終時点 T までの全時点が構成する期間を注目する事象の寿命とする場合，あるいは，その期間内において発生する事象由来の様々な現象を理解しようとする場合，平滑化確率は有用な情報を提供する場合がある．また，ある分析対象に対して景気循環が与える影響を念頭に置き，その循環の始点から終点までを分析対象とする平滑化確率が，どの時点において大きく変化したかを観察することによって，分析対象に対して景気循環が与えた影響について重要な情報を得ようとする試みなどである．レジーム・スイッチは比較的簡易なアルゴリズムによって推定可能であることが利点の 1 つである一方，何がレジーム・スイッチを引き起こすかについ

ては明示的ではない．この点，レジームが一定の推移確率の下でランダムに推移するにせよ，あるいは式 (4.50) で与えられるような外部変数の関数とする時変性のある推移確率行列の下でランダムであるにせよ，分析対象の振る舞いをもたらす構造を理解する上で平滑化確率は一定の役割をもつ．

平滑化確率の計算としては，Kim and Nelson(1999) が提唱するアルゴリズムが知られており，以下の過程で算出される．まず，時点 t におけるレジーム $I(t)$ は時点 $t+1$ においてレジーム $I(t+1) \in \{1, 2, \cdots, J\}$ のいずれかに推移することから，求めるべき平滑化確率は

$$P\left(I(t) = i \middle| \mathcal{F}_{1:T}\right) = \sum_{j}^{J} P\left(I(t) = i, I(t+1) = j \middle| \mathcal{F}_{1:T}\right) \tag{4.82}$$

である．以下では，式 (4.82) の右辺を計算する．式 (4.82) の右辺は，$I(t) = i$ と $I(t+1) = j$ とが発生する確率であるから，

$$P\left(I(t) = i, I(t+1) = j \middle| \mathcal{F}_{1:T}\right)$$
$$= P\left(I(t+1) = j \middle| \mathcal{F}_{1:T}\right) \times P\left(I(t) = i \middle| I(t+1) = j, \mathcal{F}_{1:T}\right) \tag{4.83}$$

である．ここで，時点 $t+1$ から時点 T までの観測値ベクトルを

$$\boldsymbol{h}_{t+1:T} = (y(t+1), y(t+2), \cdots, y(T))^{\top}, \quad T > t \tag{4.84}$$

とすると，式 (4.83) の右辺第 2 項は，

$$P\left(I(t) = i \middle| I(t+1) = j, \mathcal{F}_{1:T}\right)$$
$$= P\left(I(t) = i \middle| I(t+1) = j, \mathcal{F}_{1:t}, \boldsymbol{h}_{t+1:T}\right)$$
$$= \frac{f(I(t) = i, \boldsymbol{h}_{t+1:T} | I(t+1) = j, \mathcal{F}_{1:t})}{P\left(\boldsymbol{h}_{t+1:T} \middle| I(t+1) = j, \mathcal{F}_{1:t}\right)}$$
$$= \frac{P\left(I(t) = i \middle| I(t+1) = j, \mathcal{F}_{1:t}\right) f(\boldsymbol{h}_{t+1:T} | I(t+1) = j, I(t) = i, \mathcal{F}_{1:t})}{P\left(\boldsymbol{h}_{t+1:T} \middle| I(t+1) = j, \mathcal{F}_{1:t}\right)}$$
$$\tag{4.85}$$

と変形できる．式 (4.85) の分子第 2 項と分母が近く，$I(t+1)$ が既知の下では，$y(t+1)$ が $I(t)$ に関する情報を持たないと仮定すると，これらは等しい．よって，式 (4.85) は，近似的に分子第 1 項のみとなり

$$P\left(I(t) = i \middle| I(t+1) = j, \mathcal{F}_{1:T}\right) \approx P\left(I(t) = i \middle| I(t+1) = j, \mathcal{F}_{1:t}\right)$$

となる．よって，式 (4.83) は，

$$P\left(I(t)=i, I(t+1)=j \mid \mathcal{F}_{1:T}\right)$$

$$= P\left(I(t+1)=j \mid \mathcal{F}_{1:T}\right) \times P\left(I(t)=i \mid I(t+1)=j, \mathcal{F}_{1:T}\right)$$

$$= P\left(I(t+1)=j \mid \mathcal{F}_{1:T}\right) \times P\left(I(t)=i \mid I(t+1)=j, \mathcal{F}_{1:t}\right)$$

$$= \frac{P\left(I(t+1)=j \mid \mathcal{F}_{1:T}\right) \times P\left(I(t)=i, I(t+1)=j \mid \mathcal{F}_{1:t}\right)}{P\left(I(t+1)=j \mid \mathcal{F}_{1:t}\right)}$$

$$= \frac{P\left(I(t+1)=j \mid \mathcal{F}_{1:T}\right) \times P\left(I(t)=i \mid \mathcal{F}_{1:t}\right) \times P\left(I(t+1)=j \mid I(t)=i\right)}{P\left(I(t+1)=j \mid \mathcal{F}_{1:t}\right)}$$

$$(4.86)$$

と展開される. 式 (4.86) の分母は式 (4.81) で求められる 1 期先予測, 同分子第 2 項は式 (4.66) で求められるフィルター化確率, 同第 3 項は推定すべきモデルのパラメタの一部分である推移確率である. さらに同第 1 項は, 式 (4.82) よりも時点が 1 つ後になっていることに注意すると, 式 (4.86) で得られた時点 t の平滑化確率は, 式 (4.82) を用いて時点 $t-1$ の平滑化確率の計算に利用することができる. このように, すべての時点の平滑化確率を時点 $T, T-1, \cdots, 2, 1$ の順番で得ることができる. 以上をまとめると, 時点 t における平滑化確率 $P\left(I(t)=i \mid \mathcal{F}_{1:T}\right)$ は,

$$P\left(I(t)=i \mid \mathcal{F}_{1:T}\right) = P\left(I(t)=i \mid \mathcal{F}_{1:t}\right) \sum_{j=1}^{J} \frac{P\left(I(t+1)=j \mid \mathcal{F}_{1:t}\right) p_{ij}}{P\left(I(t+1)=j \mid \mathcal{F}_{1:T}\right)} \quad (4.87)$$

と表される.

4.2.8 レジームのシミュレーション

株式や金利, それらの派生資産などを対象とした様々な仮説に基づく数理モデルは, 複雑極まりない現実を完全に説明するには及ばないものの, 意味ある単純化を通じて意義深い様々知見を提供する. その適用先の 1 つがシミュレーションである. 近年の計算環境の大幅な発展は, 金融・資本市場の特性や運用手法の評価を行う上で, 数理モデルに金融・資本市場の動きを生成させ, 運用手法がもたらす投資成果などを計算機上で実験的に評価するといった複雑なシミュレーションを容易に可能とする. 数理モデルの形態は多岐にわたるが, 例えば, 最も基本的モデルの 1 つとして, 時点 t における収益率 $\boldsymbol{r}(t)$ に対して,

$$\boldsymbol{r}(t)=\boldsymbol{\mu}+\boldsymbol{u}(t), \quad \boldsymbol{u} \sim \mathcal{N}(\boldsymbol{0}, \boldsymbol{\Sigma}) \quad (4.88)$$

などのように, 期待値 $\boldsymbol{\mu}$ および, その上下に変動する擾乱項をランダムなノイ

ズ u の2つのパラメタで表現する場合がある．あるいは，収益率が過去の自身の値に依存する時系列性を認める拡張や，擾乱項がジャンプするといったモデル，収益率の擾乱項の変動幅を意味するボラティリティが変動するモデルなど，先行研究は数多くの数理モデルを提唱している．これら数理モデルを用いたシミュレーションでは，少なからず確率的な変動を呈する部分があるため，しばしばモンテカルロ・シミュレーションを用いたアプローチが採用される．例えば，式 (4.88) に対するモンテカルロ・シミュレーションにおいては，

$$r = LX \qquad (4.89)$$

といった格好でランダムな変動が再現される．ここで X は正規乱数，L は Σ に対するコレスキー分解による下三角行列である．本章が扱うマルコフ・スイッチによるレジーム・スイッチも数理モデルの1つであり，同様にシミュレーションの枠組みを提供することが可能である．

　一般に，確率変数 X の分布関数 F が既知の場合に逆関数法を用いて，分布関数 F と同じく，(0,1) を範囲にもつ一様分布 U に従う乱数により元の確率変数 X は

$$X = F^{-1}(U) \qquad (4.90)$$

と表現される．図 4.14 上段には，密度関数が正規分布に従う場合における分布関数 F と元の確率変数 X との関係を，さらに下段には確率密度関数 f との関係を例示する．

　レジーム I における式 (4.90) に対応する情報は，推移確率行列 P に格納されており，時点 t のレジーム $I(t)$ をシミュレートする場合，1期前の時点 $t-1$ におけるレジーム $I(t-1)$ を用いて，P の第 $I(t-1)$ 行の列方向の累積和が分布関数となる．つまり，推移確率行列 P が式 (4.60) で与えられるとき，$I(t-1) = i$ の下では，確率 p_{ij} で $I(t) = j$ をサンプリングすることによってレジーム系列 $\{I\}$ が生成される．

　次に，初期値 $I(t=0)$ について考える．レジームの初期値 $I(t=0)$ を与えるための特段の情報が無い場合，定常状態におけるレジーム確率の期待値を基に初期値を与える．この場合，推移確率行列 P による定常状態におけるレジーム確率の分布 π^* を利用し，式 (4.74) で与えられる $J \times 1$ ベクトルの π^* に対して，その行方向の累積和が分布関数となる．したがって，式 (4.90) と同様の

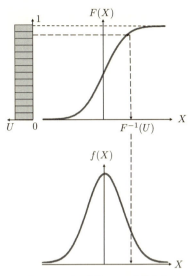

図 4.14 逆関数法による乱数生成

枠組みによりレジームの初期値 $I(t=0)$ を与える.

レジームの系列数が1, かつ, レジーム数2の場合における経路の発生例を図 4.15 に示す. 4つのレジーム系列はすべて同一の推移確率行列から生成されたものである. 系列によってレジームの推移する経路は異なるものの, いずれも同一かつ一定の推移確率行列に対して, 式 (4.90) に基づいて生成されている. 同一のレジームに滞留する時間ステップの長さは, 長い時期もあれば短い時期もあるが, これらはすべてランダムである.

次に, 同一の状態 (レジーム) への滞留確率が式 (4.52) および式 (4.53) などによって与える場合, その同一の状態 (レジーム) に滞留する時間ステップの長さを示す. 滞留する時間ステップ数が t であるということは, 連続する t ステップにわたって第 i レジームがサンプリングされた直後にそれ以外のレジームがサンプリングされる場合である. その確率は $(p_{ii})^t(1-p_{ii})$ で与えられるため, ステップ数 t に関する期待値は $t(p_{ii})^t(1-p_{ii})$ となる. 同一の状態 (レジーム) に滞留するすべての場合についての期待値を求めるには, ステップ数を t を含む $1 \sim \infty$ まで, それぞれの期待値の和をとればよいので, 同一の状態 (レジーム) に滞留する時間ステップの期待値 μ は

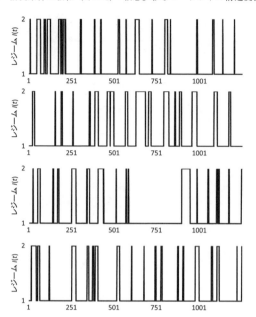

図 4.15 シミュレーションにより発生されたレジーム過程 4 例 推移確率行列 $\boldsymbol{P} = \begin{pmatrix} 0.98 & 0.02 \\ 0.08 & 0.82 \end{pmatrix}$ による.

$$\mu = \sum_{t=1}^{\infty} t(p_{ii})^t (1 - p_{ii}) \tag{4.91}$$

で与えられる．式 (4.91) の両辺から $p_{ii}\mu$ を差引くと

$$\mu - p_{ii}\mu = \sum_{t=1}^{\infty} (p_{ii})^t (1 - p_{ii}) \tag{4.92}$$

から

$$\mu = \sum_{t=1}^{\infty} (p_{ii})^t \tag{4.93}$$

と整理される．ここで，数列の和の公式

$$\sum_{k=1}^{n} r^{k-1} = \frac{1 - r^n}{1 - r}, \quad (r \neq 1) \tag{4.94}$$

において, $-1 < r < 1$ かつ $n = \infty$ のとき

$$\sum_{k=1}^{\infty} r^{k-1} = \frac{1}{1-r} \qquad (4.95)$$

であるので，$r \to p_{ii}$ および $k \to \infty$ とすると

$$\mu = \frac{1}{1 - p_{ii}} \qquad (4.96)$$

を得る．

　一方で，式 (4.50) および式 (4.51) などで与えられるようなモデルを含め，推移確率行列 $\boldsymbol{P}$ の各要素が外部変数の関数として時変である場合は，シミュレーションによって発生するレジーム系列 $\{I\}$ が同一のレジームに滞留する時間ステップはそのレジームに対応する対角要素が大きいときには平均的に長くなる．例えば，VIX 指数と特定のレジームの滞留確率が正の依存関係があることを示唆するモデルにおいては，VIX 指数が高い状態においてはそのレジームにおけるに滞留する時間ステップは平均的には長くなる．

　一般に，複雑な数理モデルによる評価では，大規模なシミュレーションを余儀なくされることが少なくない．このような場合，シミュレーション結果が評価に値する十分な収束性を得るには，シミュレーションの長さをより長期間としたり，生成する経路の数が膨大とならざるを得ない．さらにレジーム・スイッチの場合，その離散的な性質と，$I(t+1) = I(t)$，すなわち同一レジームに滞留する確率が高いことから，シミュレーション結果の収束性に関して一層留意する必要が生じる．よって，以下ではその対処について，山田・牧本 (2008) の一部を参照しよう．シミュレートするレジーム $\{I\}$ を与えたときに評価すべき投資戦略による効果を $h(I)$ とする．発生する乱数系列によってシミュレーション結果は異なるため，真値からの誤差を評価する必要がある．試行回数 N，i 番目の試行，試行結果の平均を $Y^{(N)} = \frac{1}{N} \Sigma_{i=1}^{N} h(I^{(i)})$，分散を $\Theta^2 = \frac{1}{N-1} \Sigma_{i=1}^{N} \left\{ h(I^{(i)}) - Y^{(N)} \right\}^2$ に対して，信頼区間 $100(1-\alpha)\%$ 点は

$$\left[Y^{(N)} - z_{\alpha/2} \frac{\Theta}{\sqrt{N}}, Y^{(N)} + z_{\alpha/2} \frac{\Theta}{\sqrt{N}} \right] \qquad (4.97)$$

となる．このため，バラつき Θ を小さくする，あるいは，N を増やすことによって，信頼区間の長さを短くすることができる．ただし，後者は平方根をとるため計算資源の増加の割にはその効果は限界的である．一方，Θ を小さくす

る手法としては，分散減少法が知られており，レジームについても適用することができる．その中でも対称変量とよばれるアプローチでは，レジーム $\{I\}$ に対する対称変量を $\{\hat{I}\}$ とすると，$V(h(I)) = (h(\hat{I}))$ である場合，

$$\hat{\Theta}^2 = V\left(\frac{h(I) + h(\hat{I})}{2}\right) \tag{4.98}$$

$$= \frac{1 + \mathrm{Corr}(h(I), h(\hat{I}))}{2}\Theta^2 \tag{4.99}$$

となる．分子の第 2 項をできるだけ小さくすることにより，バラつき Θ を小さくすることができる．U に対して $1 - U$ は逆相関をもつことから，式 (4.90) において U を $1 - U$ とすることによって対称変量を生成することができる．

4.2.9 レジームの見つけ方

観測データを用いて背後に潜むレジームを見つけるためには，時点 $t = 1, \cdots, T$ における観測値の系列 $y(t)$ に最もよく適合するパラメタの組み合わせを統計的な推測を用いて，モデルのパラメタを確率変数として扱う中で探し出す必要がある．その適合性を与える情報源が対数尤度

$$\mathcal{L}(\boldsymbol{\theta}) = \sum_{t=1}^{T} \ln f_{Y(t)|\mathcal{F}_{1:t-1}}(y(t)|\mathcal{F}_{1:t-1}; \boldsymbol{\theta}) \tag{4.100}$$

である．ここで，$f_{Y(t)|\mathcal{F}_{1:t-1}}(y(t)|\mathcal{F}_{1:t-1}; \boldsymbol{\theta})$ は，$\mathcal{F}_{1:t-1}$ が所与の下での $y(t)$ の条件付き確率密度である．尤度を最大化するパラメタ $\boldsymbol{\theta}$ を求める方法を最尤法とよび，レジーム・スイッチを含むモデルの推定においても用いられる．本項では，準ニュートン法，および EM 法，また，効率的なサンプリングによりパラメタの確率分布を求める方法の 1 つとして MCMC 法について簡単に解説する．

a. 最急降下法・ニュートン法・準ニュートン法

準ニュートン法は，最急降下法やニュートン法などと並ぶ非線形最適化の 1 つである．$\boldsymbol{\theta}$ はレジーム・スイッチを含むモデルを構成するすべてのパラメタから構成され，全パラメタ数 n のとき，$\boldsymbol{\theta} = (\theta_1, \cdots, \theta_n)$ には推移確率行列 $\boldsymbol{P}$ の要素が含まれる．制約条件として，少なくとも $\boldsymbol{P}$ の全要素について $0 < p_{ij} < 1$ が含まれるが，ロジスティック関数 $\hat{p}_{ij} = \dfrac{\exp(p_{ij})}{1 + \exp(p_{ij})}$ による変数変換によ

り，明示的に制約条件 $0 < p_{ij} < 1$ を与える必要がない．

目的関数 f が $\boldsymbol{\theta}$ で微分可能であるとき，

$$\nabla f(\boldsymbol{\theta}) = \begin{pmatrix} \dfrac{\partial f(\boldsymbol{\theta})}{\partial f(\theta_1)} \\ \dfrac{\partial f(\boldsymbol{\theta})}{\partial f(\theta_2)} \\ \vdots \\ \dfrac{\partial f(\boldsymbol{\theta})}{\partial f(\theta_n)} \end{pmatrix} \tag{4.101}$$

は目的関数 f の勾配である．目的関数に最小値を含む極値を与える $\boldsymbol{\theta}$ において
は，一階の条件により勾配が零ベクトルであることから，この勾配は重要な情
報である．さらに勾配を $\boldsymbol{\theta}$ で微分すると，

$$\nabla^2 f(\boldsymbol{\theta}) = \begin{pmatrix} \dfrac{\partial^2 f(\boldsymbol{\theta})}{\partial f^2(\theta_1)} & \dfrac{\partial^2 f(\boldsymbol{\theta})}{\partial f(\theta_1)\partial f(\theta_2)} & \cdots & \dfrac{\partial^2 f(\boldsymbol{\theta})}{\partial f(\theta_1)\partial f(\theta_n)} \\ \dfrac{\partial^2 f(\boldsymbol{\theta})}{\partial f(\theta_2)\partial f(\theta_n)} & \dfrac{\partial^2 f(\boldsymbol{\theta})}{\partial f^2(\theta_2)} & \cdots & \dfrac{\partial^2 f(\boldsymbol{\theta})}{\partial f(\theta_2)\partial f(\theta_n)} \\ \vdots & \vdots & \ddots & \vdots \\ \dfrac{\partial^2 f(\boldsymbol{\theta})}{\partial f(\theta_n)\partial f(\theta_n)} & \dfrac{\partial^2 f(\boldsymbol{\theta})}{\partial f(\theta_n)\partial f(\theta_2)} & \cdots & \dfrac{\partial^2 f(\boldsymbol{\theta})}{\partial f^2(\theta_n)} \end{pmatrix} \tag{4.102}$$

となり，これはヘッセ行列（Hessian）とよばれ，目的関数 $f(\boldsymbol{\theta})$ を $\overline{\boldsymbol{\theta}}$ のまわり
で二次近似すると，

$$\tilde{f}(\boldsymbol{\theta}) = f(\overline{\boldsymbol{\theta}}) + \nabla f(\overline{\boldsymbol{\theta}})^\top (\boldsymbol{\theta} - \overline{\boldsymbol{\theta}}) + \frac{1}{2}(\boldsymbol{\theta} - \overline{\boldsymbol{\theta}})^\top \nabla^2 f(\overline{\boldsymbol{\theta}})(\boldsymbol{\theta} - \overline{\boldsymbol{\theta}}) \tag{4.103}$$

における第 2 項として現れることから，ヘッセ行列は目的関数 $f(\boldsymbol{\theta})$ の形状に
関する情報を含んでいる．

最急降下法は，$f(\boldsymbol{\theta})$ に関する繰り返し計算が第 k 回目から第 $k+1$ 回目に進
む際に，第 1 項に現れる勾配ベクトルの反対方向 $\boldsymbol{d}^{(k)} = -\nabla f(\boldsymbol{\theta}^{(k)})$ に探索す
ることにより，

$$\boldsymbol{\theta}^{(k+1)} = \boldsymbol{\theta}^{(k)} + \alpha^{(k)}\boldsymbol{d}^{(k)} \tag{4.104}$$

として探索を進める．特徴としては，初期値依存性が小さく大域的収束性をも
つ一方，最適解への収束が遅い（一次収束性）．レジーム・スイッチを含むモ
デルは，概ねレジーム数に比例してパラメタ数が増大する．このため計算負荷

がその分だけ大きくなることから，収束性の優劣は重要である．これに対し，ニュートン法および準ニュートン法は 2 階微分であるヘッセ行列を利用する違いがある．$d^{(k)} = -\nabla f(\theta^{(k)})$ を用いて式 (4.103) を繰り返し計算し，第 k 回目について示すと，

$$\tilde{f}^{(k)}(d) = f^{(k)}(d) + \nabla f(\theta^{(k)})^\top d + \frac{1}{2} d^\top \nabla^2 f(\theta^{(k)}) d \tag{4.105}$$

である．一階の条件により，

$$\frac{\partial \nabla \tilde{f}^{(k)}(d)}{\partial d} = \nabla f(\theta^{(k)}) + \nabla^2 f(\theta^{(k)}) d = 0 \tag{4.106}$$

であるので，

$$d = -\nabla^2 f(\theta^{(k)})^{-1} \nabla f(\theta^{(k)}) \tag{4.107}$$

において，$\tilde{f}^{(k)}(d)$ が最小となる．ただし，$\nabla^2 f(\theta^{(k)}) d$ が正定値行列である必要がある．これより第 k 回目の探索によって，$\theta^{(k+1)} = \theta^{(k)} + d^{(k)}$ が最小値により近づいていることが期待される．ニュートン法ではこれを繰り返す．ニュートン法の特徴は，図 4.16 に示すように最急降下法に比べて収束が早い（二次収束）一方，ヘッセ行列が正定値ではない場合には大域的な最適解は得られず，局所収束性をもつに留まるのが一般的である．また，θ の繰り返しステップのたびにヘッセ行列を計算する負荷が大きいこともデメリットである．

これらの特徴を踏まえ改良が加えられた準ニュートン法は，ニュートン法に対する大域収束性の改善と最急降下法に比べて早い収束（超一次収束）などのBFGS 法などに代表され，レジーム・スイッチを含むモデルの推定にも利用される．その大きな特徴が，$\nabla^2 f(\theta^{(k)})$ を近似計算する点である．2 つの系列を

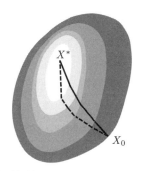

図 4.16 ニュートン法（実線）と最急降下法（破線）との収束性比較イメージ

それぞれ，

$$s^k = \boldsymbol{\theta}^{(k+1)} - \boldsymbol{\theta}^{(k)} \tag{4.108}$$

および

$$y^k = \nabla f(\boldsymbol{\theta}^{(k+1)}) - \nabla f(\boldsymbol{\theta}^{(k)}) \tag{4.109}$$

とすると，

$$\nabla^2 f(\boldsymbol{\theta}^{(k)})s^{(k)} \approx y_{(k)} \tag{4.110}$$

が近似的に成り立つ．繰り返し計算ステップの進行に伴って，$\{\boldsymbol{\theta}^{(k)}\}$ と $\{\nabla f(\boldsymbol{\theta}^{(k)})\}$ とが得られるので，$\{s^{(k)}\}$ と $\{y^{(k)}\}$ が得られるごとに，

$$\boldsymbol{H}^{k+1}s^k = y^k \tag{4.111}$$

を満たすように $\{\boldsymbol{H}^k\}$ を求める．このとき連立一次方程式が不定であるため，解が無数に存在する中で，BFGC 公式を用いて決定する仕組みである．

　この計算過程の中で得られるヘッセ行列は，推定するパラメタに関する重要な情報を提供する．推定するパラメタの最尤推定量 $\boldsymbol{\theta} = (\theta_1, \theta_2, \cdots, \theta_n)$ における対数尤度 $\mathcal{L}(\boldsymbol{\theta})$ は式 (4.100) で与えられる．$\boldsymbol{\theta}$ の推定量を $\hat{\boldsymbol{\theta}}$ とすると，最尤推定量の分散を

$$\hat{\boldsymbol{V}}(\boldsymbol{\theta}) \approx \frac{\hat{\boldsymbol{H}}^{-1}(\hat{\boldsymbol{\theta}})}{T} \tag{4.112}$$

と表すとき，$\hat{\boldsymbol{H}}(\hat{\boldsymbol{\theta}})$ はフィッシャー情報行列となる．パラメタの各成分 θ_i ($i = 1, \cdots, n$) の分散は，$\hat{\boldsymbol{V}}(\boldsymbol{\theta})$ の対角項 $\hat{\boldsymbol{V}}(\boldsymbol{\theta})(i, i)$ によって与えられるため，θ_i ($i = 1, \cdots, n$) の有意性に関する検定を行うために活用することが可能である．

b．EM法

　4.2.9項 a では，レジーム・スイッチを含むモデルの尤度は解析的に最大化することが困難であることから，非線形最適化アルゴリズムによる効率的な探索を行うアプローチを紹介した．BFGC 公式を用いる準ニュートン法では収束の速さが特徴的であるが，ニュートン法に比べて改善されたとは言うものの，大域性に関して初期値依存の懸念があるといった課題が残る．こういった課題の克服につながるアプローチの１つとして本項では EM 法を用いたアプローチに触れる．EM 法は観測データに欠損値がある場合におけるパラメタ推定を行う手法として広く知られている．マルコフ・スイッチ（隠れマルコフ）によるレジーム・スイッチを含むモデルでは，レジーム・スイッチを直接観測すること

はできないため，欠損値と考えられることから EM 法適用の対象となり得る．以下では，Hamilton(1990), Bishop(2006) および大森・越智・小西 (2008) を一部参照しつつ EM 法について概説する．

観測されるデータ $\tilde{\boldsymbol{y}}(T) = [\boldsymbol{y}(1), \boldsymbol{y}(2), \cdots, \boldsymbol{y}(T)]^{\top}$ と観測されないレジーム $\tilde{\boldsymbol{I}}(T) = [I(1), I(2), \cdots, I(T)]^{\top}$ について，対数尤度 $\mathcal{L}(\boldsymbol{\theta})$

$$\ln \mathcal{L}(\boldsymbol{\theta}) = P\left(\tilde{\boldsymbol{y}}(T), \tilde{\boldsymbol{I}}(T)\middle|\boldsymbol{\theta}\right) = P\left(\tilde{\boldsymbol{I}}(T)\middle|\tilde{\boldsymbol{y}}(T), \boldsymbol{\theta}\right) + P\left(\tilde{\boldsymbol{y}}(T)\middle|\boldsymbol{\theta}\right) \quad (4.113)$$

を

$$P\left(\tilde{\boldsymbol{y}}(T)\middle|\boldsymbol{\theta}\right) = P\left(\tilde{\boldsymbol{y}}(T), \tilde{\boldsymbol{I}}(T)\middle|\boldsymbol{\theta}\right) - P\left(\tilde{\boldsymbol{I}}(T)\middle|\tilde{\boldsymbol{y}}(T), \boldsymbol{\theta}\right) \quad (4.114)$$

と変形する．ここでレジーム確率 $P\left(\tilde{\boldsymbol{I}}(T)\middle|\tilde{\boldsymbol{y}}(T), \boldsymbol{\theta}^{(k)}\right)$ に対し，$\sum_{\tilde{\boldsymbol{I}}(T)}^{J} P\left(\tilde{\boldsymbol{I}}(T)\middle|\tilde{\boldsymbol{y}}(T), \boldsymbol{\theta}^{(k)}\right) = 1$ なので，式 (4.114) の左辺は

$$P\left(\tilde{\boldsymbol{y}}(T)\middle|\boldsymbol{\theta}\right) = P\left(\tilde{\boldsymbol{y}}(T)\middle|\boldsymbol{\theta}\right) \sum_{\tilde{\boldsymbol{I}}(t)}^{J} P\left(\tilde{\boldsymbol{I}}(T)\middle|\tilde{\boldsymbol{y}}(T), \boldsymbol{\theta}\right)$$

$$= \sum_{\tilde{\boldsymbol{I}}(t)}^{J} P\left(\tilde{\boldsymbol{I}}(T)\middle|\tilde{\boldsymbol{y}}(T), \boldsymbol{\theta}\right) P\left(\tilde{\boldsymbol{y}}(T)\middle|\boldsymbol{\theta}\right)$$

$$= \sum_{\tilde{\boldsymbol{I}}(t)}^{J} P\left(\tilde{\boldsymbol{I}}(T)\middle|\tilde{\boldsymbol{y}}(T), \boldsymbol{\theta}^{(k)}\right) \ln \frac{P\left(\tilde{\boldsymbol{y}}(T), \tilde{\boldsymbol{I}}(T)\middle|\boldsymbol{\theta}\right)}{P\left(\tilde{\boldsymbol{I}}(T)\middle|\tilde{\boldsymbol{y}}(T), \boldsymbol{\theta}^{(k)}\right)}$$

$$- \sum_{\tilde{\boldsymbol{I}}(t)}^{J} P\left(\tilde{\boldsymbol{I}}(T)\middle|\tilde{\boldsymbol{y}}(T), \boldsymbol{\theta}^{(k)}\right) \ln \frac{P\left(\tilde{\boldsymbol{I}}(T)\middle|\tilde{\boldsymbol{y}}(T), \boldsymbol{\theta}\right)}{P\left(\tilde{\boldsymbol{I}}(T)\middle|\tilde{\boldsymbol{y}}(T), \boldsymbol{\theta}^{(k)}\right)} \quad (4.115)$$

と展開される．右辺第 2 項は $P\left(\tilde{\boldsymbol{I}}(T)\middle|\tilde{\boldsymbol{y}}(T), \boldsymbol{\theta}^{(k)}\right)$ と $P\left(\tilde{\boldsymbol{I}}(T)\middle|\tilde{\boldsymbol{y}}(T), \boldsymbol{\theta}\right)$ との間のカルバック・ライブラー・ダイバージェンスとよばれ，非負であることが知られている．このため，$\boldsymbol{y}(t), \boldsymbol{\theta}^{(k)}$，あるいは，$\boldsymbol{\theta}$ によらず常に同第 1 項は左辺を上回ることはない（同第 1 項は左辺の下界）．同第 1 項を $\mathcal{L}(\boldsymbol{\theta}, \tilde{\boldsymbol{y}}(T), \boldsymbol{\theta}^{(k)})$ と表すことにすると，式 (4.115) は任意の $\boldsymbol{y}(t), \boldsymbol{\theta}^{(k)}$ に対して成立することから，$\boldsymbol{\theta}^{(k)}$ が所与の下で，同第 1 項を最大化する $\boldsymbol{\theta}$ を求め，$k \to k+1$ 番目として $\boldsymbol{\theta}^{(k+1)} = \boldsymbol{\theta}$ とする繰り返しにより，対数尤度 $\ln \mathcal{L}(\boldsymbol{\theta})$ が単調増加することが保証される．

$$
\mathcal{L}(\boldsymbol{\theta}, \tilde{\boldsymbol{y}}(T), \boldsymbol{\theta}^{(k)})
$$

$$
= \sum_{\tilde{\boldsymbol{I}}(t)}^{J} P\left(\tilde{\boldsymbol{I}}(T)\middle| \tilde{\boldsymbol{y}}(T), \boldsymbol{\theta}^{(k)}\right) \ln P\left(\tilde{\boldsymbol{y}}(T), \tilde{\boldsymbol{I}}(T)\middle| \boldsymbol{\theta}\right)
$$

$$
- \sum_{\tilde{\boldsymbol{I}}(t)}^{J} P\left(\tilde{\boldsymbol{I}}(T)\middle| \tilde{\boldsymbol{y}}(T), \boldsymbol{\theta}^{(k)}\right) \ln P\left(\tilde{\boldsymbol{I}}(T)\middle| \tilde{\boldsymbol{y}}(T), \boldsymbol{\theta}^{(k)}\right) \quad (4.116)
$$

の右辺第 2 項には $\boldsymbol{\theta}$ が含まれまないため,同第 1 項が最大化する対象となる.これを改めて,

$$
\mathcal{Q}(\boldsymbol{\theta}, \tilde{\boldsymbol{y}}(T), \boldsymbol{\theta}^{(k)}) = \sum_{\tilde{\boldsymbol{I}}(t)}^{J} P\left(\tilde{\boldsymbol{I}}(T)\middle| \tilde{\boldsymbol{y}}(T), \boldsymbol{\theta}^{(k)}\right) \ln P\left(\tilde{\boldsymbol{y}}(T), \tilde{\boldsymbol{I}}(T)\middle| \boldsymbol{\theta}\right)
$$

$$
(4.117)
$$

と表す.$\mathcal{Q}(\boldsymbol{\theta}, \tilde{\boldsymbol{y}}(T), \boldsymbol{\theta}^{(k)})$ は,観測されるデータ $\tilde{\boldsymbol{y}}(T)$ と観測されないレジーム $\tilde{\boldsymbol{I}}(T)$ からなる完全データを対象として,レジーム確率で期待値をとった対数尤度であり,期待対数尤度関数ともよばれる.

EM 法は,$\boldsymbol{\theta}^{(k)}$ 所与の下,E ステップでは式 (4.117) を求め,最大化する $\boldsymbol{\theta}$ を M ステップで求めた上で,$\boldsymbol{\theta}^{(k+1)} = \boldsymbol{\theta}$ とした上で $k \to k+1$ にプロセスを進めることにより最尤推定に漸近する効率的な収束計算である.

ここで単純なモデルを用いて EM 法を例示しよう.

$$
\boldsymbol{y}(t) = \boldsymbol{\mu}_{I(t)} + \boldsymbol{\epsilon}(t), \quad \boldsymbol{\epsilon}(t) \sim \mathcal{N}(\boldsymbol{0}, \boldsymbol{\Sigma}_{I(t)})
$$

$$
I(t) \in \{1, 2\} \quad (4.118)
$$

について,EM 法の適用事例を例示する.ここで,パラメタ $\boldsymbol{\theta} = (\boldsymbol{\theta}_1, \boldsymbol{\theta}_2)$ を $\boldsymbol{\theta}_1 = \{\boldsymbol{\mu}_1, \boldsymbol{\mu}_2, \boldsymbol{\Sigma}_1, \boldsymbol{\Sigma}_2\}$,$\boldsymbol{\theta}_2 = \{p_{11}, p_{22}\}$ と分類表記すると,

$$
P\left(\tilde{\boldsymbol{I}}(T), \tilde{\boldsymbol{y}}(T)\middle| \boldsymbol{\theta}\right) = P\left(\tilde{\boldsymbol{y}}(T)\middle| \tilde{\boldsymbol{I}}(T), \boldsymbol{\theta_1}\right) P(\tilde{\boldsymbol{I}}(T), \boldsymbol{\theta_2}) \quad (4.119)
$$

より,その対数は

$$
\ln P\left(\tilde{\boldsymbol{I}}(T), \tilde{\boldsymbol{y}}(T)\middle| \boldsymbol{\theta}\right) = \sum_{t}^{T} P\left(\boldsymbol{y}(t)\middle| I(t), \boldsymbol{\theta}_1\right) + \sum_{t}^{T} P\left(I(t)\middle| I(t-1), \boldsymbol{\theta}_2\right)
$$

$$
(4.120)
$$

であるので,式 (4.117) は,

$$
\mathcal{Q}(\boldsymbol{\theta}, \tilde{\boldsymbol{y}}(T), \boldsymbol{\theta}^{(k)})
$$

$$
= \sum_{\tilde{\boldsymbol{I}}(t)}^{J} P\left(\tilde{\boldsymbol{I}}(T)\Big|\, \boldsymbol{y}(t), \boldsymbol{\theta}^{(k)}\right)
$$

$$
\times \left\{ \sum_{t}^{T} P\left(\boldsymbol{y}(t)\,|\, I(t), \boldsymbol{\theta}_1\right) + \sum_{t}^{T} P\left(I(t)\,|\, I(t-1), \boldsymbol{\theta}_2\right) \right\} \quad (4.121)
$$

となる．最尤推定における一階の条件としての $\boldsymbol{\theta}_1$ についての偏微分は

$$
\frac{\partial \mathcal{Q}(\boldsymbol{\theta}, \tilde{\boldsymbol{y}}(T), \boldsymbol{\theta}^{(k)})}{\partial \boldsymbol{\theta}_1} = \sum_{\tilde{\boldsymbol{I}}(t)}^{J} P\left(\tilde{\boldsymbol{I}}(T)\Big|\, \tilde{\boldsymbol{y}}(T), \boldsymbol{\theta}^{(k)}\right) \frac{\partial \ln P\left(\tilde{\boldsymbol{y}}(T)\,|\, \tilde{\boldsymbol{I}}(T), \boldsymbol{\theta}_1\right)}{\partial \boldsymbol{\theta}_1}
$$

$$
= \sum_{t}^{T} \sum_{\tilde{\boldsymbol{I}}(t)}^{J} P\left(I(t)\,|\, \tilde{\boldsymbol{y}}(T), \boldsymbol{\theta}^{(k)}\right) \frac{\ln \partial P\left(\boldsymbol{y}(t)\,|\, I(t)\right)}{\partial \boldsymbol{\theta}_1}
$$

$$
= 0 \quad (4.122)
$$

を満たす．ここで，式 (4.118) で与える残差項 $\{\boldsymbol{\epsilon}(t)\}$ の確率密度は多変量正規分布 [*1)] $\dfrac{1}{\sqrt{(2\pi)^N}\sqrt{|\boldsymbol{\Sigma}|}} \exp\left\{-\frac{1}{2}(\boldsymbol{y}_t - \boldsymbol{\mu}_j)^\top \boldsymbol{\Sigma}^{-1}(\boldsymbol{y}_t - \boldsymbol{\mu}_j)\right\}$ であるから，$\boldsymbol{\mu}_j$ に関して，

$$
\sum_{t}^{T} \sum_{I(t)}^{J} P\left(I(t)\,|\, \tilde{\boldsymbol{y}}(T), \boldsymbol{\theta}^{(k)}\right) \frac{\partial \ln P\left(\boldsymbol{y}(t)\,|\, I(t)\right)}{\partial \boldsymbol{\mu}_j}
$$

$$
= \begin{cases} \displaystyle\sum_{t}^{T} \boldsymbol{\Sigma}_i^{-1}(\boldsymbol{y}(t) - \boldsymbol{\mu}_j) P\left(I(t) = j\,|\, \tilde{\boldsymbol{y}}(T), \boldsymbol{\theta}^{(k)}\right), & (I(t) = j) \\ 0, & (I(t) \neq j) \end{cases} \quad (4.123)
$$

である．

次に，$\boldsymbol{\Sigma}_j$ に関しては $\boldsymbol{\Sigma}_j^{-1}$ についての偏微分により

$$
\sum_{t}^{T} \sum_{I(t)}^{J} P\left(I(t)\,|\, \tilde{\boldsymbol{y}}(T), \boldsymbol{\theta}^{(k)}\right) \frac{\partial \ln P\left(\boldsymbol{y}(t)\,|\, I(t)\right)}{\partial \boldsymbol{\Sigma}_j^{-1}}
$$

$$
= \begin{cases} \displaystyle\sum_{t}^{T} \left\{\frac{1}{2}\boldsymbol{\Sigma}_j - \frac{1}{2}(\boldsymbol{y}(t) - \boldsymbol{\mu}_j)(\boldsymbol{y}(t) - \boldsymbol{\mu}_j)^\top\right\} \\ \quad \times P\left(I(t) = j\,|\, \tilde{\boldsymbol{y}}(T), \boldsymbol{\theta}^{(k)}\right), & (I(t) = j) \\ = 0, & (I(t) \neq j) \end{cases} \quad (4.124)
$$

[*1)] 詳しくは 5.5.1 項および 5.5.2 項を参照のこと．

4.2 急激な変化への対応：レジーム・スイッチ   113

であるから，式 (4.123) より

$$\boldsymbol{\mu}_i^{(k+1)} = \frac{\sum_t^T \boldsymbol{y}(t) P\left(I(t) = i \middle| \tilde{\boldsymbol{y}}(T), \boldsymbol{\theta}^{(k)}\right)}{\sum_t^T P\left(I(t) = i \middle| \tilde{\boldsymbol{y}}(T), \boldsymbol{\theta}^{(k)}\right)} \tag{4.125}$$

および，式 (4.124) より

$$\boldsymbol{\Sigma}_i^{(k+1)} = \frac{\sum_t^T (\boldsymbol{y}(t) - \boldsymbol{\mu}_i)(\boldsymbol{y}(t) - \boldsymbol{\mu}_i)^\top P\left(I(t) = i \middle| \tilde{\boldsymbol{y}}(T), \boldsymbol{\theta}^{(k)}\right)}{\sum_t^T P\left(I(t) = i \middle| \tilde{\boldsymbol{y}}(T), \boldsymbol{\theta}^{(k)}\right)} \tag{4.126}$$

と定まる．同様に $\boldsymbol{\theta}_2$ に関する偏微分は

$$\begin{aligned}
\frac{\partial \mathcal{Q}(\boldsymbol{\theta}, \tilde{\boldsymbol{y}}(T), \boldsymbol{\theta}^{(k)})}{\partial \boldsymbol{\theta}_2} &= \sum_{\tilde{\boldsymbol{I}}(t)} P\left(\tilde{\boldsymbol{I}}(T) \middle| \tilde{\boldsymbol{y}}(T), \boldsymbol{\theta}^{(k)}\right) \frac{\partial \ln P\left(I(t) \middle| I(t-1), \boldsymbol{\theta}_2\right)}{\partial \boldsymbol{\theta}_2} \\
&= \sum_t^T \sum_{I(t)}^J P\left(I(t) \middle| \tilde{\boldsymbol{y}}(T), \boldsymbol{\theta}^{(k)}\right) \frac{\partial \ln P\left(I(t) \middle| I(t-1)\right)}{\partial \boldsymbol{\theta}_2} \\
&= 0
\end{aligned} \tag{4.127}$$

を満たす． p_{ij} に関しては，

$$\begin{aligned}
\frac{\partial \mathcal{Q}(\boldsymbol{\theta}, \tilde{\boldsymbol{y}}_T, \boldsymbol{\theta}^{(k)})}{\partial p_{ij}} &= \sum_t^T \sum_{I(t)}^J P\left(I(t) \middle| \tilde{\boldsymbol{y}}(T), \boldsymbol{\theta}^{(k)}\right) \frac{\partial \ln P\left(I(t) = j \middle| I(t-1) = i\right)}{\partial p_{ij}} \\
&= 0
\end{aligned} \tag{4.128}$$

である．式 (4.128) 右辺第 2 項は

$$\frac{\partial \ln P\left(I(t) = j \middle| I(t-1) = i\right)}{\partial p_{ij}} = \begin{cases} (p_{ij})^{-1}, & (I(t) = j, I(t-1) = i) \\ 0, & (otherwise) \end{cases} \tag{4.129}$$

であることと，推移確率の要素は $\sum_{j=1}^J p_{ij}^{(k)} = 1$ を満たすため，これを制約条件とするときに，ラグランジェ関数

$$Q(\theta, \hat{\boldsymbol{y}}(t), \theta^{(k)}) - \lambda\left(\sum_{j=1}^j p_{ij}^{(k)} - 1\right) \tag{4.130}$$

からその一階の条件により， $j = 1, \cdots, J$ に対して，

$$\frac{\partial Q(\theta, \hat{y}(T), \theta^{(k)})}{\partial p_{ij}^{(k)}} - \lambda = 0 \tag{4.131}$$

となる．式 (4.131) は式 (4.128) および式 (4.129) より

$$\sum_t^T P\left(I(t)=j, I(t-1)=i\,\middle|\,\tilde{\boldsymbol{y}}(T), \theta^{(k)}\right) \frac{1}{p_{ij}} - \lambda = 0 \tag{4.132}$$

であるから

$$p_{ij} = \frac{1}{\lambda} \sum_t^T P\left(I(t)=j, I(t-1)=i\,\middle|\,\tilde{\boldsymbol{y}}, \theta^{(k)}\right) \tag{4.133}$$

である．ここで式 (4.132) を

$$\sum_t^T P\left(I(t)=j, I(t-1)=i\,\middle|\,\tilde{\boldsymbol{y}}(T), \theta^{(k)}\right) = \lambda p_{ij} \tag{4.134}$$

と変形し，$j = 1 \sim J$ までの総和をとると

$$\sum_t^T P\left(I(t-1)=i\,\middle|\,\tilde{\boldsymbol{y}}(T), \theta^{(k)}\right) = \lambda \tag{4.135}$$

となり，式 (4.133) に代入すると

$$p_{ij} = \frac{\sum_t^T P\left(I(t)=j, I(t-1)=i\,\middle|\,\tilde{\boldsymbol{y}}, \theta^{(k)}\right)}{\sum_t^T P\left(I(t-1)=i\,\middle|\,\tilde{\boldsymbol{y}}(T), \theta^{(k)}\right)} \tag{4.136}$$

を得る．

　このような流れを通じて，$i = 1, \cdots, J$ に対して適当な初期値 $\boldsymbol{\mu}_i^{(1)}$，$\boldsymbol{\Sigma}_i^{(1)}$ および $p_{ij}^{(1)}$ から開始し，式 (4.125)，(4.126) および式 (4.136) の計算を収束が認められるまで繰り返すことによって，最尤推定に漸近することができる．その様子を図 4.17 に示す．EM 法では正規分布といった指数分布族の場合では，式 (4.118) の例などのように，一階の条件から各パラメタの更新式を解析的に得られるために極めて有効な手法である．また初期値への依存性が比較的小さいとされており，大域的に最適なパラメタ推定に有効である．一方，準ニュートン法で副産物として得られたパラメタのバラつきに関する情報が，EM 法では直接的には得られないことに留意する必要がある．

c.　マルコフ連鎖モンテカルロ（MCMC）法

　4.2.9 項 a および 4.2.9 項 b で述べた手法は，尤度を最大化する値を求める異なる 2 つのアプローチであったが，マルコフ連鎖モンテカルロ法は，推定す

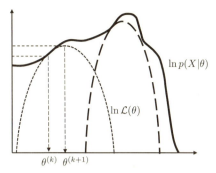

図 4.17　EM 法による最尤推定への漸近
引用元：Bishop(2006).

るパラメタを乱数を用いて，その確率変数としての分布を明らかにするとともに，その最頻値が尤度の最大化をもたらすことを利用するアプローチである．

その名称が示すように，このアプローチはマルコフ連鎖とモンテカルロ法とを組み合わせである．モンテカルロ法は推定しようとする対象の確率密度に応じた頻度でサンプリングする．MCMC 法はサンプリングの違いにより，ギブス・サンプリング法とメトロポリス法に大別される．ギブス・サンプリング法は，そもそも分布関数が特定されており，正規分布であれば平均や分散といったパラメタを推定する場合に用いられる．例えばパラメタが非負制約をもつなどといった場合には分布関数が特定することができない．その場合にはメトロポリス法が有力な適用となる．両者ともに次のサンプリングを行う際に，現在のサンプルに基づくアルゴリズムを用いているためにマルコフ連鎖が形容詞として付される．また，尤度の最大化はパラメタの確率分布を推定する過程における結果であり，最尤法が陥りがちな局所最適解に留まることがなく，初期値依存を伴わない尤度の大域的な最大化を期待することができる．このため，マルコフ連鎖によって効率よくパラメタの確率分布を推定することが可能であり，パラメタ数の多いモデルや尤度関数が複数のピークをもつ場合（多峰性）に適用しやすい．ただし，パラメタの確率分布を得るための計算に必要な繰り返しが多く，計算負荷が高い場合があることに留意する必要がある．以下では，メトロポリス法について概説を行う．メトロポリス法のアルゴリズムを図 4.18 に示す．その流れは

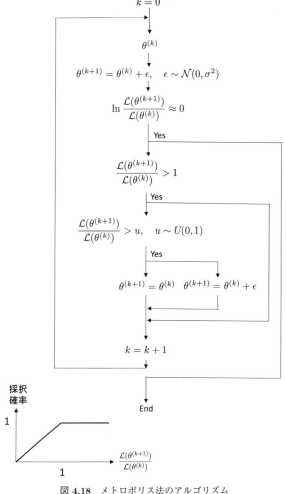

図 4.18 メトロポリス法のアルゴリズム

--- メトロポリス法のアルゴリズム ---
1) パラメタ $\boldsymbol{\theta}$ の初期値 $\theta^{(0)}$ を与える
2) 繰返しループ $k = 1$
3) 尤度 $\mathcal{L}(\boldsymbol{\theta}^{(k-1)})$ を計算
4) 第 k 番目のパラメタ $\boldsymbol{\theta}' = \boldsymbol{\theta}^{(k-1)} + \boldsymbol{\epsilon}$ を計算
5) 尤度 $\mathcal{L}(\boldsymbol{\theta}')$ を計算

6) 尤度比 $LR = \dfrac{\mathcal{L}(\boldsymbol{\theta}')}{L(\boldsymbol{\theta}^{(k-1)})}$ を計算

7) もし $LR > 1$ であれば $\boldsymbol{\theta}^{(k)} = \boldsymbol{\theta}'$ を採択し，11) に進む

8) 一様乱数 u を $U(0,1)$ からサンプリングする

9) もし $LR > r$ であれば $\boldsymbol{\theta}^{(k)} = \boldsymbol{\theta}'$ を採択

10) もし $LR \leq r$ であれば $\boldsymbol{\theta}'$ を採択せず，$\boldsymbol{\theta}^{(k)} = \boldsymbol{\theta}^{(k-1)}$ のままとする

11) $\boldsymbol{\theta}$ の分布が十分収束していれば，14) に進む

12) $k = k + 1$ とする

13) 3) に戻る

14) 終了

である．

　上記 $\boldsymbol{\epsilon}$ の分布は提案分布とよばれることがあり，パラメタ $\boldsymbol{\theta}$ に関して情報を持たない状態ではどのような分布を利用するか定まらない．しかしながら，上記のアルゴリズムを通じて，その選定によらずに $\boldsymbol{\theta}$ の分布が収束することが知られている．よって，例えば一様分布などが候補となる．フリーソフトなどで提供される関数では，この提案分布を定める際に，式 (4.112) で示されるように，準ニュートン法で得られるフィッシャー情報行列による共分散行列を利用するなど，工夫が施されているものもある．上記から明らかなように，アルゴリズムのシンプルさは実装する上での利点である．初期値からしばらくの間は尤度が急速に上昇するため採択率が高く，パラメタ $\boldsymbol{\theta}$ の分布を適切に反映しないため，収束判定の対象から除外しなければならない．上記 $\boldsymbol{\epsilon}$ のバラつきが小さすぎると高相関のサンプリングとなることから採択率が高すぎて収束判定に至らない．逆に大きすぎても，採択率が小さすぎて収束までに膨大な繰り返しが必要となる．採択率を 0.2 から 0.5 程度が適切とする報告もあり，$\boldsymbol{\epsilon}$ のバラつきを適宜選択する必要がある．

　ところで，このシンプルなアルゴリズムによって，なぜパラメタ $\boldsymbol{\theta}$ の確率分布を推定することができるのであろうか．以下では久保 (2014) の一部を参照しながら概説する．

　まず最初に，その推定が可能であるためには $\boldsymbol{\theta}^{(k)}$，$\boldsymbol{\theta}^{(k+1)}$ ともに同一の分布からのサンプリングである必要がある．$\mathcal{L}(\boldsymbol{\theta}^{(k)}) < \mathcal{L}(\boldsymbol{\theta}^{(k+1)})$ のときに，確率

1 で $\boldsymbol{\theta}^{(k)}$ は $\boldsymbol{\theta}^{(k+1)}$ に更新されることを $p(\boldsymbol{\theta}^{(k)} \to \boldsymbol{\theta}^{(k+1)}) = 1$ と表すと，反対に $\mathcal{L}(\boldsymbol{\theta}^{(k)}) > \mathcal{L}(\boldsymbol{\theta}^{(k+1)})$ のときは，$p(\boldsymbol{\theta}^{(k+1)} \to \boldsymbol{\theta}^{(k)}) = \dfrac{\mathcal{L}(\boldsymbol{\theta}^{(k)})}{\mathcal{L}\boldsymbol{\theta}^{(k+1)}}$ である．これらから，$\mathcal{L}(\boldsymbol{\theta}^{(k)}) < \mathcal{L}(\boldsymbol{\theta}^{(k+1)})$ あるいは $\mathcal{L}(\boldsymbol{\theta}^{(k)}) > \mathcal{L}(\boldsymbol{\theta}^{(k+1)})$ の如何によらず，

$$\mathcal{L}(\boldsymbol{\theta}^{(k+1)})p(\boldsymbol{\theta}^{(k+1)} \to \boldsymbol{\theta}^{(k)}) = \mathcal{L}(\boldsymbol{\theta}^{(k)})p(\boldsymbol{\theta}^{(k)} \to \boldsymbol{\theta}^{(k+1)})$$
$$= \mathcal{L}(\boldsymbol{\theta}^{(k)}) \tag{4.137}$$

となる．この関係は「詳細釣合い条件」とよばれ，$P\left(\boldsymbol{\theta}^{(k)}\middle| \boldsymbol{y}\right) = \dfrac{\mathcal{L}(\boldsymbol{\theta})^{(k)}}{\sum_{\boldsymbol{\theta}^{(k)}} \mathcal{L}(\boldsymbol{\theta}^{(k)})}$ であること，かつ，$\sum_{\boldsymbol{\theta}^{(k)}} \mathcal{L}(\boldsymbol{\theta}^{(k)}) = \sum_{\boldsymbol{\theta}^{(k+1)}} \mathcal{L}(\boldsymbol{\theta}^{(k+1)})$ であるため両辺の分母が相殺されることから

$$\sum_{\boldsymbol{\theta}^{(k)}} P\left(\boldsymbol{\theta}^{(k+1)}\middle| \boldsymbol{y}\right) p(\boldsymbol{\theta}^{(k+1)} \to \boldsymbol{\theta}^{(k)}) = \sum_{\boldsymbol{\theta}^{(k)}} P\left(\boldsymbol{\theta}^{(k)}\middle| \boldsymbol{y}\right) p(\boldsymbol{\theta}^{(k)} \to \boldsymbol{\theta}^{(k+1)})$$
$$\tag{4.138}$$

が成り立つ．左辺について $\sum_{\boldsymbol{\theta}^{(k)}} p(\boldsymbol{\theta}^{(k+1)} \to \boldsymbol{\theta}^{(k)}) = 1$ であることと，$P\left(\boldsymbol{\theta}^{(k+1)}\middle| \boldsymbol{y}\right)$ が $\boldsymbol{\theta}^{(k)}$ には無関係であることから，式 (4.138) は

$$P\left(\boldsymbol{\theta}^{(k+1)}\middle| \boldsymbol{y}\right) = P\left(\boldsymbol{\theta}^{(k)}\middle| \boldsymbol{y}\right) p(\boldsymbol{\theta}^{(k)} \to \boldsymbol{\theta}^{(k+1)}) \tag{4.139}$$

となる．$P\left(\boldsymbol{\theta}^{(k)}\middle| \boldsymbol{y}\right)$ に従う $\boldsymbol{\theta}^{(k)}$ が $P(\boldsymbol{\theta}^{(k+1)})$ となる確率を示すとともに，$P(\boldsymbol{\theta}^{(k+1)})$ が $P(\boldsymbol{\theta}^{(k)})$ に従う分布であることから，このことは $P(\boldsymbol{\theta})$ が定常分布に収束することを表す．尤度 $L(\boldsymbol{\theta}')$ が尤度 $\mathcal{L}(\boldsymbol{\theta}^{(k-1)})$ よりも低下しても，尤度比 LR の確率で $\boldsymbol{\theta}'$ を採択するため，尤度のピークに近づくほど尤度関数の傾斜が緩やかになる場合，そのピークから遠いほどサンプリングごとの尤度比 LR の水準が低いことから，尤度が低下する方向に提案されるパラメタが採択される可能性は低い．ただし採択された場合には，尤度関数の傾きが大きいことから，尤度の改善幅が大きく急速にピークに向かう．一方，ピークに近いほど尤度が低下する方向に提案されるパラメタが採択される可能性は大きく，ピークの近くではサンプリング回数が多くなる．つまり，高い確率となる方向へは移動しやすく，逆も真となる．「詳細釣合い条件」が分布の不変性を与え，収束するための重要な条件となっている．また，尤度の大きさに比例する密度のサン

図 4.19 メトロポリス法における尤度の大きさに比例する密度のサンプリング (その 1)

プリングとなるために，モンテカルロ法の基本的な性質を満たすのである．この様子を図 4.19 に示す．

さらにもう 1 つの疑問は，最尤推定をもたらす $p(\boldsymbol{\theta})$ を推定することが目的であることから，分布 $P(\boldsymbol{\theta})$ と最大尤度との関係である．ここで再度，久保 (2014) の一部を参照しながら概説すると，推定するパラメタ $\boldsymbol{\theta}$ とデータ $\boldsymbol{y}$ についてのベイズ表現

$$P(\boldsymbol{\theta}|\boldsymbol{y}) = \frac{P(\boldsymbol{y}|\boldsymbol{\theta})\,p(\boldsymbol{\theta})}{\sum_{\boldsymbol{\theta}} P(\boldsymbol{y}|\boldsymbol{\theta})\,p(\boldsymbol{\theta})} \tag{4.140}$$

の左辺はデータ $\boldsymbol{y}$ が得られたときにパラメタ $\boldsymbol{\theta}$ が従う分布である．右辺分子の $P(\boldsymbol{y}|\boldsymbol{\theta})\,p(\boldsymbol{\theta})$ はパラメタが $\boldsymbol{\theta}$ であるときにデータ $\boldsymbol{y}$ が観測される確からしさであり，尤度 $\mathcal{L}(\boldsymbol{\theta})$ である．同 $p(\boldsymbol{\theta})$ はデータ $\boldsymbol{y}$ を観測する前においてパラメタが $\boldsymbol{\theta}$ である確率である．これをベイズ表現では事前確率 (prior)，左辺を事後確率 (posterior) とよぶ．分母は，パラメタ $\boldsymbol{\theta}$ についてすべての値についての確率加重和であるから，パラメタ $\boldsymbol{\theta}$ とは無関係であり，データ $\boldsymbol{y}$ が無条件に観測される確率 $p(\boldsymbol{y})$ となっている．以上から式 (4.140) を書き換えると，

$$posterior = \frac{\mathcal{L}(\boldsymbol{\theta}) \times prior}{p(\boldsymbol{y})} \propto \mathcal{L}(\boldsymbol{\theta}) \times prior \tag{4.141}$$

であるから，$prior = $ 一定 であれば，

$$P(\boldsymbol{\theta}|\boldsymbol{y}) \propto P(\boldsymbol{y}|\boldsymbol{\theta}) \propto \mathcal{L}(\boldsymbol{\theta}) \tag{4.142}$$

が成り立つ．式 (4.142) は $P(\boldsymbol{\theta}|\boldsymbol{y})$ の最大値が $\mathcal{L}(\boldsymbol{\theta})$ の最大値を与えることを意味する．以上をまとめると，

> **MCMC の特徴**
> - MCMC はいわゆる最尤法ではなく，パラメタ θ の定常分布からのランダム・サンプリング
> - 初期値依存性が小さく大域的であるため，尤度関数が単調ではなく多峰性をもつ場合にも有効
> - パラメタ θ の定常分布を得る上で事前分布（提案分布）によらない効率的なサンプリング
> - パラメタ θ の定常分布に関する情報は有意性などの検定に活用可能

となる．図 4.20 には，十分な回数の MCMC によるランダム・サンプリングの結果，推定するパラメタ θ の分布が明らかになる様子を図示する．

具体例を使って，MCMC によるレジーム・スイッチの推定をしよう．対象はレジーム数 $J = 2$，資産数 $N = 1$ に対して

$$r(t) = \mu_{I(t)} + \epsilon_{I(t)}(t), \quad \epsilon_{I(t)}(t) \sim \mathcal{N}(0, \sigma_{I(t)}^2) \tag{4.143}$$

に従うものとする．表 4.1 に示すように，レジーム $i/J = 1/2$ ではレジーム $i/J = 2/2$ に対して，低リスク・高リターンを設定する．推移確率行列 $\boldsymbol{P}$ は

$$\boldsymbol{P} = \begin{pmatrix} 0.98 & 0.02 \\ 0.08 & 0.92 \end{pmatrix} \tag{4.144}$$

の通りである．

図 4.20 メトロポリス法における尤度の大きさに比例する密度のサンプリング（その 2）

表 4.1 シミュレーションのための設定例

レジーム (i/J)	$\mu(\%)$	$\sigma(\%)$
1/2	0.25	2.89
2/2	-0.42	8.66

4.2 急激な変化への対応：レジーム・スイッチ　　　　　　　　121

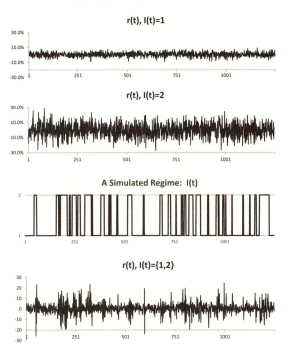

図 4.21　シミュレーションによって生成されるレジームとリターンの各系列（例）
最上段：レジーム $i/J = 1/2$ による $r_{1/2}(t)$，2 段目：レジーム $i/J = 2/2$ による $r_{2/2}(t)$，3 段目：レジーム $I(t) \in \{1/2, 2/2\}$，最下段：$r_{I(t)}(t)$．

これらから生成する時系列として，図 4.21 の最上段にはレジーム $i/J = 1/2$ による $r_{1/2}(t)$，同 2 段目にはレジーム $i/J = 2/2$ による $r_{2/2}(t)$，同 3 段目にはレジーム $I(t) \in \{1/2, 2/2\}$，そして最下段には $r_{I(t)}(t)$ を図示する．

推定は，$r_{I(t)}(t)$ を対象に MCMC を適用し，ステップ数は 25,000 とした．図 4.22 上段に $\mu_{1/2}$，下段に $\mu_{2/2}$，図 4.23 上段に $\ln \sigma_{1/2}$，下段に $\ln \sigma_{2/2}$，さらに，図 4.24 上段に $\ln \dfrac{p_{11}}{1 - p_{11}}$，下段に $\ln \dfrac{p_{22}}{1 - p_{22}}$ を図示する．$\sigma_{1/2}$，$\sigma_{2/2}$，p_{11} および p_{22} がそれぞれの関数形表示となっているが，前者には非負，後者には確率値としての範囲に制約するための変数変換である．MCMC による経路はそれぞれ概ね収束する様子が伺える．それぞれの右側に度数分布を図示，その最頻値を推定値とした．表 4.2 に推定結果を示す．推定された推移確率行列 $\boldsymbol{P}$ は

122   4. 前提条件の緩和（その3）：緩急多彩なマーケットの構造変化

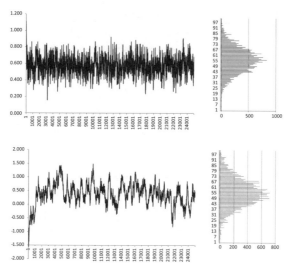

図 4.22　MCMC によるパラメタ推定 (1)：上段は $\mu_{1/2}$，下段は $\mu_{2/2}$

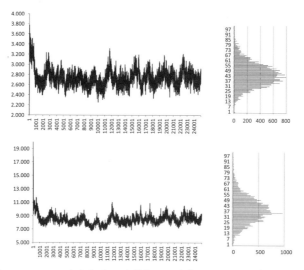

図 4.23　MCMC によるパラメタ推定 (2)：上段は $\ln\sigma_{1/2}$，下段は $\ln\sigma_{2/2}$

$$\boldsymbol{P} = \begin{pmatrix} 0.964 & 0.036 \\ 0.111 & 0.889 \end{pmatrix} \tag{4.145}$$

となった．

4.2 急激な変化への対応:レジーム・スイッチ

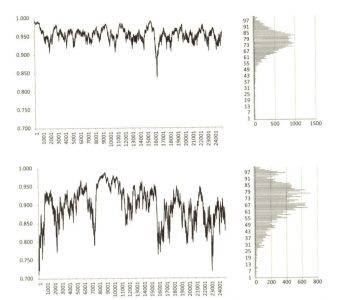

図 4.24　MCMC によるパラメタ推定 (3):上段は $\ln \dfrac{p_{11}}{1-p_{11}}$,下段は $\ln \dfrac{p_{22}}{1-p_{22}}$

表 4.2　MCMC による推定結果

レジーム (i/J)	$\mu(\%)$	$\sigma(\%)$
1/2	0.578	2.690
2/2	0.288	8.235

最後に図 4.25 には,上段には推定結果から得られたフィルター化確率の推移,比較のために下段には図 4.21 3段目 $I(t) \in \{1/2, 2/2\}$ を再掲する.シミュレーションの結果,レジームの推計が良好であることがわかる.

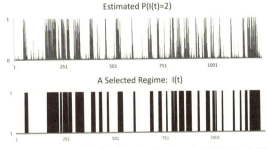

図 4.25　推定されたレジーム(上段)とシミュレーションで発生させた元のレジームの比較

4.2.10 身近なレジーム・スイッチ：遺伝子解析や景気判断まで

a. 遺伝子解析

遺伝子はアデニン（A），グアニン（G），チミン（T）およびシトシン（C）の4つの塩基の配列によって構成されており，ヒトDNAの場合，約30億対もの非常に長い配列における塩基配列の順序が情報である．図4.26には，慶應義塾大学環境情報学部バイオインフォマティクス・アルゴリズムから，そのイメージを引用する．

この配列からの遺伝子解読においては，DNAの中のどこにどのような遺伝子があるかを特定する必要があるが，その際に隠れマルコフ（Hidden Markov Model, HMM）が利用される．図4.27には，再び慶應義塾大学環境情報学部バイオインフォマティクス・アルゴリズムから，そのイメージを引用する．

各ノードは1つ前のノードのみからの経路が入口となっており，2つ以上手前からの経路からの入り口はない．いわゆるマルコフ性である．出口が1つから2つとなっており，その確率の和は1である．各ノードでは4つの塩基のうち真の塩基が不明であるが，それぞれの確率が示されている．これが「隠れ」マルコフの所以である．ノード総数がレジーム・スイッチにおける状態数に対応するため，この例では5レジームである．この例では，DNA検査によって配列 "ATGA" が得られた場合に，それがが得られる確率を計算し，その確率が最も高い経路を割り出す．実際には，

```
ggagctgcagccgacagcgggggaggacgccatgccgcctgcttcctcatcaactgcct
ctacgagcagaacttcgtgtgcaagttcgcgcccagggagggcttcatcaactacctcac
gagggaagtgtaccgctcctaccgccgacccagggctttggagggtctggat
ccccaaggcctgggcaggcatagactgaaggtacaacccaggaacccctggtgctgaa
ggatgtgaaaacacagattggcgcctactgcggggtgacacggatgtcagggtagagag
gaaagaccccaacccaggtggaactgtggggactcaaggaaggcacctacctgttccagct
gacagtgactagctcagaccacccagaggacacggccaacgtcacagtcactgtgctgtc
caccaagcagacagaagactactgcctcgcatccaacaaggtgggtcgctgccggggctc
tttcccacgctggtactatgaccccacggagcgagccgagagttcagtttatggagg
ctgcttgggcaacaagaacaactacttcgggaagaagagtgcattcatagcctggggca
tgtgcaaggccccctccatggaaaggcgccatccagtgtgctctggcactgtcagcccac
ccagttcctgctgcagcaatggctgcatggacagttcctggagtgtgacgacaccaccca
caactgcccgacgcctccgacgaggctgcctgtgaaaaatacacgagtggcttgacga
gctccagcgcatccatttcccccagtgacaaagggcactgcgtggacctgccagacacagg
actctgcagagagacccccgcgctggtactacaaccccttcacggcaacctcgcgcccg
ctttacctatggtggttgttattggcaacaagaacaactttgaggaagagcagcagtgcct
cgagtcttgtcgcggcatctccaagaaggatgtgtttggcctgaggcgggaaatccccat
```

図 4.26 遺伝子を構成する塩基配列

引用元：慶應義塾大学環境情報学部バイオインフォマティクス・アルゴリズム．

4.2 急激な変化への対応：レジーム・スイッチ 125

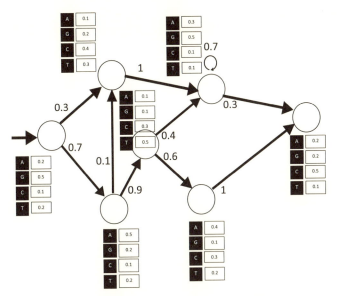

図 4.27 ゲノム解析における隠れマルコフの基本的概念（例）
引用元：慶應義塾大学環境情報学部，「隠れマルコフモデル」より編集.
http://www.bioinfo.sfc.keio.ac.jp/class/bioinfo-a/PPT/bioinfo-a09s-6_HMM.pdf

---

遺伝子解析の流れ

- 図 4.27 で例示された構造を決定
- 解読したいシグナルを含む配列で推移確率などのモデル・パラメタを推定
- 解読したいシグナルを含まない配列で推移確率などのモデル・パラメタを推定
- 解読対象の配列に対して推定されたモデル・パラメタを当てはめ，無数の経路の中から，最大確率をもたらす経路を特定するとともに，その確率を計算
- 上記の確率を比較し，ベイズ定理を利用して解読したいシグナルが含まれるか否かを判定

といったプロセスを数千万から数十億もの長さをもつ DNA 配列を対象に実施し，含まれている遺伝子を特定するのである．

b. 景気判断

マルコフ・スイッチ型ののレジーム・スイッチ・モデルは，Hamilton(1989,1990)以降，多くの研究により，GDPデータなどを使用して，景気循環におけるリセッション期や拡大期などに属する確率を求め，景気判断における材料としての重要性を高めている．Nalewaik(2007)は，国内総所得と国内総生産に対して2状態のレジーム・スイッチを当てはめ，経済状態がリセッション（景気後退）に属する確率をレジーム・スイッチを適用することによって推定している．特に，低経済成長期の性質が過去数十年にわたって変化していることをレジーム・スイッチ・モデルによる推定結果が示唆しており，古典的なリセッションの定義からのかい離があることを報告している．図4.28には，その一例をNalewaik(2007)から引用し，GDIにレジーム・スイッチを当てはめることによって景気判断の精度が改善することを指摘している．

また，わが国においては，宮崎(2016)が景気動向指数（CI）を用いて景気後退確率を推定している．

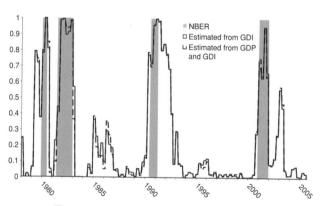

図 4.28 レジーム・スイッチによる景気判断モデル
引用元：Nalewaik(2007)

5

ブラック・スワンの正体が明らかにする新常識

　4章では，マルコフ・スイッチに従うレジームの基礎と推定方法について示した．リーマン・ショックに端を発する金融資産市場が呈した大幅な価格変動を機に，Taleb(2007) が論ずるブラック・スワン理論の知名度が高まった．白鳥はすべて白色であるとの従来の知識が，黒色の白鳥が発見されたことから，根底から崩れ去ったことを引合いに，実務家の間で白鳥（金融資産市場）は白色（正規分布に従う）とは限らず，黒色（ファット・テール）も少なからず存在するといった文脈でブラック・スワンの意味が定着した．しかし，ブラック・スワンの正体が真に黒色の白鳥なのだろうか？　その正体に迫るため，本章では，実際の金融時系列を対象としてレジーム確率を推定し，その結果，浮き彫りとなるレジームについて，その背景を解説する．さらに，大幅な下落などにより正規分布が歪み，いわゆるファット・テールが指摘される中，レジーム・スイッチを通してみる金融時系列が必ずしもファット・テールではなく，正規分布が崩れていないこと，さらには標準的な金融投資理論が復活するといった報告を述べる．最後に，正規分布の核となる二乗の指数関数が導かれる過程を紹介するとともに，ポートフォリオ投資の観点から大きな恩恵をもたらしている正規分布について多変量正規分布を導出する．

5.1　バブル崩壊で様変わりした日本株式

　失われた20年と形容される日本株式は，量的緩和に加えゼロ金利政策の実行などの大規模な金融緩和政策の金融環境下，それまでとは異なった展開を見せ始めている．この間にレジーム推定がどのようなものとなっているかを図5.1に示す．日経225を分析対象とするモデルは，

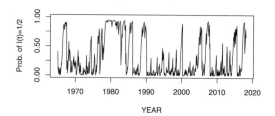

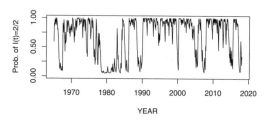

図 5.1　日経 225 のレジーム確率推移

$$r(t) = \mu_{i/J} + \epsilon_{i/J}(t), \quad \epsilon_{i/J}(t) \sim \mathcal{N}(0, \sigma_{i/J}^2) \tag{5.1}$$

とし，レジーム数 $J = 2$ を適用する．分析対象は 1965 年 1 月から 2018 年 1 月までの月次データである．無リスク資産として対象全期間にわたり一貫するデータが存在しないため，左辺は無リスク資産収益率に対する超過収益率ではなく，日経 225 株価指数の収益率そのものとする．

最尤推定によりレジーム推移確率行列 $\boldsymbol{P}$ は

$$\boldsymbol{P} = \begin{pmatrix} 0.990 & 0.010 \\ 0.013 & 0.987 \end{pmatrix} \tag{5.2}$$

である．同じく，表 5.1 に示す推定結果から，レジーム $i/J = 1/2$ が高リターン・低リスク，反対にレジーム $i/J = 2/2$ が低リターン・高リスクである．このことを念頭に図 5.1 上下段に示す各レジーム確率推移をみると，1990 年以前は高リターン・低リスク，一方，それ以降は低リターン・高リスクが支配的で

表 5.1　日経 225 のレジーム・スイッチ・モデルのパラメタ推定結果

i/J	$\mu_{i/J}$	$\sigma_{i/J}$
1/2	0.401%	3.35%
2/2	-0.299%	6.38%

月次データによる．年率化には $\mu_{i/J} \times 12$, $\sigma_{i/J} \times \sqrt{12}$.

あることがわかる．例外としては，2000年のITバブル，2005年から2008年にかけてのクレジット・バブルおよび2010年代後半におけるアベノミクスにおいては高リターン・低リスクとなっているに過ぎない．図5.1に示すレジーム確率は4.2.7項aで示すフィルター化確率を最終時点において推定したものである．これに比較して，期中の各時点を最終時点とするフィルター化確率の最終時点における値の系列，つまり実時間として実際に得られる情報のみを利用するアウト・オブ・サンプルとしてのフィルター化確率も，やや遅れるものの，ほとんど同様な結果となる．日本株式は，1980年代末を境に，同じ市場とば思われないほど，その性格が大きく変容したことが浮き彫りとなり，その前後において，それぞれのレジームが極めて安定していたことはレジーム推移確率行列 P の対角要素が示す滞留確率の高さからも伺うことができる．

わが国における分析例として，大橋 (2005) が J-REIT に対するレジーム・スイッチ・モデルを適合し，J-REIT の収益率の分散の大小がレジームの分離において支配的であることを報告しているが，国内外の先行研究の多くにおいて，リスク資産の収益率からなる金融時系列に対するレジーム・スイッチは，レジームの分離において，リスクの大小関係が支配的である事例が見受けられる．

5.2 CAPM-β のレジーム・スイッチ

4.1.2項ではカルマン・フィルターを用いて，米国ゼネラル・エレクトリック社の S&P500 に対する CAPM-β を推定した．これにレジーム・スイッチ・モデルを適合してみよう．適用するモデルは，

$$r(t)-r_f(t)=\beta_{i/J}\left(r_m(t)-r_f(t)\right)+\epsilon_{i/J}(t), \quad \epsilon_{i/J}(t)\sim\mathcal{N}(0,\sigma^2_{i/J}) \quad (5.3)$$

とし，レジーム数 $J=3$ を適用する．

4.1.1項で記述したカルマン・フィルター適用について図示した図4.3に対して，レジーム・スイッチ構造を図5.2に図示する．

最尤推定により，レジーム推移確率行列 P は

$$P = \begin{pmatrix} 0.959 & 0.035 & 0.006 \\ 0.006 & 0.980 & 0.014 \\ 0.146 & 0.078 & 0.776 \end{pmatrix} \quad (5.4)$$

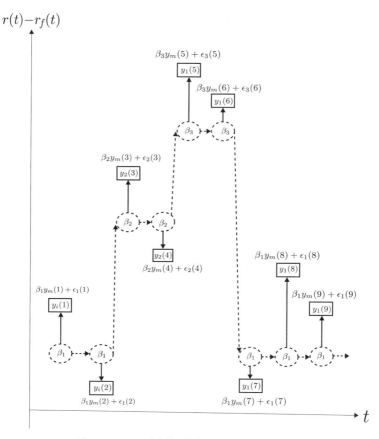

図 5.2 CAPM 時変性に対するレジーム・スイッチ

である．

　3 つのレジーム $i/J = 1/3, 2/3$ および $3/3$ のフィルター化確率は図 5.3 に示すように，それぞれがいずれの時点も概ね $\{0, 1\}$ のいずれかの確率をもって推移していることがわかる．表 5.2 より，レジーム $i/J = 1/3$ は高ベータ，レジーム $i/J = 2/3$ および $i/J = 3/3$ は $\beta_{i/J}$ が概ね 1.1 付近であるものの，残差標準偏差 $\sigma_{i/J}$ が大幅に異なることがレジームとしてそれぞれが分離した背景であることがわかる．$i/J = 3/3$ はブラック・マンデーおよび業績懸念が著しい過去 1 年ほどに観測されている特異なレジームである．図 4.6 に示すカルマン・フィルターによる CAPM-β の推移と比較すると，1990 年，2000 年および 2010 年に上昇している点では類似するが，カルマン・フィルターによる水準は

表 5.2 米国ゼネラル・エレクトリック社の S&P500 に対する CAPM-β モデル：パラメタ推定結果

i/J	$\beta_{i/J}$	$\sigma_{i/J}$
1/3	1.503	6.53%
2/3	1.106	4.04%
3/3	1.095	13.67%

月次データによる．年率化には $\sigma_{i/J} \times \sqrt{12}$．

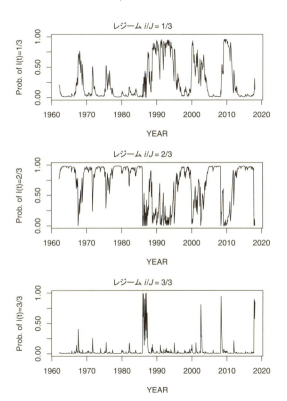

図 5.3 GE 社普通株式の CAPM モデル：3 レジーム・モデルにおけるフィルター化確率

$i/J = 1/3$ はレジーム・スイッチによる高ベータ値約 1.5 に比べるとやや低い．

5.2.1 ファクターのレジーム・スイッチ

本節では，投資実務において確固たる地位を築いたファクターについてレジーム推定を例示する．本節におけるファクターとは，資産のリターンを説明あるいは予測する情報をもつ変数を指す．多くの場合，多数の資産がもたらすリター

ンに対して，より少ない数のファクターが可能とする次元縮約は計算負荷を軽減するとともに，解釈を容易にしたり，あるいは予測能力を発揮することが求められる．1.4 節に述べた CAPM は，市場ポートフォリオのリターンをファクターとするシングルファクター・モデルの 1 つである．CAPM が成立するか否かの実証では

$$r_i(t) - r_f(t) = \alpha_i + \beta_i r_m(t) - r_f(t) + \epsilon_i(t), \quad \epsilon_i \sim \mathcal{N}(0, \sigma_i^2) \quad (5.5)$$

のデータへの適合が利用される．その結果，個別株式については式 (5.5) における切片項 α_i が，ゼロではないとする帰無仮説が棄却されないとする先行研究が相次いだ．これに対し，Fama and French(1992,1993) は CAPM からの拡張として，個別株式の時価総額の違い（Size）および株主資本の時価総額に対する比率（Value）を CAPM のシングル・ファクター・モデルに追加することにより，帰無仮説が棄却されること報告するとともに，これらが，市場ポートフォリオに加え，追加的にリスクをとることによってリターンをもたらすリスク・プレミアム説を議論している．その後も精力的に研究が行われ，運用実務においても様々なファクターが活用されるに至っている．Size, Value および Momentum をはじめとするファクターについてもレジーム・スイッチが認められるとの先行研究が報告されており，その一部を 5.4 章に紹介する．一方，石島・松島 (2011) は，上記のように明示的にファクターを与えるファクター・モデルに並ぶもう 1 つの次元縮約手段である因子分析へのレジーム・スイッチ・モデルの応用を提案し，その適用例としてわが国の J-REIT を対象とする実証において，抽出されるリスク・ファクターがレジーム依存であることを明らかにした．

5.3　ファットテールは本当なのか

5.1 節では，最も単純なモデルをレジーム依存を認める前提で日本の日経 225 を対象とした分析を示した．本節では米国 S&P 500 株式指数を対象に適用するモデルは，

$$r(t) - r_f(t) = \mu_{i/J} + \epsilon_{i/J}(t), \quad \epsilon_{i/J}(t) \sim \mathcal{N}(0, \sigma_{i/J}^2) \quad (5.6)$$

とし，レジーム数 $J = 3$ とする．無リスク資産には月次化した米国フェデラル・

ファンド・レートを用いる.分析対象は 1954 年 7 月から 2018 年 1 月までの月次データである.

図 5.3 は推定されたレジームを示す.推移確率行列 $\boldsymbol{P}$ は

$$\boldsymbol{P} = \begin{pmatrix} 0.965 & 0.011 & 0.024 \\ 0.023 & 0.973 & 0.004 \\ 0.242 & 0.032 & 0.726 \end{pmatrix} \tag{5.7}$$

と推定される.図 5.3 には,S&P500 指数水準および各レジームのフィルター化確率の推移を示す.図 5.3 および図 5.4 により,レジーム $i/J = 1/3$ は中リスク・中リターンであり,最も長期間にわたるレジームである.$i/J = 2/3$ は低リスク・高リターンとして,1990 年代,2000 年代および 2010 年代の安定した市場環境に,および,$i/J = 3/3$ は高リスク・中リターンとして,ブラック

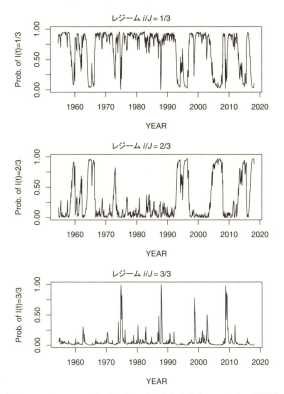

図 5.4　S&P500：3 レジーム・モデルにおけるフィルター化確率

マンデー，アジア通貨・ロシア危機・LTCM 破たん，IT バブル崩壊およびリーマンショックなどの代表的な経済金融危機に応答する．

表 5.3 の最下段にはレジーム・スイッチを前提としない CAPM-β の場合，さらに最右列には正規分布に関する検定を示す Jarque-Bera 検定結果を示す．レジーム・スイッチを前提としない CAPM-β モデルでは正規分布は棄却されるが，レジーム・スイッチ・モデルでは，各レジームに該当する各期間内におい

表 5.3 S&P 500 に対するレジーム・スイッチ・モデル：パラメタ推定結果

i/J	$\mu_{i/J}$	$\sigma_{i/J}$	Jarque-Bera 検定 p 値
1/3	0.291%	4.18%	0.594
2/3	0.876%	2.22%	0.025
3/3	0.365%	8.52%	0.194
1/1	0.289%	4.19%	< 2.2e-16

月次データによる．年率化には $\sigma_{i/J} \times \sqrt{12}$．

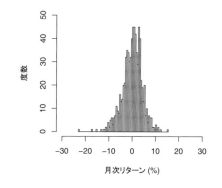

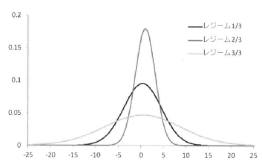

図 5.5 S&P500 リターン：ヒストグラム（上段）と 3 つのレジームそれぞれの正規分布（下段）

上段のヒストグラムに示す S&P500 リターン（月次）は，歪度 −0.449 および尖度 4.71 と正規分布から乖離する．

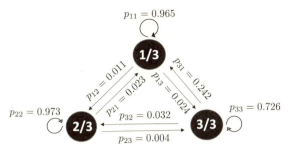

図 5.6 3 レジーム・スイッチのグラフ表現：S&P 500

てレジーム $i/J = 1/3$ および 3/3 レジームでは 5% 有意水準で正規分布が棄却されない．

次に，リターンの度数分布と表 5.3 に示すリターンの平均 μ_i および標準偏差 $\sqrt{\sigma_i^2}$ からなる正規分布を，図 5.5 に図示しよう．Jarque-Bera 検定の結果が示すように，レジーム・スイッチなしの前提では，極端に低い，あるいは高いリターンの発生が正規分布の頻度（確率密度）よりも高いことがわかる．いわゆるファット・テールなどとよばれるもので，経済や市場の混乱期に頻出することでも知られている．一方，レジーム・スイッチを認めた場合，実際のリターンの度数分布は，推定された正規分布からの乖離は抑制されていることがわかる．このことは，一見するとファット・テールのようにみえる分布は異なる正規分布によって合成されている，といった見方が適切であることを示している．すなわち，正規分布は崩れておらず，複数の正規分布の間をレジーム・スイッチしていると解釈する方が自然である．これをグラフ表現として図 5.6 に示す．

5.4 復活する標準的な仮説と投資理論

5.3 節では，レジーム・スイッチを認めると，正規分布が保たれていることを示唆する一例を示した．実は，金融市場が呈するデータの多くは，なんらかの時系列があることが多い．一方，保険などの分野では，地震などの災害，事務管理上のオペレーショナル・リスクの顕在化などといった事象には，あまり時系列が観測されない．このため，真にファット・テールであると考えるに値するのである．金融の場合は，安易にファット・テールを謳う間に，注意深くその背後に何らかの時系列現象の存在を分析することに意義があるといえそう

である.

　ファイナンス分野においても，古典的あるいは標準的な理論やモデルが実際のデータに当てはまらない，あるいは，当てはまらないことを背景に，さらに高度な理論や複雑なモデルを提唱する先行研究が多数報告されている．一方，近年になって，実際の金融市場の振舞は，レジームによって古典的あるいは標準的な理論によるモデルがスイッチするといった報告がみられるようになった．具体的には以下の通りである．Bansal and Zhou(2002) は CIR モデルとそのマルチファクター・モデルに適用した結果，金利期間構造の期待仮説が却下されないことを報告している．株式においては，Coggi and Manescu(2004) がFama-French のリサーチ・ポートフォリオを対象にアルファの帰無仮説を棄却するとともに，バリュー投資の巧拙を示す HML ファクターが高リスク・高リターンのレジームを呈することを示し，リスク・プレミアム説を支持している．また，Guirguis, Theodore and Suen(2012) が，バリュー・スプレッドによるバリュー効果が低リスクのレジーム下でその効果が著しいことを見出している．

　言い換えると，古典的あるいは標準的な理論やモデルが成り立たないわけではなく，金融市場にはスイッチするレジーム構造が存在し，その前提の下では復活するということである．1.3 節では二次効用を最大化する平均分散ポートフォリオがリスク回避的な投資家にとって有意義であるための条件の１つは，「投資対象資産の収益率が多変量正規分布に従うことにより，ポートフォリオのリターンが正規分布に従う」ことであるとした．レジーム・スイッチが明らかとする様々な事実は，効率的なポートフォリオを構成する上で重要な示唆と言えそうである．

5.5　正規分布の素晴らしさ

　1.3.4 項の二次近似の限界にて述べたように，リスク回避型の投資効用をもつ投資家にとって保有するポートフォリオの収益率が正規分布に従う場合には，二次効用 (区間制約があるが) を最大化すればよい．二次効用を定式化する平均分散最適は，計算が簡便であるという大きな恩恵をもたらしている．

　本節ではまず最初に，Stahl(2006) および野本 (2018) 等を引用し，鍵を握る正規分布の確率密度が二乗の指数関数として導出されること，次に，この恩恵

をもたらす正規分布について，Do(2008) および村澤 (2013) 等を引用し，正規分布に従う収益率を呈する複数の個別資産の加重和であるポートフォリオのリターンが，やはり正規分布に従うことを示し，さらにはファット・テールとよばれる分布に従う場合は，最適ポートフォリオの決定には異なる手法が用いられることを紹介する．

5.5.1 なぜ，正規分布は確率変数の二乗の指数関数なのか？

正規分布はガウス分布とよばれることがある．これは発見者の一人である Carolus Fridericus Gauss に由来する．しかし，正規分布は様々な角度から複数の人物らが独自に研究を進め，同様の導出に至ったとされている．正規分布の導出手法には二項分布を起点とするものがしばしば紹介されるが，本項では Gauss による導出を紹介する．Gauss は観測や測量に紛れ込む誤差から真の値を推定する目的から正規分布を導き出している．

真の値 μ に対して，観測値は μ から e ほど乖離するものとする．ここで

正規分布する確率変数としての条件：その1

$|e|$ が大きい観測値は，そうでない観測値よりも観測される確率は低い

との前提をとる．その確率密度（離散変数における頻度に相当する）は e に依存する $f(e)$ とする．誤差である e とその e からほんの少し離れた $e + de$ との間にある確率は

$$f(e)de \tag{5.8}$$

となる．その様子を図 5.7 に図示する．この f が確率変数の二乗の指数関数となっていることを確認することが目的である．

観測値を x とすると，$e = x - \mu$ であるので，式 (5.8) は

$$f(x - \mu)dx \tag{5.9}$$

と書き直すことができる．観測を N 回ほど行なって得られる観測値が $x_1 + dx, x_2 + dx, \cdots, x_N + dx$ の範囲に入る確率 P は

$$P = f(x_1 - \mu)dx f(x_2 - \mu)dx \cdots f(x_N - \mu)dx$$

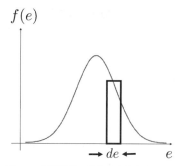

図 5.7 観測誤差の確率密度分布イメージ

$$= \{f(x_1 - \mu)f(x_2 - \mu)\cdots f(x_N - \mu)\}\,dx^N \tag{5.10}$$

となる.

$$f_x = f(x_1 - \mu)f(x_2 - \mu)\cdots f(x_N - \mu) \tag{5.11}$$

とすると,

$$P = f_x(dx)^N \tag{5.12}$$

の形であるため, f_x は N 個の観測値である確率変数 $x_1, x_2, \cdots, x_N$ について同時確率密度となる. 真の値は μ であるから, f_x は $x_1 = x_2 = \cdots = x_N = \mu$ のときに最大となる. 現実には真の値は μ は未知であり, 既知なのは $x_1, x_2, \cdots, x_N$ である観測値のみである. これら観測値が所与の下では, 真の値は μ がいくらであれば f_x が最大であるか, との見方をとることができる. つまり, 式 (5.11) を $x_1, x_2, \cdots, x_N$ を固定のまま, 真の値 μ の関数とみると,

$$f_x(\mu) = f(x_1 - \mu)f(x_2 - \mu)\cdots f(x_N - \mu) \tag{5.13}$$

と表すことができる. いわゆる尤度の考え方である. この場合,

正規分布する確率変数としての条件：その 2

真の値 μ が観測値 $x_1, x_2, \cdots, x_N$ の平均値

$$\bar{x} = \frac{x_1 + x_2 + \cdots + x_N}{N} \tag{5.14}$$

のときに尤度が最大, すなわち同時密度が最大である

ため，$f_x(\mu)$ の傾きは $\mu = \overline{x}$ で 0 なので

$$f_x'(\overline{x}) = 0 \tag{5.15}$$

である．

関数 f を明らかにするための計算を続けるために，式 (5.13) の右辺は積となっているので対数をとって和の形式とすると，

$$\ln f_x(\mu) = \sum_{i=1}^{N} \ln f(x_i - \mu) \tag{5.16}$$

となる．これを μ で微分し，

$$\frac{f_x'(\mu)}{f_x(\mu)} = -\sum_{i=1}^{N} \frac{f'(x_i - \mu)}{f(x_i - \mu)} \tag{5.17}$$

とする．$\mu = \overline{x}$ において $f_x'(\overline{x}) = 0$ であるため，

$$\sum_{i=1}^{N} \frac{f'(x_i - \overline{x})}{f(x_i - \overline{x})} = 0 \tag{5.18}$$

となり，それぞれの観測値における密度関数に対する密度関数の傾きの総和が 0 であることを示している．ところで，$e = x - \mu$ であったから，

$$\sum_{i=1}^{N} \frac{f'(e_i)}{f(e_i)} = 0 \tag{5.19}$$

と書き換えることができる．ここで，$\phi(e_i) = \dfrac{f'(e_i)}{f(e_i)}$ として，

$$\sum_{i=1}^{N} \phi(e_i) = 0 \tag{5.20}$$

と簡素化する．

また，式 (5.14) を変形すると，

$$\sum_{i=1}^{N} e_i = 0 \tag{5.21}$$

を得る．これは

140   5. ブラック・スワンの正体が明らかにする新常識

正規分布する確率変数としての条件：その **3**

誤差の総和がゼロである

ことを表す．以上，式 (5.20) および式 (5.21) が正規分布の密度関数を導く上で
の重要な性質となる．式 (5.21) を

$$e_1 = -\sum_{i=2}^{N} e_i \tag{5.22}$$

と書き換え，e_2 で偏微分すると

$$\frac{\partial e_1}{\partial e_2} = -1 \tag{5.23}$$

となる．式 (5.21) と併せて，同様にして他の誤差での偏微分についても

$$\frac{\partial e_1}{\partial e_2} = \frac{\partial e_1}{\partial e_3} = \cdots = \frac{\partial e_1}{\partial e_N} = -1 \tag{5.24}$$

が成り立つ．すべての誤差はその誤差を他の誤差が相殺するような関係となっ
ている．このことから，e_1 を他の誤差の関数とみなして，$e_3, \cdots, e_N$ が e_2 に
依存しないことに注意しつつ，式 (5.20) を e_2 で偏微分すると，

$$\phi'(e_1)\frac{\partial e_1}{\partial e_2} + \phi'(e_2) = 0 \tag{5.25}$$

が得られる．式 (5.23) を式 (5.25) に代入すると，

$$\phi'(e_1) = \phi'(e_2) \tag{5.26}$$

となる．同様に式 (5.20) を $e_3, \cdots, e_N$ で次々と偏微分すると，

$$\phi'(e_1) = \phi'(e_2) = \cdots = \phi'(e_N) \tag{5.27}$$

となる．式 (5.27) がいかなる e 対しても成り立つことから，

$$\phi'(e) = const. \tag{5.28}$$

である．定数である ϕ' を積分すると，ϕ は a および b ともに任意の定数をもつ

$$\phi(e) = ae + b \tag{5.29}$$

である．式 (5.29) を式 (5.20) に代入すると $b = 0$ が得られ，$\phi(e) = \dfrac{f'(e)}{f(e)}$ で
あったので，以降，添え字 i を省略し，

5.5 正規分布の素晴らしさ　　141

$$\frac{f^{'}(e)}{f(e)} = ae \tag{5.30}$$

と書ける．これを積分すると，

$$\frac{\dfrac{d}{de}f(e)}{f(e)} = ae$$

$$\int f(e)df = \frac{a}{2}e^2 + C_0$$

$$f(e) = \exp\left(\frac{a}{2}e^2 + C_0\right) = C_1 \exp\left(\frac{a}{2}e^2\right) \tag{5.31}$$

となる．ここで，$C_2 = -\dfrac{a}{2}$ として式 (5.31) を

$$f(e) = C_1 \exp\left(-C_2 e^2\right) \tag{5.32}$$

とする．ところで，前出の「正規分布する確率変数としての条件：その1」より，密度関数の両端は漸近的に 0，すなわち $\lim_{n \to \pm\infty} f(e) = 0$ であるから，$a < 0$，つまり $C_2 > 0$ である．

以下，$f(e)$ が満たす 2 つの条件から C_1 および C_2 を決定する．まず 1 つめの条件として，確率の和は 1 であることから，ガウス積分の公式を利用すると，

$$\int_{-\infty}^{+\infty} f(e)de = \int_{-\infty}^{+\infty} C_1 \exp\left(-C_2 e^2\right)de = C_1\sqrt{\frac{\pi}{C_2}} \triangleq 1 \tag{5.33}$$

が得られる．次に，2 つめの条件として，分散は σ^2 であることから，再びガウス積分の公式を利用すると，

$$\begin{aligned}
\int_{-\infty}^{+\infty} e^2 f(e)de &= \int_{-\infty}^{+\infty} e^2 C_1 \exp\left(-C_2 e^2\right)de \\
&= \left[-\frac{C_1}{2C_2}e^2 \exp\left(-C_2 e^2\right)\right]_{-\infty}^{+\infty} - \int_{-\infty}^{+\infty} -\frac{C_1}{2C_2}\exp\left(-C_2 e^2\right)de \\
&= \frac{C_1}{2C_2}\sqrt{\frac{\pi}{C_2}} \\
&= \frac{C_1\sqrt{\pi}}{2C_2\sqrt{C_2}} \triangleq \sigma^2
\end{aligned} \tag{5.34}$$

が得られる．式 (5.33) と式 (5.34) との連立により定まる

$$C_1 = \frac{1}{\sqrt{2\pi}\sigma} \tag{5.35}$$

142   5. ブラック・スワンの正体が明らかにする新常識

$$C_2 = \frac{1}{2\sigma^2} \tag{5.36}$$

を式 (5.32) に戻すと,

$$f(e) = \frac{1}{\sqrt{2\pi}\sigma} \exp\left(-\frac{e^2}{2\sigma^2}\right) \tag{5.37}$$

となる. $e = x - \mu$ により,

$$f(x - \mu) = \frac{1}{\sqrt{2\pi}\sigma} \exp\left(-\frac{(x-\mu)^2}{2\sigma^2}\right) \tag{5.38}$$

を得る. よって, 正規分布の確率密度関数は確率変数の二次の指数関数となることが確認される.

5.5.2 ポートフォリオのリターンはやはり正規分布に従うか？

まず最初に, 互いに独立, すなわち無相関な関係にある平均 0, 分散 1 の標準正規分布に従う N 個の個別資産からなる同時確率密度 $f(x_1, \cdots, x_N)$ は式 (5.38) において, $\mu = 0$ および $\sigma = 1$ としたときの $i = 1, \cdots, N$ それぞれの間の積であるので,

$$\begin{aligned}
f(x_i, \cdots, x_N) &= \prod_1^N \frac{1}{\sqrt{2\pi}} \exp\left(-\frac{x_i^2}{2}\right) \\
&= \frac{1}{(\sqrt{2\pi})^N} \exp\left(-\sum_{i=1}^N \frac{x_i^2}{2}\right) \\
&= \frac{1}{(\sqrt{2\pi})^N} \exp\left(-\frac{1}{2}\boldsymbol{X}^\top \boldsymbol{X}\right)
\end{aligned} \tag{5.39}$$

となる. 指数関数どうしの積はその肩内部の和で構成される. ここで,

$$\boldsymbol{X} = \begin{pmatrix} x_1 \\ x_2 \\ \vdots \\ x_N \end{pmatrix} \tag{5.40}$$

である. 複数の個別資産からなるポートフォリオは, 各資産の収益率 x_i にそれぞれの保有比率を乗じて合計したものとなる. この場合も, 式 (5.39) のもつ 2 乗の指数関数形は変わらない. よって, ポートフォリオとしての収益率も正規

5.5 正規分布の素晴らしさ   143

分布となる.

次に，互いに独立ではない N 個の個別資産からなる $\boldsymbol{Y}$

$$\boldsymbol{Y} = \begin{pmatrix} y_1 \\ y_2 \\ \vdots \\ y_N \end{pmatrix} \tag{5.41}$$

について考える．$\boldsymbol{Y}$ は $\boldsymbol{X}$ のアフィン変換

$$\boldsymbol{Y} = \boldsymbol{AX} + \boldsymbol{B} \tag{5.42}$$

で表すことができる．これは，式 (4.89) において共分散行列 $\boldsymbol{\Sigma}$ のコレスキー分解による下三角行列と正規乱数との積によって式 (4.88) で与える $\boldsymbol{r}$ をシミュレートする原理と同様である．$N \times N$ 行列である $\boldsymbol{A}$ は $\boldsymbol{X}$ を回転，$N \times 1$ ベクトルである $\boldsymbol{B}$ は平行移動として作用する．式 (5.42) を逆変換して得られる

$$\boldsymbol{X} = \boldsymbol{A}^{-1}(\boldsymbol{Y} - \boldsymbol{B}) \tag{5.43}$$

を式 (5.39) に代入する．式 (5.43) によって $\boldsymbol{X}$ は $\boldsymbol{Y}$ を逆変換する過程で $\|\boldsymbol{A}^{-1}\|$ だけノルムが変化しているため，

$$dx_1 dx_2 \cdots dx_N = \|\boldsymbol{A}^{-1}\| dy_1 dy_2 \cdots dy_N \tag{5.44}$$

であることに注意すると，

$$
\begin{aligned}
&f(x_1, x_2, \cdots, x_N) dx_1 dx_2 \cdots dx_N \\
&= \frac{1}{(\sqrt{2\pi})^N} \exp\left(-\frac{1}{2}\boldsymbol{X}^\top \boldsymbol{X}\right) dx_1 dx_2 \cdots dx_N \\
&= \frac{1}{(\sqrt{2\pi})^N} \exp\left(-\frac{1}{2}\left(\boldsymbol{A}^{-1}(\boldsymbol{Y}-\boldsymbol{B})\right)^\top \left(\boldsymbol{A}^{-1}(\boldsymbol{Y}-\boldsymbol{B})\right)\right) \|\boldsymbol{A}^{-1}\| dy_1 dy_2 \cdots dy_N \\
&= \frac{1}{(\sqrt{2\pi})^N \|\boldsymbol{A}\|} \exp\left(-\frac{1}{2}(\boldsymbol{Y}-\boldsymbol{B})^\top (\boldsymbol{A}^\top)^{-1} \boldsymbol{A}^{-1}(\boldsymbol{Y}-\boldsymbol{B})\right) dy_1 dy_2 \cdots dy_N \\
&= \frac{1}{(\sqrt{2\pi})^N \|\boldsymbol{A}\|} \exp\left(-\frac{1}{2}(\boldsymbol{Y}-\boldsymbol{B})^\top \left(\boldsymbol{A}\boldsymbol{A}^\top\right)^{-1}(\boldsymbol{Y}-\boldsymbol{B})\right) dy_1 dy_2 \cdots dy_N \quad (5.45)
\end{aligned}
$$

となる．ここで，$\boldsymbol{X}$ を構成する各個別資産 $x_1, \cdots, x_N$ はそれぞれ期待収益率 0，分散 1 の標準正規分布としての前提と式 (5.42) により，

$$E(\boldsymbol{Y}) = \boldsymbol{A}E(\boldsymbol{X}) + \boldsymbol{B} = \boldsymbol{0} + \boldsymbol{B} = \boldsymbol{B}$$

$$V\left(\boldsymbol{Y}\right) = \boldsymbol{A}V\left(\boldsymbol{X}\right)\boldsymbol{A}^{\top} + \boldsymbol{0} = \boldsymbol{A}\boldsymbol{A}^{\top} \tag{5.46}$$

であるので,

$$V\left(\boldsymbol{Y}\right) = \boldsymbol{A}\boldsymbol{A}^{\top} = \boldsymbol{\Sigma} \tag{5.47}$$

と書け,そのノルムは

$$\|\boldsymbol{\Sigma}\| = \|\boldsymbol{A}\boldsymbol{A}^{\top}\| = \|\boldsymbol{A}\|^{2} \tag{5.48}$$

であり,$\boldsymbol{\Sigma}$ は正定値対称行列であるので,

$$\|\boldsymbol{A}\| = \sqrt{\|\boldsymbol{\Sigma}\|} = \sqrt{|\boldsymbol{\Sigma}|} \tag{5.49}$$

となる.式 (5.47) と式 (5.49) とを式 (5.45) に代入すると,$\boldsymbol{Y}$ の確率密度関数 $g(y_1, \cdots, y_N)$ に関して,

$$
\begin{aligned}
&g(y_1, \cdots, y_N) dy_1 dy_2 \cdots dy_N \\
&= f(x_1, x_2, \cdots, x_N) dx_1 dx_2 \cdots dx_N \\
&= \frac{1}{(\sqrt{2\pi})^N \sqrt{|\boldsymbol{\Sigma}|}} \exp\left(-\frac{1}{2}\left(\boldsymbol{Y} - \boldsymbol{B}\right)^{\top} \boldsymbol{\Sigma}^{-1}\left(\boldsymbol{Y} - \boldsymbol{B}\right)\right) dy_1 dy_2 \cdots dy_N
\end{aligned} \tag{5.50}
$$

となるため,

$$g(y_1, \cdots, y_N) = \frac{1}{(\sqrt{2\pi})^N \sqrt{|\boldsymbol{\Sigma}|}} \exp\left(-\frac{1}{2}\left(\boldsymbol{Y} - \boldsymbol{B}\right)^{\top} \boldsymbol{\Sigma}^{-1}\left(\boldsymbol{Y} - \boldsymbol{B}\right)\right) \tag{5.51}$$

が $\boldsymbol{Y}$ の確率密度関数 $g(y_1, \cdots, y_N)$ である.よって,互いの依存性,つまり正規分布においては相関性の有無によらず,それらの密度関数は正規分布となることがわかる.これを多変量正規分布の確率密度関数とよぶ.複数の個別資産からなるポートフォリオは,各資産の収益率 y_i にそれぞれの保有比率を乗じて合計したものとなる.この場合も,式 (5.51) のもつ 2 乗の指数関数形は変わらない.このことから,任意の相関関係にあり,かつ正規分布に従う複数の個別資産から構成されるポートフォリオも正規分布に従うのである.

5.5.3 正規分布が崩れると?

一世帯あたりの貯蓄額の平均値に対して違和感を覚えることがあるが,これは,少数の大きな貯蓄がある世帯と多数のそうではない分布,つまり,歪度がある左右非対称の分布である.このような場合,中央値の方が平均値よりも多

数の世帯に対する代表性が優れている．実は，平均値や分散値，あるいは標準偏差といった統計量は，正規分布が前提であり，何らかのゆがみがある場合には誤った解釈をもたらし得る．複数の分布間の依存性については，相関係数は正規分布が前提となる．金融市場データでは，

金融市場データの特徴

- レフト・テール：大きくマイナス側のリターンが正規分布よりも高頻度に発生
- 相関崩壊：資産間あるいはファクター間などで同時に依存性が上昇
- 時系列性：レフト・テールおよび相関崩壊がしばらく持続する

などがしばしば指摘されている．レフト・テールと相関崩壊は正規分布からの乖離である．これらの持続性による時系列は金融市場データでは4章，5章および6章で取り上げるレジーム・スイッチによっても捉えることができる．レフト・テールがある場合にはt分布，ベータ分布あるいは極値分布などをはじめとする確率密度が適用されることがある．また左右対称の場合はコーシー分布なども適用となる．このような分布は，尖度や歪度といった高次のモーメントのみならず，値が無限大となるために分散や平均すら存在しないファット・テールも対象となる．分散が存在しないようなわかりやすい事例としては一様分布を挙げることができる．確率密度が全区間にわたって等しい一様分布は極端なファット・テールであるが，分散は区間の長さの二乗に比例するため，区間が$-\infty$から$+\infty$にわたる場合，分散は$+\infty$に発散するため分散が存在しない．このような分布を用いれば，1.3.3項で述べたリスク回避型の投資効用が高次項を含む場合にも正確に反映することができる．一方，最適解を得ることは一般的に困難である場合が多い．さらに相関崩壊は複数の投資対象への最適配分を決定する上では回避することができない問題である．相関係数は相互依存性の大小を表す尺度であるが，周辺分布がすべて正規分布を前提とするため，ファット・テールがある場合には適切ではない．相関崩壊は，レフト・テールに伴ってリターン間の相互依存性が高まることであるため，リターンが平均からの乖離が小さい場合とマイナス側に大きい場合とでは相互依存性が異なる．これは一種の非線形性であり，その扱いにしばしば利用されるのがコピュラであ

る．コピュラはファット・テールを含む任意の周辺分布間の相互依存性を表す関数である．相関係数は1つの量で代表する一方，コピュラはそれぞれの分布内における分位の関数として相互依存性を表す関数であるために，ファット・テールを含む多彩な分布に利用可能な特徴がある．図 5.8 に，2変量を関連付ける一例として代表的な2変量コピュラを用いて発生させた 10,000 個の乱数プロットを示す．x および y 軸の値は，それぞれの変量の分布関数における分位点を示す．よって0および1は分布上の左右裾方向の極限に対応する．正規コピュラに比べて，各コピュラは2変量の依存性が異なる様子を捉えている．例えば，t コピュラでは中央付近に比べて右上および左下では点のばらつきが少なくなり，2変量が同じ方向に変動する状態をモデル化していることがわかる．点 (0,0) および点 (1,1) 付近で分布が引き締まっており，これは一方が大きく変動した時に，他方も同方向に大きく変動することを意味し，相関係数では表

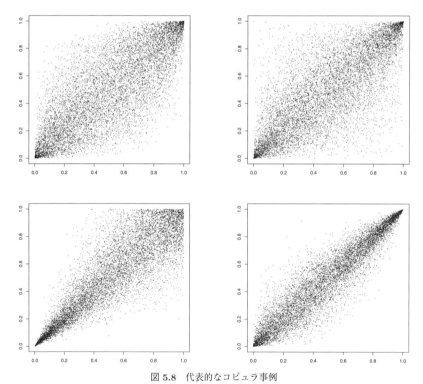

図 5.8 代表的なコピュラ事例
左上：正規コピュラ，右上：t コピュラ，左下：クレイトン・コピュラ，右下：ガンベル・コピュラ．

現することが困難な複雑な依存性を表している．代表的なコピュラは観測データから推定することが可能である．また，コピュラの周辺分布は一様分布であるため，推定したコピュラに一様乱数を当て，逆関数法を利用してモンテカルロ・シミュレーション等が可能である．詳細は戸坂・吉羽 (2005) ならびに森平 (2014) を参照されたい．

ポートフォリオ最適化の観点からは，このような分布を前提とする場合に，以下に示す 2 つの困難さに直面する．

正規分布を想定できないポートフォリオ最適化が直面する困難さ

- 分布を決定する際に過去データなどのサンプルから分布を定めるパラメタ推定には，尤度計算とその最大化および安定性確保が必要
- リスク回避型の投資効用を構成する歪度や尖度といった高次項を反映する最適解を解析的に得ることは一般的には困難であるため，最適ポートフォリオを見出すために探索するモンテカルロ・シミュレーションなどの大きな計算資源を要するアプローチが用いられる

このような背景から，最適ポートフォリオの構成においては広く実用化には至っていない．むしろ，金融においては所与のポートフォリオのリスク管理が大きく先行する分野である．

このほか，バリュー・アット・リスク（VaR）が過小評価するファット・テールにおけるレフト・テール・リスクを克服する期待ショートフォール（ES ないし CVaR）は，リターン r が与えられた閾値 μ を超える範囲におけるリターン r の期待値 $E(r|r > \mu)$ をリスクとして捉え，平均分散モデルに対して平均 CVaR モデルあるいは平均分散 CVaR モデルなどにおけるリスク・ペナルティとして利用されている．Rockafellar and Uryasev(2000,2002) は，CVaR を最小化するアルゴリズムがその計算の簡潔さが特徴である線形計画問題であることを示した．実際の市場では，大きな下落が連続的に発生しがちであり，最大ドローダウンとよぶ過去最高値からの下落幅がリスクの 1 つの尺度として着目されることがある．これに関連して Chekhlov, Uryasev and Zabarankin(2003) は，コンディショナル・ドローダウン（CDaR）を $(1-\alpha) \times 100\%$ ドローダウンと定め，CDaR 所与の条件下の最大化問題は，やはり線形計画問題となるこ

とを示している.

また,フル・スケール最適化とよばれるアプローチがCremers, Kritzman and Page(2005)によって提案されている.フル・スケール最適化は効用関数や収益率分布の形状の如何に拠らず,ノンパラメトリックな数理的探索アルゴリズムである.解析的な手法とは異なり,経験分布に基づく大きな計算資源を必要とする方法である.このため,Hagströmer and Binner(2009)はStorn and Price(1997)が提唱したDifferential Evolution法とStone, Price and Lampinen(2005)らによる拡張を利用する工夫を加え,97銘柄からなる株式個別銘柄ポートフォリオの最適化を行い,その実効性を示している.

最後に,高次項を含む投資効用を解析的に最大化する例として,Madan and Yen(2008)によって最適ポートフォリオをパラメトリックに求める手法が提案されている.このアプローチでは音声・画像認識等で利用される独立成分分析を用いて,各資産の収益率どうしを直交化するとともに,収益率がバリアンス・ガンマ過程に従う前提の下で,最適ポートフォリオを解析的に求解している.

6

金融経済危機に対応する投資戦略

5章では現実の市場を分析する際にレジーム・スイッチを導入することによって，非常に複雑な動きを呈する市場において，標準的な投資理論が適用可能な事例が見受けられることを示した．本章では，レジーム・スイッチを市場分析からさらに投資戦略への適用に焦点を移し，その可能性を探る．

6.1　レジーム・スイッチ下での投資効用と最適解

最適なポートフォリオ選択において，ここではレジーム・スイッチ下の市場環境において，式 (1.71) に示す二次執行コスト平均分散効用を最大化する問題を考える．時点 t において，投資家はファクター $\boldsymbol{f}(t)$ を観測し，レジーム $\{I\}$ のフィルター化確率 $I(t)$ を推定する．これにより，既存保有のポートフォリオ $\boldsymbol{x}(t-1) = (x_1(t-1), \cdots, x_N(t-1))^\top$ をリバランスし，新ポートフォリオ $\boldsymbol{x}(t) = (x_1(t), \cdots, x_N(t))^\top$ を得る．$x_j(t)$ は第 j 番目の資産への投資配分，N は総資産数を表す．このとき，時点 t から時点 $t+1$ までのポートフォリオ $\boldsymbol{x}(t)$ への超過収益 $y(t+1)$ は

$$y(t+1) = \boldsymbol{x}^\top(t)\{\boldsymbol{L}_i\boldsymbol{f}(t) + \boldsymbol{u}_i(t+1)\} \tag{6.1}$$

で与えられる．ここで，i は時点 t において不明な時点 $t+1$ におけるレジーム $I(t+1)$，$\boldsymbol{L}_i$ は第 i レジームにおける各資産リターンのファクター・ローディングおよび $\boldsymbol{u}_i(t+1)$ は時点 $t+1$ における擾乱項（ノイズ）を表す．投資家は $\boldsymbol{x}(t)$ を選択することによって，以下の二次執行コスト平均分散効用を最大化するものとする：

$$E_t[y(t+1)] - \frac{\lambda}{2}V_t[y(t+1)] - \frac{1}{2}\Delta\boldsymbol{x}^\top(t)E_t[\boldsymbol{B}_{I(t+1)}]\Delta\boldsymbol{x}(t). \tag{6.2}$$

ここで，$\Delta \boldsymbol{x}(t) = \boldsymbol{x}(t) - \boldsymbol{x}(t-1)$ かつ E_t および V_t は，それぞれ時点 t におい
て得られている情報のみに基く条件付きの平均および分散を表す．式 (6.2) の
最初の2項は，リスク回避度係数 λ とする通常の平均分散効用を表し，第3項
は，$N \times N$ 正定値行列 $\boldsymbol{B}_i$ を係数行列とする二次執行コスト関数である．制約
条件が一切なく空売りを認める場合，一次の最適性条件からにより最適ポート
フォリオは以下によって定まる：

$$\boldsymbol{x}^*(t) = [\lambda V_t[\boldsymbol{L}_{I(t+1)}\boldsymbol{f}(t) + \boldsymbol{u}_{I(t+1)}(t+1)] + E_t[\boldsymbol{B}_{I(t+1)}]]^{-1}$$
$$[E_t[\boldsymbol{L}_{I(t+1)}]\boldsymbol{f}(t) + E_t[\boldsymbol{B}_{I(t+1)}]\boldsymbol{x}(t-1)]. \tag{6.3}$$

レジーム・スイッチのマルコフ性の下では，時点 t における最適ポートフォリオ
を得るために必要となる $\boldsymbol{L}_{I(t+1)}\boldsymbol{f}(t) + \boldsymbol{u}_{I(t+1)}(t+1)$ の分散，および，$\boldsymbol{L}_{I(t+1)}$
ならびに $\boldsymbol{B}_{I(t+1)}$ の期待値について，1時点先 $t+1$ に対する予測値を得るこ
とができる．

式 (6.3) の導出およびこれら条件付き期待値および分散の予測値の明示的な
計算を示そう．式 (6.1), (6.2) および最適ポートフォリオ $\boldsymbol{x}^*(t)$ を与える式
(6.3) に現れる $I(t+1)$ は，時点 t においては未確定である時点 $t+1$ にお
けるレジームを表す．E_t および V_t はそれぞれ平均と分散であり，時点 t に
おけるレジームのフィルター化確率 $I(t)$ および推移確率行列 $\boldsymbol{P}$ が所与であ
るため，以下によって定めることができる．ここで表記上の簡便さを目的に
$\boldsymbol{g} = \boldsymbol{L}_{I(t+1)}\boldsymbol{f}(t) + \boldsymbol{u}_{I(t+1)}(t+1)$ とすると，$y(t+1) = \boldsymbol{x}^\top(t+1)\boldsymbol{g}$ により

$$E_t[\boldsymbol{y}(t+1)] = \boldsymbol{x}^\top(t)E_t[\boldsymbol{g}] \tag{6.4}$$
$$V_t[\boldsymbol{y}(t+1)] = \boldsymbol{x}^\top(t)V_t[\boldsymbol{g}]\boldsymbol{x}(t) \tag{6.5}$$

を得る．式 (6.4) および式 (6.5) を $\boldsymbol{x}_i(t)$ に関して偏微分をとると，

$$\frac{\partial}{\partial \boldsymbol{x}(t)}E_t[\boldsymbol{y}(t+1)] = E_t[\boldsymbol{g}] \tag{6.6}$$

$$\frac{\partial}{\partial \boldsymbol{x}(t)}V_t[\boldsymbol{y}(t+1)] = 2V_t[\boldsymbol{g}]\boldsymbol{x}(t) \tag{6.7}$$

$$\frac{\partial}{\partial \boldsymbol{x}(t)}\Delta \boldsymbol{x}^\top(t)E_t[\boldsymbol{B}_{I(t+1)}]\Delta \boldsymbol{x}(t) = 2E_t[\boldsymbol{B}_{I(t+1)}]\Delta \boldsymbol{x}(t) \tag{6.8}$$

となる．ここで，$\partial/\partial \boldsymbol{x}(t) = (\partial/\partial x_1(t), \cdots, \partial/\partial x_N(t))^\top$ である．式 (6.6)～
(6.8) によって，式 (6.2) に示す投資効用に対する一階の条件は

$$E_t[\boldsymbol{g}] - \lambda V_t[\boldsymbol{g}]\boldsymbol{x}(t) - E_t[\boldsymbol{B}_{I(t+1)}]\Delta\boldsymbol{x}(t) = \boldsymbol{0} \qquad (6.9)$$

として与えられる. $E[\boldsymbol{u}_I(t)] = \boldsymbol{0}$ の前提に従うと,すべてのレジーム i に対して $E_t[\boldsymbol{g}] = E_t[\boldsymbol{L}_{I(t+1)}]\boldsymbol{f}(t)$ であるから,$\boldsymbol{x}(t)$ に関して式 (6.9) を解くと最適ポートフォリオ (6.3) を得る.

次に,$I(t+1)$ および $\boldsymbol{u}_{I(t+1)}(t+1)$ は時点 t においてランダムであることに注意し,式 (6.3) をより明示的に表そう.条件付き期待値および分散は時点 t において投資家が入手しうる情報に基づいて計算される.投資家はファクター $\boldsymbol{f}(t)$ を観測するとともに,各レジーム k のフィルター化確率 $q_k(t) = P(I(t) = k)$ を推定する.4.2.7 項 b にて示すレジームの 1 期先予測を利用すると,1 時点先の予測レジームは

$$\widehat{q}_j(t+1) = \sum_k q_k(t)p_{kj} \qquad (6.10)$$

である.ここで,p_{kj} は,レジーム過程における推移確率の推定値を表す.式 (6.10) の予測レジームにより,式 (6.4) の条件付き期待値は

$$E_t[\boldsymbol{L}_{I(t+1)}] = \sum_j \widehat{q}_j(t+1)\boldsymbol{L}_j \qquad (6.11)$$

$$E_t[\boldsymbol{B}_{I(t+1)}] = \sum_j \widehat{q}_j(t+1)\boldsymbol{B}_j \qquad (6.12)$$

となる.同様に,式 (6.5) の条件付き分散項は明示的に

$$
\begin{aligned}
V_t[\boldsymbol{g}] &= E_t[(\boldsymbol{g} - E_t[\boldsymbol{g}])(\boldsymbol{g} - E_t[\boldsymbol{g}])^\top] \\
&= E_t[\boldsymbol{g}\boldsymbol{g}^\top] - E_t[\boldsymbol{g}]E_t[\boldsymbol{g}]^\top \\
&= E_t[\boldsymbol{L}_{I(t+1)}\boldsymbol{f}(t)\boldsymbol{f}^\top(t)\boldsymbol{L}_{I(t+1)}^\top] + E_t[\boldsymbol{u}_{I(t+1)}(t+1)\boldsymbol{u}_{I(t+1)}^\top(t+1)] \\
&\quad -E_t[\boldsymbol{L}_{I(t+1)}]\boldsymbol{f}(t)\boldsymbol{f}^\top(t)E_t[\boldsymbol{L}_{I(t+1)}]^\top \\
&= \sum_j \widehat{q}_j(t+1)(\boldsymbol{L}_j\boldsymbol{f}(t)\boldsymbol{f}^\top(t)\boldsymbol{L}_j + \boldsymbol{W}_j) \\
&\quad -\sum_j\sum_k \widehat{q}_j(t+1)\widehat{q}_k(t+1)\boldsymbol{L}_j\boldsymbol{f}(t)\boldsymbol{f}^\top(t)\boldsymbol{L}_k^\top \qquad (6.13)
\end{aligned}
$$

と表される.

6.2 セクター・ローテーション戦略への適用例

近年の資産運用においてはその収益源泉は，CAPM における中心的なリスク・プレミアムである伝統的な株式投資から，小型株式，社債，成長新興国，小型株式などといったエギゾチック・ベータに加えて，2 章で述べたスマート・ベータを含むオルタナティブ・リスク・プレミアムを導入するなどその拡張が著しい．オルタナティブ・リスク・プレミアムの中には，市場における長期的に期待されるアノマリーと考えられるものもみられる．このような新手のリスク・プレミアムは伝統的リスク・プレミアムとの低い相関性を背景に投資家が分散されたポートフォリオに組み入れる素地を提供する．これらは長期の期間を通じて，ポートフォリオにとってユニークな収益源をもたらすことが期待される．

一方，実際の金融資本市場では過去数十年間にわたって，その長期の期間を通じて投資家が期待する状況とは非常に大きく乖離した状況が幾度となく発生していることは広く知られている．少なくとも最近の過去数十年間においては 4 つの劇的な変化が認められており，それらは，1) 1970 年代後半から 1980 年代前半における米国の株式および国債における失われた 10 年，2) 2000 年前後の IT バブル発生とその崩壊，3) 2000 年代後半における米国サブプライム・ローン破たんを発端とする世界経済金融危機および 4) 2010 年代前半のソブリン危機および成長新興国危機などを挙げることができる．これらの危機は，投資家に対して分散効果をもつ収益源について再考を迫った．

本章では，米国における株式のセクター・ローテーション戦略を例にとり，上記の困難な時期を含む長期間を通じて，その収益の持続的な安定性の観点から分散されたポートフォリオにとってのレジーム・スイッチ・モデルの意義を検証する．

株式のセクター・ローテーション戦略は先行研究においてはモメンタムがその収益源として示唆する報告が散見される．モメンタム・アノマリーは株式，金利および通貨などにおけるアノマリーとして知られている．Asness, Liew and Stevens(1997) は，主要国株式においてモメンタム・アノマリーの有効性を報告する一方，Carhart(1997) は，米国のミューチュアル・ファンドの運用成績

には運用者スキルを見出すことができない一方で，モメンタム，執行コストおよび運営コストなどが共通ファクターとして統計的に有意であることを示した．Chan, Hameed and Tong(2000) は，米国を除くグローバル株式市場におけるモメンタムの有効性について先行研究を追認するとともに，直近の市場における出来高の増加が，一層モメンタムの有効性を高めることを示している．また，Asness, Moskowitz and Pedersen(2013) は，世界の多くの国と資産クラスにおいてバリュー効果とモメンタム効果との関連性を認めるとともに，グローバル市場における流動性といった共通ファクターがその関連性に影響を与えていることを示唆した．古典的な行動経済モデルにとってそれまでの知見とは異なり，この発見はバリューとモメンタム・アノマリーに関して新たな見方の必要性を提起するとともに，モメンタム効果の背景に革新的な構造があることを示唆している．特に株式市場においては，セクター・ローテーション戦略においてしばしばモメンタム効果の有効性が取り上げられており，過去における自らの収益がその後の収益に影響を与えることが米国および世界各国の株式市場の検証結果として多くの証拠が報告されている．Jagadeesh and Titman(1993) は，1 年モメンタムはシステマティック・ファクターではなく，個別銘柄に固有な情報に対する遅延した反応であることを主張している．Moskowitz and Grinblatt(1999) は，個別株式のモメンタム効果のほとんどは，所属するセクターのモメンタム効果であることを明らかにした．

　一方，モメンタムとともに，ファイナンスにおける長年の研究課題の 1 つであるバリュー効果において，Lakonishok, Shleifer and Vishny(1994) は，行動経済モデルの観点からバリュー効果の源泉が，投資家が投資対象企業の過去の企業収益成長率を将来にわたって誤った外挿を行うことによって，過去の業績が優良な企業に対しては過大に，そうでない企業に対しては過小に評価することに由来するものと結論付けている．

　Fama and French(1996) は，バリュー株式にみられるより高い市場連動性の株価リスクがその収益源とみており，Guirguis, Theodore and Suen(2012) は，長年にわたって継続するバリュー効果の論争において，レジーム・スイッチ構造を見出すことによって，Lakonishok, Shleifer and Vishny(1994) およびFama and French(1996) とは異なる，新たな知見を見出している．その構造は，株式の個別銘柄間の収益利回り格差によるバリュー効果に対する予測力が，バ

リュー指数のリスク・レジームに依存するというものである.

バリュー効果と同様に,モメンタム効果に対しても,その背景についてリスク・ベースおよび行動経済モデルの両観点から惜しみない研究がつづけられている.Grifin, Ji and Martin(2003) は,マクロ経済リスクの観点からモメンタム効果を分析し,モメンタム効果は個別国の固有リスクによって発生するものであって,インフレーション,長短金利差ないし鉱工業生産の変動はモメンタム効果に対する説明力は乏しく,複数国にわたっての共変動は弱いことを明らかにした.米国以外の各株式においては,Chordia and Shivakumar(2002) は,モメンタム収益はすべての検証対象期間,すべてのマクロ経済環境において得られており,マクロ経済環境リスクによって説明することができないことを報告している.Rouwenhorst(1998) も,米国以外の各株式 12 カ国を対象とした研究では,過去の中期間における収益により定義するモメンタムは有効であるとともに,その効果が市場リスクあるいはサイズ・リスクといった古典的なリスクには帰することができないとしている.

学術研究における論争が続く中において,実務者にとっては,モメンタムが信頼性の高い収益源か否かが注目する点である.Daniel and Moskowitz(2013) は,モメンタム・クラッシュがパニック状態で発生し,株式ボラティリティの上昇が株式個別銘柄におけるモメンタム効果予測に有効であることを報告している.この事実は,金融時系列のクラッシュがしばしばレジーム・スイッチの性質を呈することから,モメンタム投資戦略におけるレジーム・スイッチの研究を動機付けるものである.

ここ 10 年余りの間には,レジーム・スイッチを呈する資産に投資する最適ポートフォリオ決定に関する研究が数多く報告されている.Ang and Bekaert(2002, 2004) は,米国を除く先進国市場を対象に,Gaussian Quadrature 法を利用した最適資産配分問題を解き,現金を投資対象として含む場合においてレジーム・スイッチを無視することによるコストの増大を指摘した.Ammann and Verhofen(2006) は,Carhart(1997) の 4 ファクター・モデルをレジーム依存可能な方向に拡張し,その結果,収益性が改善することを示した.Guidolin and Timmermann(2004, 2008a) は,レジームが観測できない潜在的な状態としての扱いの下で,モンテカルロ法を導入することによって期待効用を近似する最適資産配分問題を提唱した.Liu, Xu and Zhao (2010) は,ファマ・フレンチ・

モデルに3レジーム・モデルを適用し，マクロ経済ファクターとともに株式市場におけるセクター ETF の収益予測を試み，レジーム・スイッチによるモデルの適合性が高まることを確認している．Seidl(2012) は，平均分散効用がレジーム確率加重であるポートフォリオ最適を論じ，Markowitz(1952) の平均分散に比較し，株式，債券，ヘッジファンド，コモディティおよび不動産において，執行コストを無視する範囲においては，極めて良好なパフォーマンスをもたらすことを示した．

6.2.1 モメンタム・ファクター

投資におけるモメンタムは，過去のパフォーマンスの勝者（敗者）が未来においても勝者（敗者）になる傾向を表す．過去における勝者（敗者）が未来永劫，勝者（敗者）であり続けることはないため，時間とともに勝者（敗者）が入れ替わり，投資戦略の実践においては保有する投資対象が徐々に入れ替わる．このため，投資実務においては，ローテーション戦略とよばれることがある．このモメンタムについて主要な金融資本市場において共通の現象であることを多くの先行研究が明らかにしている．モメンタム・ファクターは，ある時点において，投資対象となるそれぞれの資産が過去において，どの程度，他の資産に対して，アウトパフォームあるいはアンダーパフォームしたのかを計測するものとなる．本章では，1カ月先の株式セクターのリターンを予測し，リスク調整済みの取引執行コスト控除後の収益を最大化することをゴールとする．Jagadeesh(1990)および Lehmann(1990) は，前週あるいは前月に対して，株式が短期のリバーサルとなることを報告しており，これは，株価のビッド・アスク・スプレッドによる影響を表したもので，過去 12 カ月間におけるトレンドを打ち消すものとなることに留意する．よって，1カ月先の株式セクターのリターンを予測するモメンタム・ファクターを定義するにあたっては，過去直近 1 カ月間を除外して，過去 2 カ月目から 12 カ月前までの 11 カ月間をリターンの累積対象期間とする．この期間のとり方は，しばしば PAST(2,12) とよばれる．

モメンタム・ファクターは，リスク調整済み株式市場全体のリターンに対する各株式セクターの超過リターンを PAST(2,12) 時間枠の中で累積したものとして定義する．$r_k(t), r_f(t)$ および $r_m(t)$ を第 k の株式セクターのリターン，無リスク金利および株式市場全体のリターンとする．各時点 t において，過去 11

カ月間にわたるデータセット $\{r_k(s), r_m(s), r_f(s);\ s = t-11, \cdots, t-1\}$ に対して CAPM 分析を行い,

$$r_k(s) - r_f(s) = \alpha_k(t) + \gamma_k(t)\{r_m(s) - r_f(s)\} + \epsilon_k(s), \quad s = t-1, \cdots, t-11 \tag{6.14}$$

によって, $\alpha_k(t), \gamma_k(t)$ および $\epsilon_k(s)$ を推定する. 推定された $\alpha_k(t)$ および $\epsilon_k(s)$ を基に, 時点 t における第 k セクターに対するファクター $f_k(t)$ を

$$f_k(t) = \left\{ \prod_{s=t-11}^{t-1} \{1 + \alpha_k(t) + \epsilon_k(s)\} \right\}^{1/11} - 1 \tag{6.15}$$

と定める.

6.2.2 予 測 モ デ ル

株式セクターのリターン予測にあたって, CAPM に基づく多変量ファクターを採用し, 予測モデルにおける係数等にレジーム依存性を認める拡張を行う. 多変量ファクター採用は, 近年の先行研究の指摘を考慮した結果である. Menzly and Ozbas(2006) は, セクター間の川上川下関係から, 有意なクロス・モメンタムが存在することを報告している. Cohen and Frazzini(2008) は, 顧客–業者関係が顧客モメンタムを発生させ, 株価が相対的に好調 (低調) な顧客企業の発行する株式を買う (売る) ことによって, 優れた投資収益を得られることを報告している. これらのことから, 全株式セクター数 N に対して, $\boldsymbol{f}(t) = (f_1(t), \cdots, f_k(t), \cdots, f_N(t))^{\top}$ ベクトルをファクターとして, 1 時点先のリターン・ベクトル $\boldsymbol{r}(t+1) = (r_1(t+1), \cdots, r_k(t+1), \cdots, r_N(t+1))^{\top}$ によって

$$\boldsymbol{r}(t+1) - r_f(t+1)\boldsymbol{1} - \{r_m(t+1) - r_f(t+1)\}\boldsymbol{\beta}_i = \boldsymbol{L}_i\boldsymbol{f}(t) + \boldsymbol{u}_i(t+1) \tag{6.16}$$

を予想するモデルを提唱する. ここで $\boldsymbol{1} = (1, \cdots, 1)^{\top}$ は, 全要素を 1 とする列ベクトルである.

市場の不連続な状態変化を表現するために, マルコフ・スイッチによるレジーム過程を導入し, 諸係数のランダムな時変動をモデル化する. 式 (6.16) の下付添字 i は, 時点 $t+1$ におけるレジームを表し, とりうる総レジーム数が J のとき, $\{1, \cdots, J\}$ のいずれかをランダムにとる. 式 (6.16) は, CAPM ベー

タ $\boldsymbol{\beta}_i = (\beta_{i,1}, \cdots, \beta_{i,k}, \cdots, \beta_{i,N})^\top$ および $N \times N$ のファクター・ローディング行列 $\boldsymbol{L}_i$ の両方が，レジーム i に依存することを意味する．同式第 2 項 $\boldsymbol{u}_i(t+1) = (u_{i,1}(t+1), \cdots, u_{i,k}(t+1), \cdots, u_{i,N}(t+1))^\top$ は，予測不可能な多変量正規分布に従うノイズ・ベクトルを表し，すべてのレジーム i および株式セクター k に関して，$E(u_{i,k}(t+1)) = 0$ を満たす．$\boldsymbol{u}_i(t+1)$ の共分散行列もレジーム依存するものとして扱い，$\boldsymbol{W}_i = V(\boldsymbol{u}_i(t+1))$ と表記する．第 1 項 $\boldsymbol{L}_i \boldsymbol{f}(t)$ は，時点 t において投資家に既知である期待超過収益率を示す．ファクター・ローディング行列 $\boldsymbol{L}_i$ の要素が正であることが，正のモメンタム，負であることがリターン・リバーサルであることを示す．

6.2.3 データとモデル推定

過去 86 年間に月次データを対象に，米国株式セクター・リターンの予測を目的とするモメンタム・ファクターのレジーム・スイッチ構造を推定する．

本項では，十分に長期間にわたって発生するレジーム・スイッチについての分析を論じるにあたって，Kenneth French Data Library に収蔵される 1926 年 7 月から 2013 年 6 月までの 87 年間にわたる月次のリサーチ・データを利用する．表 6.1 に株式セクターの一覧を表記するとともに，本項以降の本文内では表 6.1 における名称（略式）を引用する．

当モデルを適用する株式セクター数は，分散されたポートフォリオを構成する上で実務上必要な 12 である．これら 12 のセクター・ポートフォリオは NYSE，AMEX ないし NASDAQ 上場の個別株式から構成されており，それらのリター

表 6.1 12 セクター一覧

名称（略式）	名称（正式）	
NoDur	Consumer Non Durables	Food, Tobacco, Textiles, Apparel, Leather and Toys
Durbl	Consumer Durables	Cars, TV's, Furniture and Household Appliances
Manuf	Manufacturing	Machinery, Trucks, Planes, Off Furn, Paper and Com Printing
Enrgy	Energy	Oil, Gas, and Coal Extraction and Products
Chems	Chemicals	Chemicals and Allied Products
BusEq	Business Equipment	Computers, Software and Electronic Equipment
Telcm	Telecommunications	Telephone and Television Transmission
Utils	Utilities	
Shops	Shops	Wholesale, Retail and Some Services (Laundries, Repair Shops)
Hlth	Health Care	Health Care, Medical Equipment and Drugs
Money	Finance	
Other	Other	Mines, Constr, BldMt, Trans, Hotels, Bus Serv and Entertainment

出所: Detail for 12 Industry Portfolios, U.S. Research Returns Data, Kenneth R. French - Data Library.

ンは個別株式のリターンを時価総額加重したものである．等加重ではなく時価総額加重とした理由は，時価総額加重が等加重に比べて流動性に優れることから市場における取引が現実的により容易であることによる．無リスク金利 $r_f(t)$ として，米国国債1カ月ものを採用し，市場全体のリターン $r_m(t)$ には全CRSP採用および NYSE, AMEX ないし NASDAQ に上場の全株式個別銘柄の収益

表 6.2 各株式セクターおよび市場全体のリターンに関する基礎統計量

	min.	Q1	median	mean	Q3	max.	std
NoDur	−.2461	−.0139	.0110	.0098	.0365	.3439	.0466
Durbl	−.3482	−.0275	.0104	.0110	.0489	.7987	.0781
Manuf	−.2883	−.0211	.0148	.0103	.0447	.6015	.0679
Enrgy	−.2600	−.0232	.0090	.0106	.0453	.3347	.0601
Chems	−.3162	−.0201	.0113	.0102	.0433	.4885	.0581
BusEq	−.3463	−.0295	.0113	.0109	.0515	.5868	.0762
Telcm	−.2156	−.0135	.0094	.0086	.0320	.2819	.0463
Utils	−.3285	−.0164	.0107	.0088	.0360	.4285	.0559
Shops	−.3022	−.0213	.0114	.0101	.0413	.4225	.0591
Hlth	−.3408	−.0194	.0109	.0108	.0408	.3713	.0565
Money	−.3959	−.0211	.0118	.0101	.0448	.5978	.0689
Other	−.3122	−.0231	.0101	.0084	.0431	.5856	.0666
Market	−.1255	−.0107	.0048	.0069	.0211	.3411	.0353

月次データ．1926年7月から2013年6月まで．

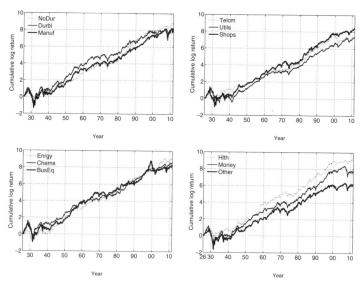

図 6.1 各株式セクターの累積リターン

率を時価総額加重したものとした．これらは，同様に Kenneth French Data Library 収蔵である．

表 6.2 は，各株式セクターおよび市場全体のリターンに関する基礎統計量を示す．図 6.1 および図 6.2 は，それぞれの累積リターンを図示する．投資の実践において，大規模な資金規模を前提とした市場における十分な流動性および空売りの実施を考慮すると，SPDR，iShares および Vanguard などが提供するセクター ETF は実務的に有用であろう．これらの道具の多くは，市場に上場されて 10 年以上が経過しており，上場のセクター ETF のセクター数は 12 を超えるに至っている．表 6.3 および図 6.3 は，式 (6.15) で定義する各株式セク

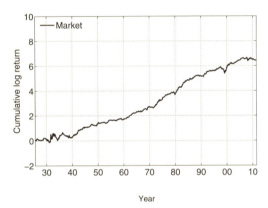

図 6.2 市場全体の累積リターン

表 6.3 各株式セクターのモメンタム・ファクターに関する基礎統計量

	min.	Q1	median	mean	Q3	max.	std
NoDur	−.0290	−.0028	.0018	.0018	.0063	.0338	.0077
Durbl	−.0441	−.0084	−.0011	−.0008	.0070	.0472	.0123
Manuf	−.0250	−.0049	−.0009	−.0007	.0036	.0224	.0063
Enrgy	−.0492	−.0056	.0015	.0017	.0092	.0391	.0113
Chems	−.0343	−.0047	.0002	.0002	.0055	.0280	.0075
BusEq	−.0457	−.0072	−.0013	−.0002	.0065	.0416	.0104
Telcm	−.0352	−.0038	.0019	.0016	.0074	.0452	.0099
Utils	−.0668	−.0046	.0023	.0014	.0086	.0760	.0119
Shops	−.0367	−.0044	.0014	.0013	.0077	.0323	.0094
Hlth	−.0319	−.0066	.0017	.0015	.0093	.0351	.0115
Money	−.0303	−.0044	.0010	.0010	.0062	.0357	.0094
Other	−.0548	−.0070	−.0018	−.0022	.0028	.0310	.0080

月次データ．1927 年 6 月から 2013 年 6 月まで．

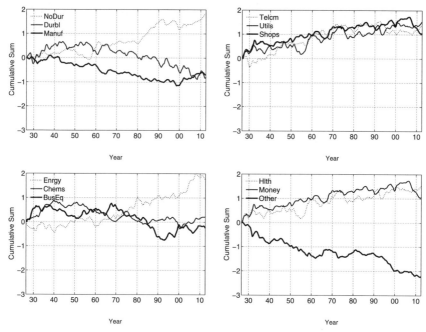

図 6.3 各株式セクターのモメンタム・ファクターの累積

ターのモメンタム・ファクターに関する基礎統計量と累積の推移を示す．

式 (6.16) は状態空間表現として表すことができる．例えば，レジーム $J = 3$ の場合，その観測方程式は，

$$r(t+1) - r_f(t+1)\mathbf{1}_N \qquad (6.17)$$

$$= \begin{cases} \{r_m(t+1) - r_f(t+1)\}\boldsymbol{\beta}_1 + \boldsymbol{L}_1 \boldsymbol{f}(t) + \boldsymbol{u}_1(t+1), & I(t+1) = 1 \\ \{r_m(t+1) - r_f(t+1)\}\boldsymbol{\beta}_2 + \boldsymbol{L}_2 \boldsymbol{f}(t) + \boldsymbol{u}_2(t+1), & I(t+1) = 2 \\ \{r_m(t+1) - r_f(t+1)\}\boldsymbol{\beta}_3 + \boldsymbol{L}_3 \boldsymbol{f}(t) + \boldsymbol{u}_3(t+1), & I(t+1) = 3 \end{cases}$$

で与えられる．ここで，$\boldsymbol{u}_i \sim \mathcal{N}(\mathbf{0}, \boldsymbol{W}_i)$ $(i=1,2,3)$ である．状態方程式は，

$$\boldsymbol{\pi}(t+1) = \boldsymbol{P}^\top \boldsymbol{\pi}(t) \qquad (6.18)$$

あるいは，

$$\begin{pmatrix} \pi_1(t+1) \\ \pi_2(t+2) \\ \pi_3(t+3) \end{pmatrix} = \begin{pmatrix} p_{11} & p_{21} & p_{31} \\ p_{12} & p_{22} & p_{32} \\ p_{13} & p_{23} & p_{33} \end{pmatrix} \begin{pmatrix} \pi_1(t) \\ \pi_2(t) \\ \pi_3(t) \end{pmatrix} \qquad (6.19)$$

である．ここで，$P\big(I(t) = i\big) = \pi_i(t)$ および $\pi_1(t) + \pi_2(t) + \pi_3(t) = 1$ となる．レジーム $\{I(t)\}$ を同定するためにフィルタリングを行う．

1044 カ月間のデータから計算される 1032 カ月間にわたる 12 ファクターを式 (6.14) および式 (6.15) 中のモデル・パラメタをレジーム依存の下で，式 (6.17) および式 (6.18) を通して推定する．式 (6.16) 中の残差がレジーム依存の多変量正規分布に従う前提の下，フィルター化尤度に対して 4.2.9 項 a に示す準ニュートン法による最尤法を適用する．レジーム数に関しては，2 および 3 をを選定し，レジーム数 1 との比較を行う．赤池情報量基準値（AIC）は 2 レジーム，3 レジームでは，それぞれ 57391.52 および 56441.69 となり，1 レジームの 59927.07 に比較して大幅に良い適合である．観測された各レジームに対するラベリングとして，より高いリスクを呈するレジームに対して，より大きなレジーム番号を付与することとする．ここで高いリスクとは，全セクターの分散の総和とする．表記上の簡便さのため，以下，J レジーム・モデルにおける第 i レジームをレジーム i/J と表すこととする．例えば，レジーム 2/3 は，3 レジーム・モデルにおける第 2 レジームを意味する．

表 6.4 は式 (6.16) における残差 $\boldsymbol{u}_i$ の分散の推定結果を示す．各セクターのトータル・リターンは $\{r_m(t) - r_f(t)\}\boldsymbol{\beta}_i$ を差し引く形としているため，残差 $\boldsymbol{u}_i$ 間の共分散は分散に比較してゼロに近い．このため，表 6.4 には分散のみを記載する．表 6.4 が示す最も顕著な事実は，レジーム 2/2 における分散が同 1/1 に比較して数倍の水準であることである．このことは，レジーム 3/3 に関して

表 6.4 $\boldsymbol{W}_i$ 内の対角成分（全サンプル：1927/07-2013/06）

| ($\times 10^{-4}$) | 1 レジーム | 2 レジーム | | 3 レジーム | | |
	レジーム 1/1	レジーム 1/2	レジーム 2/2	レジーム 1/3	レジーム 2/3	レジーム 3/3
NoDur	4.7	3.0	8.5	2.4	4.3	9.2
Durbl	15.2	7.6	35.5	6.4	11.4	37.2
Manuf	4.1	2.0	10.3	1.7	2.9	11.3
Enrgy	14.7	9.6	30.4	8.5	13.1	28.8
Chems	6.0	3.1	14.8	2.9	3.6	16.4
BusEq	10.0	6.9	18.2	6.2	7.8	19.6
Telcm	8.7	6.0	17.1	5.4	6.0	18.1
Utils	13.2	6.9	32.0	6.5	7.0	34.8
Shops	7.2	4.9	12.9	5.0	4.7	13.7
Hlth	11.2	7.4	20.9	7.7	6.7	23.4
Money	7.3	3.8	16.9	3.8	4.0	17.2
Other	6.5	3.6	14.8	4.0	2.5	16.7

月次データによる非年率化．

も同様で，これらのレジームではセクター間のリターン変動がより激しい状態を表していると考える必然性があろう．3レジーム・モデルにおける残る2つのレジーム1/3およびレジーム2/3は，リターン変動がより穏やかな状態を表している．さらに，"Durbl"および"Enrgy"の2つのセクターにおいては，レジーム1/3に比べてレジーム2/3ではよりリターン変動がより激しいことがわかる．この点に関しては，その背景について後述を行う．

次に，表6.5に式(6.16)に定義するファクター・ローディング L_i を示す．Moskowitz and Grinblatt(1999)はセクターにおけるモメンタムを報告しているが，本章の推定においては，1レジーム・モデルにおけるレジーム1/1では12セクター中5セクターがモメンタム，3セクターがリバーサル，残る4セクターはいずれでもない結果となった．一方，3レジーム・モデルにおける穏やかな低リスク・レジームであるレジーム1/2では，モメンタムであるセクター数が6に増加した．特に，負値を示すセクターが全くないことは特徴といってよいであろう．高リスク・レジームであるレジーム2/2では，リバーサルが10セクターにみられ，そのうち，4セクターでは有意である．これらのことから，モメ

表 6.5 L_i の対角要素（全サンプル：1927/07-2013/06）

	1レジーム	2ジーム		3レジーム		
	レジーム 1/1	レジーム 1/2	レジーム 2/2	レジーム 1/3	レジーム 2/3	レジーム 3/3
NoDur	0.38***	0.28***	0.07	0.24**	−0.06	0.26
	(3.38)	(2.48)	(0.19)	(1.70)	(−0.24)	(0.61)
Durbl	0.21**	0.05	0.01	−0.05	0.39**	0.32
	(1.69)	(0.45)	(0.02)	(−0.33)	(1.71)	(0.67)
Manuf	0.10	0.25**	−0.86**	0.54***	−0.37	−0.93**
	(0.78)	(1.98)	(−2.14)	(2.97)	(−1.27)	(−2.07)
Enrgy	−0.02	0.27**	−0.83**	−0.01	−0.29	−1.47***
	(−0.14)	(1.75)	(−1.84)	(−0.06)	(−0.85)	(−2.70)
Chems	0.15	0.13	−0.09	0.12	0.08	−0.05
	(1.27)	(1.16)	(−0.23)	(0.85)	(0.31)	(−0.12)
BusEq	0.03	0.03	−0.32	−0.12	−0.22	−0.30
	(0.26)	(0.26)	(−0.81)	(−0.72)	(−0.61)	(−0.67)
Telcm	0.26**	0.29***	−0.10	0.36**	0.11	0.09
	(2.272)	(2.42)	(−0.27)	(2.14)	(0.57)	(0.21)
Utils	0.04	0.05	−0.02	−0.01	0.17	−0.20
	(0.33)	(0.43)	(−0.06)	(−0.04)	(0.75)	(−0.58)
Shops	−0.08	0.03	−0.45*	−0.13	−0.15	−0.47
	(−0.70)	(0.21)	(−1.40)	(−0.75)	(−0.62)	(−1.30)
Hlth	0.25**	0.31***	−0.48	0.42***	−0.33	−0.53
	(2.17)	(2.73)	(−1.17)	(3.00)	(−1.24)	(−1.18)
Money	0.14*	0.14*	−0.13	0.05	1.74***	−0.47*
	(1.41)	(1.45)	(−0.49)	(0.40)	(5.78)	(−1.60)
Other	−0.14	0.14	−1.12***	0.23*	−0.40**	−1.15***
	(−1.17)	(1.15)	(−2.99)	(1.46)	(−1.70)	(−2.68)

*，**，***は，それぞれ10%，5%，1%有意水準を示す．括弧内は t 値．

ンタムはレジーム依存であり，穏やかな低リスク・レジームにおいてより顕著であり，高リスク・レジームにおいてはリバーサルに転じやすい．3レジーム・モデルでは，穏やかな低リスク・レジームであるレジーム 1/3 およびレジーム 2/3 において，モメンタムが 5 セクターおよび 3 セクターに有意である．"Other" セクターはレジームにおいてモメンタムであるとともに，有意な負値はいずれのセクターにも見当たらない．高リスク・レジームであるレジーム 3/3 では，4 セクターでは有意な負値である一方，正値は見当たらない．レジーム 1/3 および 2/3 はレジーム 1/2 に，レジーム 3/3 はレジーム 2/2 に比較的近い．

3 番目のモデル・パラメタであり，式 (6.16) における株式市場平均に対するベータ β_i の推定結果を表 6.6 に示す．3 つのモデルいずれにおいても高ベータのセクターおよび低ベータのセクターが認められる．2 つのセクター "Telcm" および "Utils" はレジーム 1/3 とレジーム 2/3 とおいて異なった関係を呈する．つまり，"Telcm" セクターはレジーム 1/3 の 0.57 からレジーム 2/3 の 0.90 まで上昇する一方，"Utils" セクターはレジーム同 0.74 から同 0.53 に低下する．これらの値は 2 レジーム・モデルのそれらの範囲外となっており，レジーム 2/3 とレジーム 1/3 とを分離する背景の 1 つとみられる．以上をまとめると，2 レジーム・モデルは相反する 2 つのレジームを分離しており，レジーム 1/2 はレジーム 2/2 に比べて，セクター間のボラティリティがより小さく，モメンタムがより強い．3 レジーム・モデルではレジーム 3/3 がレジーム 2/2 に近く，レジーム 1/3 はレジーム 1/2 とレジーム 2/3 との間と特徴付けられる．

次に，推移確率行列とスムーズ化確率の議論を深めよう．2 レジーム・モデ

表 6.6　株式市場平均に対するベータ β_i（全サンプル：1927/07-2013/06）

	1 レジーム	2 レジーム		3 レジーム		
	レジーム 1/1	レジーム 1/2	レジーム 2/2	レジーム 1/3	レジーム 2/3	レジーム 3/3
NoDur	0.76	0.87	0.69	0.85	0.86	0.70
Durbl	1.24	1.12	1.32	1.12	1.29	1.31
Manuf	1.20	1.15	1.24	1.16	1.15	1.23
Enrgy	0.86	0.88	0.84	0.92	0.82	0.83
Chems	0.98	1.00	0.97	1.01	0.95	0.97
BusEq	1.28	1.19	1.33	1.18	1.18	1.34
Telcm	0.65	0.63	0.66	0.57	0.90	0.65
Utils	0.78	0.68	0.85	0.74	0.53	0.85
Shops	0.97	1.03	0.94	1.02	0.99	0.96
Hlth	0.84	0.97	0.79	0.95	0.93	0.80
Money	1.16	1.07	1.24	1.06	1.10	1.24
Other	1.13	1.14	1.13	1.17	1.04	1.13

ルにおける推移確率行列は，

$$P = \begin{pmatrix} .937 & .063 \\ .218 & .782 \end{pmatrix} \quad (6.20)$$

である．式 (4.96) を利用して，各レジームにおける滞留時間を求めると，平均して，レジーム 1/2 は $1/(1-.937) = 15.8$ カ月間持続する一方，レジーム 2/2 は $1/(1-.782) = 1.3$ カ月間の持続にとどまる．3 レジーム・モデルでは，

$$P = \begin{pmatrix} .935 & .011 & .054 \\ .015 & .958 & .027 \\ .157 & .028 & .815 \end{pmatrix} \quad (6.21)$$

である．2 レジーム・モデルと同様に，高リスク・レジームであるレジーム 3/3 は穏やかな低リスク・レジームであるレジーム 1/3 およびレジーム 2/3 に比べて短命である．

6.2.4 推定されたモデルからの示唆

図 6.4 は 2 レジーム・モデルの，図 6.5 は 3 レジーム・モデルのズムーズ化

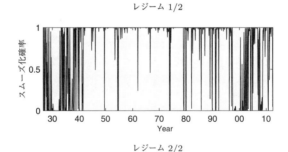

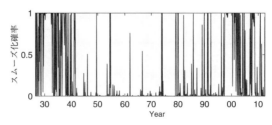

図 **6.4** 2 レジーム・モデルにおけるスムーズ化確率（全サンプル：1927/07-2013/06）

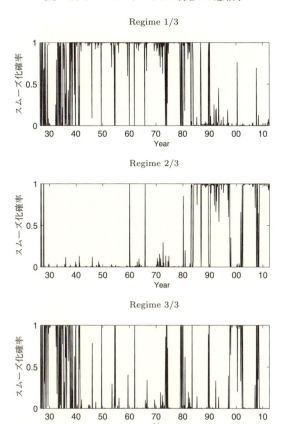

図 6.5　3 レジーム・モデルにおけるスムーズ化確率（全サンプル：1927/07-2013/06）

確率の推移を示す．86 年間にわたり，図 6.4 および図 6.5 は，ともに推定されたレジームの確率がほとんどの期間において，0 ないし 1 に近い水準にあることがわかる．このようなレジームのバイナリーな振る舞いは，分析対象である株式セクターのリターンがレジーム・スイッチ構造をもつものと想定する上で強力な支持要因であるとともに，レジーム・スイッチを想定する投資意思決定を行う上で極めて重要となる．2 レジーム・モデルでは高リスク・レジームであるレジーム 2/2 が 1930 年代に約 5 年間にわたって観測されており，その後 1940 年代に影響を残した当時の大恐慌を捉えたものである．同レジーム 2/2 は，1998 年から 2003 年までの期間における IT バブル生成と崩壊を，さらに 2008 年から 2009 年までの間におけるリーマン・ショックの他，いくつかのさ

らに短期間における経済・市場の混乱期を捉えている．3レジーム・モデルにおけるスムーズ化確率の推移は，2レジーム・モデルと比較すると，主に2つの相違点を見出すことができる．まず1つめに，レジーム1/2が1980年代初頭においてレジーム1/3とレジーム2/3とに大きく分離されること，2つめに，レジーム3/3がレジーム2/2よりもより鮮明に高リスクなレジームを浮き彫りとすること，である．1980年代初頭におけるレジームの分離に関して，"Durbl"セクターおよび"Enrgy"セクターがレジーム1/3よりもレジーム2/3においてクロス・セクショナルな分散がより高値を呈しているとともに，"Telcm"セクターおよび"Utils"セクターの市場平均に対するベータが変化したことを前述した．4.2.2項において米国の財政・金融政策シフトについて述べたように，1980年初頭は長期にわたる金利上昇の結果，米国の金利水準が短期および長期ともに15%にまで達したあと，最近まで続く四半世紀にわたる金利低下に続いている．この大きなトレンドの変化点にあって，その背景にはオイル・ショックによるスタグフレーションが米国経済を覆ったことが挙げられる．この経済背景に関する著明な先行研究が多数報告されており，中でも"Durbl"と"Enrgy"の2つのセクターが着目されている．例えば，Bernanke(1983)は，なぜエネルギー価格上昇が消費者による非可逆的な耐久消費財の購入を延期させるかを説明する理論的枠組みを提唱した．Hamilton(1988)，Lee and Ni(2002)およびEraker, Shaliastovich and Wang(2012)は，同様に2つのセクターを取り上げ，"Durbl"セクターおよび"Enrgy"セクターは1970年代のインフレ環境に対して本質的に敏感であることを報告している．レーガノミクスおよび連邦準備制度理事会のボルカー議長による強い金融引き締めを通じて，米国経済は高水準のインフレーションから脱却するに至った．この財政および金融の「レジーム・シフト」が，レジーム1/3とレジーム2/3を分離させた要因となった可能性がある．同時期に，"Utils"セクターはアウトパフォーマーからアンダーパフォーマーに転じる一方，"Telcm"セクターはアンダーパフォーマーからアウトパフォーマーとなっていることが市場平均に対するベータの変化から読み取ることができる．

　86年間を全サンプルとする推定の結果，2レジーム・モデルおよび3レジーム・モデルともに，高リスクの状態にあるレジームを概ね共有する一方で，3レジーム・モデルは2レジーム・モデルでは分離できない2つの低リスクなレ

ジームを分離した．86年間の長きにわたる期間におけるレジームの分離にとっ
て，数多くの著明な経済および金融危機を差し置いて，1980年代初頭の金融政
策および財政政策が，第2番目に重要なイベントであったことはレジーム依存
下の株式セクター・リターン予測モデルを提唱するにあたって注目すべきこと
である．

　観測されたレジーム確率の推移を吟味することによって，投資効率の違いを
理解する上で直観的な洞察を得ることができる．図6.4および図6.5に示すス
ムーズ化確率の推移に再度目を配ると，2レジーム・モデルは1990年代では
1998年までレジーム1/2であった一方で，3レジーム・モデルは1980年代中
盤においてレジーム1/3からレジーム2/3に既にスイッチしていることがわか
る．このことから，2レジーム・モデルはレジームの変化への限界的な対応能
力からリターン予測力が相対的に低下したものと理解される．1990年代終盤か
ら2000年代初頭にかけて，2レジーム・モデルおよび3レジーム・モデル双
方とも，それぞれレジーム2/2およびレジーム3/3として，市場が高リスクな
レジームであったことで一致している．この時期，ITバブルの発生と崩壊がセ
クター間のリターン格差を大幅に増大させた．IT関連のセクターの大幅な下落
が落ち着くと，2レジーム・モデルはレジーム1/2に，3レジーム・モデルは
レジーム2/3に戻っている．前述にように，レジーム1/2とレジーム2/3の2
つのレジームは，ファクター・ローディング L_i および W_i が大きく異なる．
さらに，2レジームにおけるファクター・ローディング L_1 からは，6つのセク
ターでモメンタムである一方，リバーサルのセクターが一切ないことが示され
ている．3レジームにおける同 L_2 は，3つのセクターでモメンタムが認めら
れ，リバーサルとなったセクターは一切認めらない．

6.2.5　長期にわたる頑強なパフォーマンス改善

　本項では，セクター・ローテーション投資戦略の最適ポートフォリオの運用
成績について検証する．運用成績の評価期間となるアウト・オブ・サンプル[*1]

[*1]　広義ではモデル推定等の対象となったデータ・サンプルとは異なるデータを対象に推定された
　　　モデル等を検証すること．ここでは601カ月目以降の期間を対象においてセクター・ローテー
　　　ション投資戦略の最適ポートフォリオの運用成績を検証する上で，それぞれの時点以前のデー
　　　タ・サンプルのみを利用した推定モデルを使用することを指す．

期間は，全サンプルの第 601 カ月目にあたる 1976 年 7 月が開始時期である．全サンプルの最終時点である 2013 年 7 月までの 444 カ月（約 37 年間）が有効なアウト・オブ・サンプル期間である．アウト・オブ・サンプル期間においては，すべてのモデル・パラメタは 3 カ月間隔で推定を繰り返す．再推定の該当月に挟まれる月においては，過去直近の推定パラメタを引継ぐ．具体例として，図 6.6 に 12 のセクターの中から "NoDur" セクターを例にとって，3 レジーム・モデルにおける 3 つのパラメタ β_m, L および W の推移を例示する．これらの推移は，レジーム依存性を認めたにもかかわらず，パラメタに時変性があることを示しており，レジーム数の最適値がサンプル依存である可能性を強く示唆する．モデル選定においてフィルター化確率を選定したことが時変性をもたらした可能性がある．本章で起用したモデル推定に改善余地を認めながらも，レジーム依存，かつ，パラメタに時変性がない前提の下でモデル推定を行う．時変性に対応する対応の 1 つとして，アウト・オブ・サンプル期間における定期的なモデル・パラメタの再推定を採用する．これは，モデル・パラメタを最新に維持し，優れた運用成績を追及するための実務的なアプローチである．最適ポートフォリオを構築し，運用成績を計測する道具として，64 ビット・オペレーティングシステムの下，Intel(R) Core(TM) i7-4960X CPU 3.60GHz 6 Cores 12 Threads での MATLAB が提供する計算環境を利用する．

　四半期ごとのモデル推定に並行して，12 セクターの月次リターン，株式市場平均の月次リターンおよび無リスク金利（非年率化）を毎月観測することにより，毎月，レジーム確率を推定する．以下では，レジームのラベリングに 6.2.3 項にて使用したルールを適用し，より高いリスクを呈するレジームに対して，より大きなレジーム番号を付与することとする．ここで高いリスクとは，全セクターの分散の総和である．

　最適ポートフォリオを計算する上で必要となる執行コスト係数行列 B_i に関して，通常，執行コストを観測することは容易ではない．ここでは，Grinold and Kahn(1999) などの先行研究が指摘する，執行コストが投資対象のリターンのばらつきに依存性をもつ性質を適用する．表 6.4 が示すように，株式市場平均に対するベータ調整済みの各セクターの超過リターンの分散はレジーム依存性を呈する．本章の実証分析では，1 レジーム・モデルにおいて，$B = 0.01I$ とし，2 レジーム・モデルでは，$B_1 = 0.007I$，および $B_2 = 0.015I$，3 レジー

6.2 セクター・ローテーション戦略への適用例	169

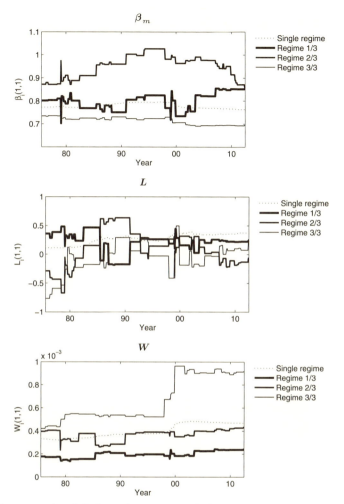

図 6.6　3 レジームおよび 1 レジーム・モデルにおける NoDur セクターのパラメタ推移：β_m，NoDur のファクター・ローディング L，および分散 W（アウト・オブ・サンプル期間：1976/07-2013/06）

ム・モデルでは，$B_1 = B_2 = 0.007I$，および $B_3 = 0.015I$ とする．ここで，I は，$N \times N$ の単位行列である．

　最適ポートフォリオの投資成績を評価する上で，実現する執行コストは前提とする執行コストとは必ずしも一致しないため，執行コストの扱い方には，いかなる方法を適用しても何らかの課題が残る．この執行コストのもつ曖昧さを

170   6. 金融経済危機に対応する投資戦略

表 6.7 最適ポートフォリオの投資パフォーマンス（アウト・オブ・サンプル期間：
1976/07-2013/06）

執行コスト	モデル	ドル・リターン	ドル・ボラティリティ	シャープ・レシオ
執行コスト差引き前	1 レジーム・モデル	0.44	1.81	0.24
執行コスト	2 レジーム・モデル	0.97	2.30	0.42
	3 レジーム・モデル	1.74	2.32	0.75
完全予見	1 レジーム・モデル	0.34	1.81	0.19
	2 レジーム・モデル	0.73	2.30	0.32
	3 レジーム・モデル	1.40	2.32	0.60
線形	1 レジーム・モデル	0.17	1.81	0.09
	2 レジーム・モデル	0.57	2.30	0.25
	3 レジーム・モデル	1.22	2.32	0.53
二次	1 レジーム・モデル	0.36	1.81	0.20
	2 レジーム・モデル	0.81	2.30	0.35
	3 レジーム・モデル	1.48	2.31	0.64

月次データの年率化.

念頭におき，3つのタイプの執行コストを適用することとする．最初のタイプ
は，執行コストとして B_i 所与の下で式 (6.2) の第3項を $\Delta x^{*\top}(t)B_i\Delta x^{*\top}/2$
とおく．2つめのタイプは，執行コストが各セクターの実現トータル・リター
ンに依存する変数として，$(0.0025 + 0.1\,|r(t)|)^{\top}|\Delta x^*(t)|$ とする．この設定で
は，固定コストとしての 25 ベーシス・ポイントに加えて，変動コストとして各
セクターのリターンの絶対値に対して 10%が発生するものとする．3つめの設
定では，上記2つを合成して，$(0.0025 + 0.1|r(t)|)\Delta x^{*\top}(t)\Delta x^*(t)/2$ とする．
表 6.7 では，1つめの設定を完全予測，2つめを線形，および3つめは二次とし
て表示する．空売りにかかるコストあるいはセクター ETF のファンド内で発
生するコストは勘案しない.

平均分散の枠組みにおいては，投資家はリスク回避度を選定しなければなら
ない．6.2.6 項および 6.2.7 項に示す実証においては，すべてのケースを通じ
て $\lambda = 1$ とする．λ をすべてのレジーム数のモデルおよび時間軸上で一定とす
る目的は，特定のモデルに対して意図しない有利不利の違いを回避してモデル
間の結果を比較するためである．6.2.6 項において，各セクターのリターン予
測性に強いレジーム依存性が認められることから，6.2.8 項では，λ にレジー
ム依存性を認める拡張を行う.

6.2.6 レジーム数の増加によるパフォーマンス向上

本項では，レジーム数の違いおよび執行コストのタイプによる投資パフォー

マンスの比較を行う．表 6.7 には，1 レジーム，2 レジームおよび 3 レジームの各モデルの投資パフォーマンスとして，アウト・オブ・サンプル期間におけるリターン，ボラティリティおよびシャープ・レシオを示す．いずれも初期ポートフォリオは 0 である．

1.3.5 項で前述の通り，平均分散から二次の執行コストを差し引く効用を最大化することによって最適ポートフォリオの算出する．一方，最適ポートフォリオによる投資パフォーマンスの評価においては，執行コストの実現値として 3 つのタイプを想定し，グロス・リターンから差し引くこととする．

対照実験として，表 6.7 のそれぞれの上段には，執行コストを差し引く前の投資パフォーマンスを表示する．執行コストの実現値の如何によらず，レジーム数の増加に伴い，リターンとボラティリティが増大することがわかる．執行コストの不確実性に関して，レジーム依存性を認めるモデルが呈する投資パフォーマンスの頑強性を確認することができる．レジーム数に増加に伴って，リターン増大が加速する一方，ボラティリティの増加は減速するため，シャープ・レシオが向上する．6.2.3 項ではレジーム数の増加に伴って，イン・サンプル全期間を対象とした AIC が改善することを確認したが，表 6.7 は，アウト・オブ・サンプル期間において，レジーム数の増加に伴って最適ポートフォリオの投資パフォーマンスが改善することを示している．一般的に，モデルの適合性とそのモデルを適用する投資パフォーマンスとの間には，それぞれが最大化する目的関数が異なるために，明示的な関係を示すことはできないが，レジーム数の増加が投資パフォーマンスの改善に寄与する事実から，双方の目的関数に類似性があることが類推される．

レジーム数の違いが投資パフォーマンスに大きな違いをもたらす理由を理解するために，図 6.7 に示すアウト・オブ・サンプル期間における 1 レジーム，2 レジームおよび 3 レジームの各モデルがもたらす累積リターン（執行コストは表 6.7 に示す二次を適用）の推移をみてみよう．1 レジーム・モデルはアウト・オブ・サンプル期間を通じて投資パフォーマンスが低迷する 2 レジーム・モデルは，1990 年代初頭までは 3 レジーム・モデルとほぼ同様の優れた投資パフォーマンスを呈するものの，1990 年代末までの数年間にわたり 3 レジーム・モデルに劣る．1998 年から 2001 年まで，再び 3 レジーム・モデルに追い付くものの，その後はアウト・オブ・サンプル期間の最終時点まで低迷が持続する

6. 金融経済危機に対応する投資戦略

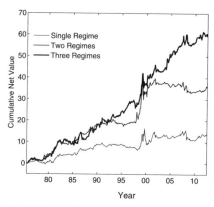

図 6.7 ポートフォリオ価値（二次執行コスト差し引き後ネット）（アウト・オブ・サンプル期間：1976/07-2013/06）

展開である．一方，3レジーム・モデルはアウト・オブ・サンプル期間を通じて，安定した良好な投資パフォーマンスを提供する．

　レジーム確率の観測結果をみると，レジーム数の違いが投資パフォーマンスに大きな違いをもたらす理由を理解することができる．図6.4および図6.5に示す2レジームおよび3レジーム・モデルのスムーズ化確率の推移を改めてみると，2レジーム・モデルでは1990年代では1998年までの期間はレジーム1/2に滞在し，3レジーム・モデルでは1980年代の中盤に既にレジーム1/3からレジーム2/3にスイッチを終えていることがわかる．このことから，市場においてスイッチしたレジームに2レジーム・モデルが追い付くことができず，予測力を落としたものと理解される．1990年代終盤から2000年代初頭にかけては，2レジーム・モデルではレジーム2/2および3レジーム・モデルではレジーム3/3を観測しており，市場が高リスクのレジームに滞在したことで一致している．この期間は，ITバブルの発生と崩壊に伴って，セクター間のリターンのバラつきが著しく増加した時期である．IT関連セクターの大幅な下落が落ち着きを取り戻した時点で，2レジーム・モデルではレジーム1/2および3レジーム・モデルではレジーム2/3を観測する状況に戻っている．

　6.2.3項で確認したように，2レジームおよび3レジーム・モデルは，ファクター・ローディング L_i と W_i とに大きな違いが認められる．L_i は2レジーム・モデルの場合，6つのセクターがモメンタムであり，1つとしてリバーサルを呈するセクターは認められない．同様に3レジーム・モデルにおける L_2

は，3つのセクターがモメンタムであり，1つとしてリバーサルを呈するセクターは認められなかった.

3レジーム・モデルの優れた投資パフォーマンスを定量的に分析するために，表6.8に，各月のフィルター化確率において最大の確率をもつレジームを対象に，それぞれのレジームに滞在した月数に関するクロス集計を示す．その結果，総月数443カ月のうち，レジーム1/2およびレジーム3/3に同時に滞在する期間がわずか8カ月，レジーム2/2およびレジーム1/3に同時に滞在する期間がわずか1カ月にとどまる．一方，レジーム2/3はレジーム1/2に241カ月とレジーム2/2に48カ月に分かれる．このことから，3レジーム・モデルにおいては，レジーム2/3が，2レジーム・モデルにおけるレジーム1/2およびレジーム2/2に属するという意味で2レジーム・モデルとは異なる．2レジーム・モデルはその限られたレジーム数が制約となり，レジーム2/3を分離判別することができず，レジーム1/2およびレジーム2/2の結合によってレジーム2/3の複製を余儀なくされているものと理解される.

同様に2レジームおよび3レジーム・モデルを対象に，グロス・リターンおよび二次執行コストにクロス集計を適用した結果を，それぞれ表6.9および表6.10に示す．表6.9のレジーム2/3を示す行に着目すると，2レジーム・モデルによる実現リターンが3レジーム・モデルに劣後しており，特にレジーム2/2において顕著である．2レジーム・モデルは3レジーム・モデルに比べて執行コ

表 6.8 クロス集計 (1)：滞在するレジームの月数分布（アウト・オブ・サンプル期間：1976/6-2013/6）

	レジーム 1/2	レジーム 2/2
レジーム 1/3	58	1
レジーム 2/3	241	48
レジーム 3/3	8	87

フィルター化確率が最大値のレジームを滞在するレジームと定義する.

表 6.9 クロス集計 (2)：グロス・リターン実現値の平均値（アウト・オブ・サンプル期間：1976/6-2013/6）

	2 レジーム・モデルによる		3 レジーム・モデルによる	
	レジーム 1/2	レジーム 2/2	レジーム 1/2	レジーム 2/2
レジーム 1/3	0.106	0.501	0.078	0.286
レジーム 2/3	0.093	0.003	0.186	0.173
レジーム 3/3	0.129	0.170	0.349	0.155

表 6.10 クロス集計 (3)：執行コスト実現値の平均値（アウト・オブ・サンプル期間：1976/6-2013/6）

	2 レジーム・モデルによる		3 レジーム・モデルによる	
	レジーム 1/2	レジーム 2/2	レジーム 1/2	レジーム 2/2
レジーム 1/3	0.0115	0.0155	0.0231	0.0349
レジーム 2/3	0.0149	0.0196	0.0276	0.0302
レジーム 3/3	0.0272	0.0404	0.0339	0.0529

上記の数値は表 6.7 の二次執行コストを対象としたもの．

スト負担量が小さいことを表 6.10 が示している．このことから，投資パフォーマンスを比較する上で，執行コストよりもリターン予測能力がより重要であることがわかる．以上から，2 レジーム・モデルの限られたレジーム数では，市場におけるレジーム・スイッチを捉えきれていないことが，3 レジーム・モデルが 2 レジーム・モデルよりも優れた投資パフォーマンスをもたらす背景であると考えられる．3 レジーム・モデルは，推定対象期間の開始時点を固定しつつ，86 年以上の間にわたって，市場において発生するレジーム・スイッチをとらえ続けていたものと考えられる．

多変量の枠組みにおける市場ベータ，ファクター・ローディングおよび予測不能なノイズを通じて，3 つのモデルが構造変化をとらえる状況を把握するために，赤池情報量基準を用いて，それぞれのモデルの適合度合いに着目する．図 6.8 は，2 レジームおよび 3 レジーム・モデルの AIC と 1 レジーム・モデルの AIC との差の散布図である．両軸上の負値は，2 レジームおよび 3 レジーム・モデルが 1 レジーム・モデルに比べて，より良い適合であることを現す．例外

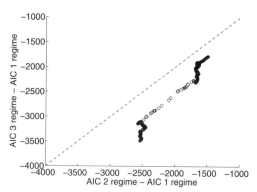

図 6.8 2 レジームおよび 3 レジーム・モデルの AIC と 1 レジーム・モデルの AIC との差：AIC 比較（アウト・オブ・サンプル期間：1976/06-2013/06）

なくすべてのプロットが 45° 線よりも下方に位置しており，レジーム数が増加することによって適合性が改善することを示す．すなわち，式 (6.17) および式 (6.18) においてモデル化するレジームの想定によって，アウト・オブ・サンプル期間におけるセクター・ローテーション戦略において付加価値をもたらすと考えられる．

6.2.7 復活する正規分布

式 (6.17) および式 (6.18) に示すモデルによる多変量のセクター・リターン予測において，予測できないノイズ $u_i(t)$ が正規分布に従うとの前提を置く．仮に，実際の残差がこの前提を満たさない場合，推定されるモデル・パラメタはバイアスを受け，その結果，セクター・リターン予測値は誤ったものとなる．表 6.11 は，アウト・オブ・サンプル期間における $u_i(t)$ が正規分布に従うか否かについて，Jarque-Bera 検定による検証結果を示す．

1 レジーム・モデルにおいては，12 セクター中，1 つも正規分布に従うセクターが無いことがわかる．これは驚くべきことではなく，多くの先行研究が金融時系列にはその分布がファット・テールを呈することを報告しており，実際に投資家は極端に低いリターンである左側のテール発生時に苛まされる．2 レジーム・モデルにおいては，レジーム 1/2 においては 8 セクターで大幅に非正規性が緩和され，レジーム 2/2 では 7 セクターでは正規分布が棄却されない．また，3 レジーム・モデルにおいてはさらに非正規性が緩和され，レジーム 3/3 ではことさら顕著である．レジーム数の増加により推定モデルがバイアスを受ける可能性が大幅に減少することを示される．このことは，3 レジーム・モデルが他の 2 つのモデルを投資パフォーマンスにおいて凌駕する背景の 1 つと考えられる．正規分布の限界を克服するとともに，複雑な金融資産の振舞を扱うためにファイナンスの学術分野では精力的に研究が行われている．例えば，Chollette, Heinen and Valdesogo(2009) は，レジーム依存性をもつコピュラに

表 6.11 Jarque-Bera 検定（アウト・オブ・サンプル期間：1976/6-2013/6）

1 レジーム	2 レジーム		3 レジーム		
レジーム 1/1	レジーム 1/2	レジーム 2/2	レジーム 1/3	レジーム 2/3	レジーム 3/3
0	8	7	8	9	10

上記の数値は，全 12 セクター中，有意水準 5% において残差分布の正規性が棄却されないセクター数を示す．

表 6.12　平均二乗誤差（RMSE）（アウト・オブ・サンプル期間：1976/6-2013/6）

| | 1 レジーム | 2 レジーム | | | 3 レジーム | | | |
	レジーム 1/1	レジーム 1/2	レジーム 2/2	全期間	レジーム 1/3	レジーム 2/3	レジーム 3/3	全期間
NoDur	.0257	.0199	.0342	.0252	.0158	.0207	.0380	.0250
Durbl	.0416	.0304	.0599	.0417	.0260	.0331	.0632	.0407
Manuf	.0215	.0155	.0318	.0218	.0136	.0169	.0360	.0221
Enrgy	.0437	.0348	.0592	.0438	.0302	.0386	.0609	.0435
Chems	.0260	.0177	.0383	.0258	.0150	.0193	.0431	.0259
BusEq	.0353	.0286	.0457	.0347	.0264	.0289	.0516	.0348
Telcm	.0336	.0279	.0453	.0342	.0235	.0275	.0519	.0338
Utils	.0378	.0283	.0539	.0380	.0241	.0280	.0607	.0371
Shops	.0267	.0234	.0319	.0263	.0227	.0240	.0347	.0265
Hlth	.0314	.0253	.0412	.0311	.0289	.0259	.0436	.0310
Money	.0284	.0189	.0414	.0278	.0169	.0218	.0463	.0285
Other	.0191	.0172	.0232	.0193	.0143	.0175	.0273	.0197

よるバリュー・アット・リスク（VaR）下での米国を除くグローバルなポートフォリオに対するリスク管理を提唱する．一方，本項が報告する分析結果は，レジーム・スイッチを認めることにより，正規分布の適合性があることを示唆するものである．セクター・ローテーション戦略における付加価値は，式 (6.17) および式 (6.18) に定式化するレジーム・スイッチにより，誤ったモデルを回避することによって得られるものであることを確認する．

　次にセクター・リターン予測力のレジーム数の違いによる格差を理解するために，各モデルの適合度を把握する．全 12 セクター間の比較および 3 レジーム・モデルにおいて，各レジームの滞在期間別および全期間との比較の観点から，表 6.12 にリターン予測値のもつ平均二乗誤差（RMSE）を示す．2 レジームおよび 3 レジーム・モデルを通じて例外なく，高リスク・レジームにおいては RMSE がより高値を呈する．これは，単に高リスク・レジームではセクター・リターンが高リスクであることのみならず，予測誤差が大きいことにも由来する．また，レジーム数の増加に伴い，RMSE が低下することにも着目する．

6.2.8　レジーム依存する投資家のリスク回避度

　6.2.7 項では，多レジーム・モデルがレジーム・スイッチを認めない 1 レジーム・モデルに比べて，優れた投資パフォーマンスをもたらしうることを明らかにするとともに，多レジーム・モデルにおけるレジーム間の予測精度の差をもたらす源泉とその背景を吟味した．平均・分散効用の下では，これら知見は必ずしも悪いニュースではなく，投資家がリスク回避的である場合には，むしろ良いニュースとなる．本項では，高リスク・レジームが予測される場合におい

表6.13 レジーム依存のリスク回避係数λの下における最適ポートフォリオのパフォーマンス（アウト・オブ・サンプル期間：1976/07-2013/06）

Model	λ	グロス・ドル・リターン ($)	ネット・ドル・リターン ($)	ドル・ボラティリティ ($)	グロス・シャープ・レシオ	ネット・シャープ・レシオ	最大深度 ドル・ドローダウン ($)（発生時期）	最長期間 ドル・ドローダウン（月数）（始点:終点）
1 レジーム・モデル	1	0.44	0.37	1.81	0.24	0.20	7.49 (01/01)	154 (00/08:現在)
2 レジーム・モデル λ₁/λ₂	1/1	0.97	0.81	2.30	0.42	0.35	8.00 (00/05)	129 (02/09:現在)
	1/1.5	0.93	0.79	1.99	0.47	0.39	6.51 (00/05)	129 (02/09:現在)
	1/2	0.88	0.74	1.76	0.50	0.42	5.41 (00/05)	129 (02/09:現在)
	1/3	0.78	0.66	1.44	0.54	0.46	3.93 (00/05)	129 (02/09:現在)
	1/5	0.64	0.53	1.09	0.59	0.48	2.42 (00/05)	129 (02/09:現在)
	1/10	0.48	0.37	0.74	0.64	0.50	1.74 (10/02)	106 (04/08:現在)
	1/50	0.20	0.14	0.31	0.67	0.46	0.82 (10/02)	99 (05/03:現在)
	1/100	0.13	0.09	0.20	0.65	0.45	0.48 (10/02)	71 (07/07:現在)
3 レジーム・モデル λ₁/λ₂/λ₃	1/1/1	1.74	1.48	2.32	0.75	0.64	5.25 (00/05)	32 (09/02:11/10)
	1/1/1.5	1.67	1.42	2.06	0.82	0.69	4.07 (00/05)	29 (09/02:11/07)
	1/1/2	1.61	1.36	1.88	0.85	0.72	3.46 (08/09)	35 (08/06:11/05)
	1/1/3	1.49	1.25	1.67	0.90	0.75	3.32 (08/09)	32 (08/06:11/02)
	1/1/5	1.32	1.08	1.45	0.92	0.75	3.12 (08/10)	32 (08/06:11/02)
	1/1/10	1.10	0.86	1.22	0.91	0.71	2.92 (08/10)	32 (08/06:11/02)
	1/1/50	0.67	0.47	0.77	0.89	0.61	2.04 (98/10)	77 (98/05:04/10)
	1/1/100	0.49	0.33	0.59	0.86	0.56	1.89 (98/10)	80 (98/05:04/10)

月次データによる非年率化.

て投資家はよりリスク回避的となる前提をとることとする．すなわち，モデル・パラメタと同様，リスク回避係数 λ_i もレジーム依存性を認めることとする．ここで i は，1 時点将来のレジームに関する予測を表す．この設定の下，最適ポートフォリオ式 (6.3) においては，λ をその条件付き期待値 $\sum_j \widehat{q}_j(t+1)\lambda_j$ と置き換える．ここで $\widehat{q}_j(t+1)$ は，1 時点将来 $t+1$ においてレジームが j である確率を表す．$\widehat{q}_j(t+1)$ の計算については式 (6.10) で与えられる．

表 6.13 は，2 レジーム・モデルにおいてレジーム 2/2 が予測された時点で，また，3 レジーム・モデルにおいてレジーム 3/3 が予測された時点で，リスク回避係数をより高く設定する場合の投資パフォーマンスを比較する．ただし，2 レジーム・モデルでのレジーム 1/2，また，3 レジーム・モデルにおいてはレジーム 1/3 および 2/3 が予測された時点でのリスク回避係数は 1 を維持する．多レジーム・モデルの全ケースで，予測された時点でリスク回避係数として 2 レジーム・モデルでは $\lambda_2 = 10$，また，3 レジーム・モデルでは $\lambda_3 = 3$ および 5 を選択する場合に，ネットのシャープ・レシオが最大となる．最大ドローダウンは，3 レジーム・モデルでは $\lambda_3 = 1$ に維持した場合の 5.25 に比べて，$\lambda_3 = 3$ では 3.32，また，$\lambda_3 = 5$ では 3.12 まで緩和される．

図 6.9 は，表 6.13 中の一例として，投資家が高リスク・レジームが予測された時点で，リスク回避係数として，2 レジーム・モデルでは $\lambda_2 = 5$，また，3 レ

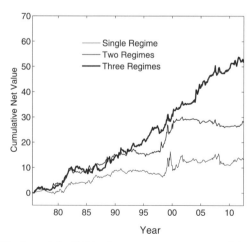

図 6.9　最適ポートフォリオの累積ネット・パフォーマンス：レジーム依存のリスク回避係数および実現二次執行コスト（アウト・オブ・サンプル期間：1976/07-2013/06）

ジーム・モデルでは $\lambda_3 = 5$ を選択する場合を抽出し，投資パフォーマンスの累積値を図示する．投資家が常に $\lambda_2 = 1$ を維持する図 6.7 と比較すると，投資家のリスク回避係数がレジーム依存である場合の方が，レジームに無関心な場合よりも優れた投資パフォーマンスをもたらすことがわかる．近年，クレジット危機などにより，多くの投資家やポートフォリオ・マネージャーらが甚大な損失を被った中において，図 6.9 は，リスク回避係数選択を通じたレジーム・スイッチに基づくリスク回避行動が，より安定的な投資パフォーマンスをもたらす可能性を示唆する結果を示すものである．

6.3　ま　と　め

　以上より，前述の先行研究に対して，本章は以下に示すいくつかの新たな知見を提供する．

レジーム・スイッチをとらえるファクターによる投資戦略

- 1927 年から 2013 年までの長期間にわたり，株式セクターモメンタムにレジーム依存性が認められること
- そのレジームが 2 レジームおよび 3 レジームの間を遷移していたこと
- 分離された各レジームは，株式セクター間の収益率の分散共分散によって，高リスク・レジームとそれ以外となっていること
- モメンタムは低リスク・レジームにおいて顕著な効果が認められる一方，高リスク・レジームではむしろリバーサルとなっていること
- 3 レジーム・モデルでは 86 年間の分析期間において，1980 年代初頭の米国における金融と財政のレジームシフトが第 2 番目に重要なイベントであったこと
- 1976 年から 2013 年までのアウト・オブ・サンプル期間でのポートフォリオ最適化において優れた投資成績が認められること
- 3 レジーム・モデルによって優れた投資成績が得られる理由が，レジーム・スイッチ導入による正規分布の回復が背景であることが正規性検定の結果として明らかとなること
- 投資家のリスク回避度がレジーム依存である場合，投資パフォーマン

スにおける最大ドローダウン*2) の緩和を含むさらなる改善をもたらすこと

資産運用におけるレジーム・スイッチの枠組み利用の進展を受け，本節では，Moskowitz and Grinblatt(1999) などによるセクター・モメンタムを，執行コストを支払う1期間の平均・分散効用最大化による最適ポートフォリオ戦略に拡張した．本章が提供する知見は実証が中心であり，ヘッジファンドからオルタナティブ・リスク・プレミアムを含む多くの投資家の関心の対象足り得るものと考える．

86年間にわたる長い月次データを対象としたイン・サンプル分析および，37年間にわたるアウト・オブ・サンプル期間における投資パフォーマンスの結果から，12セクターのリターンが呈するモメンタムはレジーム依存であり，3レジーム・モデルが一貫して他のモデルをアウトパフォームする事実を報告するものである．この事実は，Daniel and Moskowitz(2013) が指摘する高リスク期間において困難な状態に陥る多くの古典的なモデルを凌駕するものである．

過去に1つとして全く同じマーケットを経験することができない複雑な市場環境の下で投資判断を下すことは容易なことではない．単純かつ無駄のないレジーム・スイッチを想定するモデルに基づくポートフォリオ構築によって，投資対象が呈するリターン特性の不連続で大幅な変化に対応することが十分可能であることが，本章が提供する興味ある知見である．

最後に，本章が提供する知見の克服すべきいくつかの限界を指摘しよう．

課題

- まず第1番目として，イン・サンプルでのデータ適合性およびアウト・オブ・サンプル期間における投資パフォーマンス改善のメカニズムを明らかにできる一方，レジーム・スイッチをもたらす本源的な構造については，完全な説明を提供し得ていない．
- 第2番目には，投資対象資産数およびレジーム数の増加に伴って不可避となるモデル・パラメタの加速度的な増大に伴う次元の呪いを克服

---
*2) 資産が生成するリターンの累積が過去の最大値からどの程度下落したかを表す．

しきれているものではなく，モデル推定における不安定性に留意する必要がある．これらの課題が完全に解決までには依然として十分長い期間を要する可能性がある．

- 第3番目には，1つの拡張として，市場データあるいはマクロ経済データなどを外部変数とするマルコフ・スイッチング・ロジスティック関数によるレジームの推移確率の時変性の許容を挙げる．このことにより，レジーム・スイッチをもたらす本源的な構造の解明に迫る可能性があろう．

- 第4番目には，さらなる継続すべき課題克服として，特に実務的観点からは，レジーム・スイッチ依存性を許容しつつ，多期間における最適解の解析的導出，および，一般的な投資制約条件の導入，例えば，空売り制約条件あるいは自己充足 (借入制約) 条件の下での多期間最適化といった高度かつ実務的なポートフォリオ導出である．前者については確率制御理論による準解析解導出を Komatsu and Makimoto(2015) に，後者については二次錐計画問題を用いた数理計画アプローチを Komatsu and Makimoto(2018) に，それぞれ活路の一例が見出されており，これらの課題克服が，巨額の資産運用にとって特に意義深いダイナミック (動的) な投資意思決定に，さらなる有益な知見をもたらすであろう．

参 考 文 献

1) M. Ammann and M. Verhofen, (2006), "The Effect of Market Regimes on Style Allocation," *Financial Markets and Portfolio Management*, 20(3), 309–337.
http://www.fbv.kit.edu/symposium/10th/papers/Verhofen%20-%20The%
20Effect%20of%20Market%20Regimes%20on%20Style%20Allocation.pdf.

2) A. Ang and G. Bekaert, (2002), "International Asset Allocation with Regime Shifts," *The Review of Financial Studies*, 15(4), 1137–1187.
https://pdfs.semanticscholar.org/612c/bc221f88e243751b355dbb18d7a0482f7ad1.pdf.

3) A. Ang and G. Bekaert, (2004), "How Do Regime Shifts Affect Asset Allocation?" *Financial Analysts Journal*, 60(2), 86–99.
https://pdfs.semanticscholar.org/4b6a/506fbf82032a420a39249cfd995ed2818897.pdf.

4) A. Ang, R. Hodrick, Y. Xing and X. Zhang, (2006), "The Cross-Section of Volatility and Expected Returns," *The Journal of Finance*, 61(1), 259–299.
http://www.nber.org/papers/w10852.pdf.

5) A. Ang, R. Hodrick, Y. Xing and X. Zhang (2009), "High Idiosyncratic Volatility and Low Returns: International and Further U.S. Evidence," *The Journal of Financial Economics*, 91(1), 1–23.
http://www.nber.org/papers/w13739.pdf.

6) C. Asness, J. Liew and R. Stevens, (1997), "Parallels between the Cross-Sectional Predictability of Stock and Country Returns," *The Journal of Portfolio Management*, 23(3), 79–87.
https://www.google.co.jp/search?q=Parallels+Between+the+Cross-Sectional
+Predictability+of+Stock+and+Country+Return&oq=Parallels+Between
+the+Cross-Sectional+Predictability+of+Stock+and+Country+Returns
&aqs=chrome..69i57j0.823j0j4&sourceid=chrome&ie=UTF-8.

7) C. Asness, A. Frazzini, and L. Pedersen, (2012), "Leverage Aversion and Risk Parity," *Financial Analysts Journal*, 68(1), 47–59.
https://www.cfapubs.org/doi/pdf/10.2469/faj.v68.n1.1.

8) C. Asness, T. Moskowitz and L. Pedersen, (2013), "Value and Momentum Everywhere," *The Journal of Finance*, 68(3), 929–985.
http://pages.stern.nyu.edu/ lpederse/papers/ValMomEverywhere.pdf.

9) N. Baker and R. Haugen (2012), *"Low Risk Stocks Outperform within All Observable Markets of the World."*
http://papers.ssrn.com/sol3/papers.cfm?abstract_id=2055431.

参 考 文 献　　　　183

10) R. Bansal and H. Zhou, (2002), "Term Structure of Interest Rates with Regime Shifts," *The Journal of Finance Research Letters*, 57(5), 1997–2035.
https://www.lowvolatilitystocks.com/wp-content/uploads/Low_Risk_Stocks_Outperform.pdf.

11) B. Bernanke, (1983), "Irreversibility, Uncertainty, and Cyclical Investment," *The Quarterly Journal of Economics*, 98, 85–106.
http://www.nber.org/papers/w0502.pdf.

12) C. Bishop, (2006), *"Pattern Recognition and Machine Learning"*, Springer-Verlag New York, LLC.

13) F. Black, (1972), "Capital Market Equilibrium with Restricted Borrowing," *The Journal of Business*, 45(3), 444–455.
http://www.stat.ucla.edu/ñchristo/statistics_c183_c283/fischer_black_trace_out.pdf.

14) F. Black, M. Jensen and M. Scholes, (1972), "The Capital Asset Pricing Model, Some Empirical Tests," *Studies in the Theory of Capital Markets*, 79–121, New York, Preager.
http://www.maths.usyd.edu.au/u/UG/IM/MATH2070/r/BlackJensenScholes_StudiesInTheTheoryOfCapitalMarkets1972.pdf.

15) F. Black and R. Litterman, (1990), "Asset Allocation Combining Investor Views with Market Equilibrium," Goldman, Sachs & Co., *Fixed Income Research*, September 1990.

16) F. Black and R. Litterman, (1991a), "Asset Allocation Combining Investor Views with Market Equilibrium," *Journal of Fixed Income*, 1(2), 7–18.

17) F. Black and R. Litterman, (1991b), "Global Asset Allocation With Equities, Bonds, and Currencies," Goldman, Sachs & Co., *Fixed Income Research*, October 1991.
http://globalriskguard.com/resources/assetman/assetall_0003.pdf.

18) F. Black and R. Litterman, (1992), "Global Portfolio Optimization," *Financial Analysts Journal*, 48(5), 28–43.
https://www.cfapubs.org/doi/pdf/10.2469/faj.v48.n5.28.

19) M. Brennan, (1993), "Agency and Asset Pricing," *UCLA: Finance Working Paper* no. 6–93.
https://cloudfront.escholarship.org/dist/prd/content/qt53k014sd/qt53k014sd.pdf?t=krnrv7.

20) R. Brooks, R. Faff and M. Mckenzie, (1998), "Time-Varying Beta Risk of Australian Industry Portfolios: A Comparison of Modelling Techniques," *Australian Journal of Management*, 23(1), 1–22.
http://journals.sagepub.com/doi/pdf/10.1177/031289629802300101.

21) M. Brunnermeier (2014), "Asset Pricing I: Pricing Models," FIN 501 Lecture Note, Princeton University.
https://scholar.princeton.edu/sites/default/files/markus/files/fin_501_lecture_notes_2014.pdf.

22) M. Carhart, (1997), "On Persistence in Mutual Fund Performance," *The Journal of Finance*, 52(1), 57–82.
https://onlinelibrary.wiley.com/doi/epdf/10.1111/j.1540-6261.1997.tb03808.x.

23) K. Chan, A. Hameed, and A. Tong, (2000), "Profitability of Momentum Strategies in

184　　　　　　　　　参 考 文 献

the International Equity Markets," *Journal of Financial and Quantitative Analysis*, 35(2), 153–172.

https://www.cfapubs.org/doi/pdf/10.2469/dig.v31.n1.815.

24) A. Chekhlov, S. Uryasev and M. Zabarankin, (2003), "Portfolio Optimization with Drawdown Constraints," *Research Report* 2000-5, University of Florida.

http://www.ise.ufl.edu/uryasev/files/2011/11/drawdown.pdf.

25) L. Chollete, A. Heinen and A. Valdesogo, (2009), "Modelling International Financial Returns with a Multivariate Regime-switching Copula," *Journal of Financial Econometrics*, 7(4), 437–480.

26) T. Chordia and L. Shivakumar, (2002), "Momentum, Business Cycle, and Time-varying Expected Returns," *The Journal of Finance*, 57(2), 985–1019.

http://citeseerx.ist.psu.edu/viewdoc/download?doi=10.1.1.199.5386&rep=rep1&type
=pdf.

27) P. Coggi and B. Manescu, (2004), "A Multifactor Model of Stock Returns with Stochastic Regime Switching," *Economics Discussion Paper* No. 2004-1, University of St. Gallen.

28) L. Cohen and A. Frazzini, (2008), "Economic Links and Predictable Returns," *The Journal of Finance*, 63(4), 1977–2011.

29) J.-H. Cremers, M. Kritzman and S. Page, (2005), "Optimal Hedge Fund Allocations," *The Journal of Portfolio Mahagement*, 31(3), 70–81.

https://www.cfapubs.org/doi/pdf/10.2469/dig.v35.n4.1753.

30) K. Daniel and T. Moskowitz, (2016), "Momentum Crashes," *Journal of Financial Economics*, 122, 221–247.

https://ac.els-cdn.com/S0304405X16301490/1-s2.0-S0304405X16301490-main.pdf?
_tid=efcdce59-3a23-4c57-8c4f-ef8cec0d6cdc&acdnat=1525608945
_43c2f3a6f87772e714abfa138dafacc9.

31) C. Do, (2008), "The Multivariate Gaussian Distribution," Stanford University, Lecture Note CS229.

http://cs229.stanford.edu/section/gaussians.pdf.

32) T. Eraker, I. Shaliastovich and I. Wang, (2012), "Durable Goods, Inflation Risk and the Equilibrium Asset Prices," *AFA 2013 San Diego Meetings*.

https://pdfs.semanticscholar.org/64fa/4631616249a416f5a5524a20b082beea352e.pdf.

33) E. Fama and K. French, (1992), "The Cross-Section of Expected Stock Returns," *The Journal of Finance*, 47(2), 427–465.

https://www.ivey.uwo.ca/cmsmedia/3775518/the_cross-section_of_expected_stock
_returns.pdf.

34) E. Fama and K. French, (1993), "Common Risk Factors in the Returns on Stocks and Bonds," *Journal of Financial Economics*, 33, 3–36.

http://citeseerx.ist.psu.edu/viewdoc/download?doi=10.1.1.139.5892&rep=rep1&type
=pdf.

35) E. Fama and K. French, (1996), "Multifactor Explanations of Asset Pricing Anomalies," *Journal of Finance*, 51(1), 55–84.

https://www3.nd.edu/~nmark/GradMacroFinance/Fama_French_3Factor_JF.pdf.

36) T. Grifin, X. Ji and S. Martin, (2003), "Momentum Investing and Business Cycle Risk:

参 考 文 献　　　　　　185

Evidence from Pole to Pole," *The Journal of Finance*, 58(6), 2515–2547.
http://cms.sem.tsinghua.edu.cn/semcms/res_base/semcms_com_www/upload/home/
store/2008/10/29/3281.pdf

37) R. Grinold and R. Kahn, (1999), *"Active Portfolio Management"*, McGraw-Hill Professional, New York.

38) M. Guidolin and A. Timmermann, (2004), "Strategic Asset Allocation and Consumption Decisions under Multivariate Regime Switching," *SSRN Electronic Journal*, DOI: 10.2139/ssrn.613461.
http://fbe.usc.edu/seminars/papers/F_2-13-04_TIMMERMANN-saa.pdf.

39) M. Guidolin and A. Timmermann, (2008a), "Size and Value Anomalies under Regime Shifts," *Journal of Financial Econometrics*, 6, 1–48.
http://econweb.ucsd.edu/ atimmerm/sizeval.pdf.

40) M. Guirguis, M. Theodore and M. Suen, (2012), "Timing the Value Style Index in a Markov Regime-Switching Model," *Journal of Investment Management*, 10(1), 52–64.

41) B. Hagströmer and J. Binner, (2009), "Stock Portfolio Selection with Full-Scale Optimization and Differential Evolution," *Applied Financail Economics*, 19, 1559–1571.

42) J. Hamilton, (1988), "A Neoclassical Model of Unemployment and the Business Cycle," *Journal of Political Economy*, 96(3), 593–617.

43) J. Hamilton, (1989), "A New Approach to the Economic Analysis of Nonstationary Time Series and the Business Cycle," *Econometrica*, 57(2), 357–384.
http://citeseerx.ist.psu.edu/viewdoc/download;jsessionid=
B0DE2E70C9B2991F1802E26C111D5C89?doi=10.1.1.397.3582&rep=rep1&type=pdf.

44) J. Hamilton, (1990), "Analysis of Time Series Subject to Changes in Regime," *Journal of Econometrics*, 45, 39–70.

45) J. Hamilton, (1994), *"Time Series Analysis,"* Princeton University Press, New Jersey.

46) R. Haugen and N. Baker, (1991), "The Efficient Market Inefficiency of Capitalization-Weighted Stock Portfolios," *Journal of Portfolio Management*, 17, 35–40.
http://www.efalken.com/LowVolClassics/HaugenBaker991.pdf.

47) R. Jagannathan and T. Ma, (2003), "Risk Reduction in Large Portfolios: Why Imposing the Wrong Constraints Helps," *Journal of Finance*, 58, 1651–1684.
http://www.nber.org/papers/w8922.pdf.

48) N. Jagadeesh, (1990), "Evidence of Predictable Behavior of Security Returns," *The Journal of Finance*, 45(3), 881–898.

49) N. Jagadeesh and S. Titman, (1993), "Returns to Buying Winners and Selling Losers: Implications for Stock Market Efficiency," *The Journal of Finance*, 48(1), 65–91.
http://www.business.unr.edu/faculty/liuc/files/BADM742/Jegadeesh_Titman
_1993.pdf.

50) C-J. Kim and C. Nelson, (1999), *"State-Space Models With Regime Switching,"* The MIT Press.

51) T. Komatsu and N. Makimoto, (2015), "Dynamic Investment Strategy with Factor Models Under Regime Switches," *Asia-Pacific Financial Markets*, 22, 209–237.

52) T. Komatsu and N. Makimoto, (2018), "Linear Rebalancing Strategy for Multi-Period Dynamic Portfolio Optimization Under Regime Switches," *The Journal of the Operations Research Society of Japan*, 61(3), 239–260.

186   参 考 文 献

53) J. Lakonishok, A. Shleifer and R. Vishny, (1994), "Contrarian Investment, Extrapolation, and Risk," *The Journal of Finance*, 49(5), 1541–1578.
     http://www.nber.org/papers/w4360.pdf.
54) K. Lee and S. Ni (2002), "On the Dynamic Effects of Oil Price Shocks : A Study Using Industry Level Data," *Journal of Monetary Economics*, 49, 823–852.
55) B. Lehmann, (1990), "Fads, Martingale, and Market Efficiency," *The Quarterly Journal of Economics*, 105, 1–28.
     http://www.nber.org/papers/w2533.pdf.
56) J. Lintner (1965), "The Valuation of Risk Assets and the Selection of Risky Investments in Stock Portfolios and Capital Budgets," *The Review of Economics and Statistics*, 47(1), 13–37.
     https://pdfs.semanticscholar.org/625f/b5f70406ac8dbd954d1105bd8e725d9254d9.pdf.
57) P. Liu, K. Xu and Y. Zhao, (2010), "Market Regimes. Sectorial Investments, and Time-Varying Risk Premiums," *International Journal of Managerial Finance*, 7(2), 107–133.
     https://www.mathstat.dal.ca/~kuan/RegimeSwitchingSectorETF.pdf.
58) D. Madan and J.-Y. Yen, (2008), "Asset Allocation with Multivariate Non-Gaussian Returns," *Handbooks in Operations Research and Management Science*, 15, 949–969.
59) H. Markowitz, (1952), "Portfolio Selection," *The Journal of Finance*, 7(1), 77–91.
60) L. Menzly and O. Ozbas, (2006), "Cross-Industry Momentum," *Working Paper Series*, AFA 2005 Philadelphia Meetings, American Finance Association,
     https://pdfs.semanticscholar.org/3668/c4a74378b47c1b62ab6a432f07f1d5d40f73.pdf.
61) T. Moskowitz and M. Grinblatt, (1999), "Do Industries Explain Momentum?" *The Journal of Finance*, 54(4), 1249–1290.
     http://faculty.som.yale.edu/Tobiasmoskowitz/documents/DoIndustriesExplain
     Momentum.pdf.
62) J. Nalewaik, (2007), "Estimating Probabilities of Recession in Real Time Using GDP and GDI," *Finance and Economics Discussion Series*, Divisions of Research & Statistics and Monetary Affairs Federal Reserve Board, Washington, D.C..
     https://www.federalreserve.gov/pubs/feds/2007/200707/200707pap.pdf.
63) B. Nieto, S. Orbe and A. Zarraga, (2014), "Time-Varying Market Beta: Does the Estimation Methodology Matter?," *SORT*, 38(1), 13–42.
     https://upcommons.upc.edu/bitstream/handle/2117/88929/
     38.1.2.nieto-etal.pdf.
64) K. Price, R. Storn and J. Lampinen, (2005), *Differential Evolution: A Practical Approach to Global Optimization (Natural Computing Series)*, XIX, Springer, New Jersey.
65) R. Rockafellar, and S. Uryasev, (2000), "Optimization of Conditional Value-at-Risk," *Journal of Risk*, 2, 21–41.
     http://www.ise.ufl.edu/uryasev/files/2011/11/CVaR1_JOR.pdf.
66) R. Rockafellar and S. Uryasev, (2002), "Conditional Value-at-Risk for General Loss Distributions," *Journal of Banking & Finance*, 26, 1443–1471.
     http://www.ise.ufl.edu/uryasev/files/2011/11/cvar2_jbf.pdf
67) S. Ross, (1976), "The Arbitrage Theory of Capital Asset Pricing," *Journal of Eco-

nomic Theory, 13, 341–360.

https://www.top1000funds.com/wp-content/uploads/2014/05/The-Arbitrage-Theory-of-Capital-Asset-Pricing.pdf.

68) K. Rouwenhorst, (1998), "International Momentum Strategies," *The Journal of Finance*, 53(1), 267–284.

http://citeseerx.ist.psu.edu/viewdoc/download?doi=10.1.1.200.8915&rep=rep1&type=pdf.

69) S. Satchell and A. Scowcroft, (2000), "A Demystification of the Black-Litterman Model: Managing Quantitative and Traditional Construction," *Journal of Asset Management*, September, 138–150.

https://link.springer.com/content/pdf/10.1057%2Fpalgrave.jam.2240011.pdf.

70) I. Seidl, (2012), "Markowitz Versus Regime Switching: An Empirical Approach," *The Review of Finance and Banking*, 4(1), 33–43.

http://www.rfb.ase.ro/articole/articol3.pdf.

71) W. Sharpe, "Capital Asset Prices: A Theory of Market Equilibrium under Conditions of Risk," *The Journal of Finance*, 19(3), 425–442.

http://efinance.org.cn/cn/fm/Capital%20Asset%20Prices%20A%20Theory%20of%20Market%20Equilibrium%20under%20Conditions%20of%20Risk.pdf.

72) S. Stahl, (2006), "The Evolution of the Normal Distribution," *Mathematics Magazine*, 79(2), 96–113.

https://www.maa.org/sites/default/files/pdf/upload_library/22/Allendoerfer/stahl96.pdf.

73) R. Storn and K. Price, (1997), "Differential Evolution - A Simple and Efficient Heuristic for Global Optimization over Continuous Spaces," *Journal of Global Optimization*, 11, 341–359.

http://citeseerx.ist.psu.edu/viewdoc/download?doi=10.1.1.67.5398&rep=rep1&type=pdf.

74) N. Taleb, (2007), "The Black Swan: The Impact of the Highly Improbable," New York, Random House.

75) H. Theil, (1971), "*Principles of Econometrics*," New York, Wiley and Sons.

76) 廣瀬勇秀・岩永安浩, (2011), "ボラタイルな実績固有ボラティリティ," 証券アナリストジャーナル, 49(8), 80–90.

https://www.saa.or.jp/journal/prize/pdf/2011hirose.pdf.

77) 石島博・松島純之介, (2011), "レジーム・スイッチング因子分析と J-REIT 市場のリスク・ファクターの検出への応用," 統計数理, 59(1), 41–65.

http://www.ism.ac.jp/editsec/toukei/pdf/59-1-041.pdf.

78) 石部真人, (2007), "最小分散ポートフォリオ," 三菱 UFJ 信託銀行, 視点, 2017.12.

https://www.tr.mufg.jp/houjin/jutaku/pdf/c200712_2.pdf.

79) 石部真人・角田康夫・坂巻敏史, (2009), "最小分散ポートフォリオとボラティリティ効果," 証券アナリストジャーナル, 47(12), 114–127.

https://www.saa.or.jp/journal/eachtitle/pdf/ronbun_091201.pdf.

80) 石部真人・角田康夫・坂巻敏史, (2011), "下方リスクと上方リスクのリスクプレミアム−ボラティリティ効果の構造分解−," 証券アナリストジャーナル, 49(6), 82–89.

https://www.saa.or.jp/journal/prize/pdf/2011ishibe.pdf.

81) 久保拓弥, (2014), "データ解析のための統計モデリング入門–一般化線形モデル・階層ベイズモデル・MCMC –," 確率と情報の科学, 岩波書店.

82) 宮崎孝史, (2016), "景気動向指数 (CI) を用いた日本の景気後退確率の推定–マルコフ・スイッチング・モデルによるアプローチ–," 日本経済研究センター, JCER Discussion Paper No.145.
https://www.jcer.or.jp/report/discussion/detail5099.html.

83) 森平爽一郎, (2014), "解題 特集コピュラ：信用リスク管理の新たな視点," 証券アナリストジャーナル, 2014.3, 2–9.
https://www.saa.or.jp/journal/eachtitle/pdf/kaidai_140301.pdf.

84) 村澤康友, (2013), "第 12 回 多変量正規分布," 大阪府立大学講義ノート.
http://www.eco.osakafu-u.ac.jp/osakafu-content/uploads/sites/9/2014/06/us-ln12.pdf.

85) 野本隆宏, (2018), "物理数学付録," 新潟大学.
http://www.eng.niigata-u.ac.jp/~nomoto/7.html.

86) 野村俊一, (2016), "カルマンフィルタ– R を使った時系列予測と状態空間モデル–," 統計学 One Point, 共立出版.

87) 大橋和彦, (2005), "レジーム・スイッチング・モデルによる J-REIT リターンの分析," 不動産証券化協会, ARES, (18), 80–90.
https://www.ares.or.jp/action/reserch/pdf/ohashi_p80_90.pdf?open=1.

88) 沖本竜義, (2014a), "経済・ファイナンスデータの計量時系列分析," 統計ライブラリー, 朝倉書店.

89) 沖本竜義, (2014b), "マルコフスイッチングモデルのマクロ経済・ファイナンスへの応用," 日本統計学会誌, 第 44 巻 (第 1 号), 137–157.
https://www.terrapub.co.jp/journals/jjssj/pdf/4401/44010137.pdf.

90) 大森孝造, (2013), "リスクパリティ・ポートフォリオと低リスク資産アノマリー," 財務省財務総合政策研究所, フィナンシャル・レビュー, 平成 25 年第 3 号 (通巻第 114 号), 35–53.
https://www.mof.go.jp/pri/publication/financial_review/fr_list6/r114/r114_03.pdf.

91) 大森裕浩・越智義道・小西貞則, (2008), "計算統計学の方法–ブートストラップ・EM アルゴリズム・MCMC –," シリーズ予測と発見の科学 5, 朝倉書店.

92) 戸坂凡展・吉羽要直, (2005), "コピュラの金融実務での具体的な活用方法の解説," 日本銀行金融研究所, 金融研究, 24(2), 115–162.
http://www.imes.boj.or.jp/japanese/kinyu/2005/kk24-b2-3.pdf.

93) 山田徹・上崎勲, (2009), "低ボラティリティ運用," 証券アナリストジャーナル, 47(6), 97–110.
https://www.saa.or.jp/journal/prize/pdf/2009yamada.pdf.

94) 山田徹・永渡学, (2010), "投資家の期待とボラティリティ・パズル," 証券アナリストジャーナル, 48(12), 47–57.
https://www.saa.or.jp/journal/prize/pdf/2010yamada.pdf.

95) 山田雄二・牧本直樹, (2008), "計算で学ぶファイナンス– MATLAB による実装–," シリーズビジネスの数理 6, 朝倉書店.

なお，上記の各リンク先では，本書執筆の時点においてインターネット上で無条件に全文を閲覧可能な状態にあり，本書中においても参照元を明記の上，本文および数式等の一部について引用対象の場合がある．また，上記の各リンク先は，例えば Working Paper 段階の版など，上記それぞれの参照元に採択・掲載となった最終版とは異なる可能性があることに留意いただきたい．

索　引

欧　文

β_i　163
BFGC 公式　109
BFGS 法　108
Black CAPM　39

Capital Market Line（CML）　28, 30
CAPM　26, 39, 45, 50, 71
CDaR　147
CVaR　147

EM 法　106, 109, 111
ES　147

Generalized Least Square（GLS）　58

HML ファクター　136

IT バブル　129, 134, 152, 165

J-REIT　129
Jarque-Bera 検定　84

LTCM 破たん　134

MCMC　120

Ordinary Least Square（OLS）　59

PAST(2,12)　155

RMSE　176

Securities Market Line（SML）　33
Size　132

t コピュラ　146
t 分布　145

Value　132

あ　行

アウト・オブ・サンプル　129, 167, 171,
　　175, 179
赤池情報量基準（AIC）　161, 171, 174
アクティブ・マネージャー　55
アジア通貨・ロシア危機　134
アフィン結合　28
アフィン変換　143
アベノミクス　129

一次収束性　107
一次のマルコフ性　90
一様分布　117, 147
一様乱数　147
一階の条件　11, 16, 31, 107, 150
1 期先予測　75, 79, 81, 101, 151
1 期先予測誤差分散　82
1 期先予測の誤差　75, 79
一般化最小二乗法（GLS）　58
遺伝子解析　124, 125
イン・サンプル　180

失われた 20 年　127

エギゾチック・ベータ　152
塩基配列　124

オイル・ショック　166
オルタナティブ・リスク・プレミアム　152

か 行

外生変数　77
外部変数　93
ガウス積分の公式　141
ガウス分布　137
確率加重平均　92
確率制御理論　181
確率密度　3
確率密度関数　83
確率密度分布　60
隠れマルコフ　109, 124
空売り制約条件　181
借入資金　46
カルバック・ライブラー・ダイバージェン
　ス　110
カルマン・ゲイン　81
カルマン・フィルター　27, 64, 68, 71, 72,
　129
観測方程式　72, 82, 91, 160
ガンベル・コピュラ　146

期待仮説　136
期待収益制約条件　41
期待収益率制約条件　40
期待ショートフォール　147
期待対数尤度関数　111
期待値　70, 73, 79
期待投資効用　19
ギブス・サンプリング法　115
逆関数法　102, 147
逆相関　106
逆変換　143
共分散　6
共分散行列　8, 143, 157
局所最適解　115
局所収束性　108
極値分布　145

均衡期待リターン　55–58, 60, 67
均衡状態　55, 68
金利期間構造　136

クレイトン・コピュラ　146
クレジット・バブル　129
クロネッカー積　95

景気後退確率　126
景気循環　126
景気判断　126

効用関数　19
効率性　10
効率的なポートフォリオ　11
誤差分散　82
誤差分散共分散　57
コーシー分布　145
コーナー・ソリューション　53
コピュラ　145–147
コレスキー分解　102, 143
混合推定　50, 57, 60, 68, 70
コンディショナル・ドローダウン　147

さ 行

最急降下法　106, 107
最小二乗法（OLS）　59
最小分散ポートフォリオ　34, 36, 37, 47
財政・金融政策シフト　166
採択率　117
裁定取引　55
最尤推定　128, 129
最尤推定量　109
最尤法　106
残差標準偏差　130
残差分散　59

時価総額加重　55
時価総額加重比率　28
時価総額加重ポートフォリオ　18, 27, 47,
　49, 55
時系列性　145
次元縮約　132

次元の呪い 181
事後確率 65, 67, 119
自己充足 (制約) 条件 16, 39, 40, 181
事後のフィルター化確率 96
事後分布 71
市場ベータ 174
市場ポートフォリオ 28, 32, 41, 55
指数型効用関数 22
指数関数 137, 142
事前確率 65, 67, 92, 119
事前のフィルター化確率 96
事前分布 71, 120
下三角行列 102, 143
執行コスト 26
執行コスト係数行列 168
資本資産価格モデル 26
資本市場線（CML） 28, 30
シミュレーション 71, 101
シャープ・レシオ 46, 49, 178
ジャンプ 89
収束性 105, 108
収束判定 117
周辺分布 77, 92, 147
主観的な情報 64
準解析解 181
準ニュートン法 83, 106, 114, 117
証券市場線（SML） 33, 42, 43, 46, 55
条件付き確率 65
条件付き確率密度 106
条件付き確率密度関数 77
条件付き期待値 79, 151, 178
条件付き共分散 80
条件付き分散 79
条件付き分散項 151
条件付き密度関数 73
詳細釣り合い条件 118
状態空間表現 72, 160
状態空間モデル 71, 72
状態変化 90
状態方程式 71, 72, 75, 160
情報レシオ 47
擾乱項 102, 149
初期状態 73
初期値依存 109, 115

初期値依存性 107
信頼区間 105
信頼度 58

推移確率 93, 94
推移確率行列 94, 106, 150, 163, 164
推定誤差の分散 73
数理計画アプローチ 181
数理モデル 101, 105
スタグフレーション 166
スマート・ベータ 34, 152

正規コピュラ 146
正規分布 23, 137
正規乱数 102, 143
成長新興国危機 152
世界経済金融危機 152
セクター ETF 159, 170
セクターモメンタム 179
セクター・ローテーション戦略 152
ゼロ金利政策 127
ゼロ・ベータ CAPM 18, 27, 39
ゼロ・ベータ最小分散ポートフォリオ 45
ゼロ・ベータ・ポートフォリオ 34, 37,
  42, 45
尖度 22, 24

相関係数 2, 6
相関崩壊 145
ソブリン危機 152

た 行

大域収束性 108
大域的の収束性 107
大域的な最大化 115
対称変量 106
対数型効用関数 22
対数尤度 83, 91, 106
滞留確率 93, 105, 129
多期間最適化 181
多変量正規分布 4, 57, 157
多峰性 115
単位行列 58

単変量正規分布　4

超一次収束　108

提案分布　117, 120
定常確率　94
定常分布　118
低ベータ効果　39, 44, 49
低ベータ・ポートフォリオ　34, 45
データセット　95
テーラー展開　20

同時確率密度　51, 82, 138, 142
同時分布　92
同時密度関数　76
独立成分分析　148
凸関数　20
凸結合　28

な　行

二次近似　22
二次効用関数　22, 23
二次執行コスト　173
二次執行コスト平均分散効用　149
二次収束　108
二次錐計画問題　181
2変量正規分布確率密度　51
ニュートン法　106, 108

ノイズ　174, 175

は　行

売買コスト　55
背反事象　66
バリアンス・ガンマ　148
バリュー・アット・リスク（VaR）　147
バリュー効果　136, 153
バリュー・スプレッド　136

ヒストリカル・ボラティリティ　87
非線形最適化　106
微分　12

ビュー・ポートフォリオ　56
標準偏差　2, 8

ファクター　45, 149
ファクター・ローディング　74, 149, 162
ファット・テール　127, 145, 146
ファマ・フレンチ・モデル　155
フィッシャー情報行列　109, 117
フィルター化確率　96, 129, 149–151, 168
フィルター化推定　73, 80
フィルタリング　81, 96
フィルトレーション　92
不偏推定量　6
ブラックマンデー　88, 134
ブラック・リターマン・モデル　27, 50,
　　56, 63, 68
フル・スケール最適化　148
分散　1, 8, 70, 73, 79
分散共分散行列　8, 63
分散減少法　106
分布関数　102

平滑化　99
平滑化確率　99–101
平均二乗誤差　176
平均分散最適　24, 50, 53, 55, 63
平均分散二次効用関数　23
米国サブプライム・ローン破たん　152
ベイズ　50
ベイズ更新　65, 67, 72
ベイズ統計　64
ベイズの定理　65
ベイズ表現　119
ベキ乗型効用関数　22
ベータ　41, 55, 163
ベータ分布　145
ヘッセ行列（Hessian）　107–109
変数変換　106, 121
ベンチマーク　56
偏微分　12

ま　行

マーコウィッツ解　25, 40, 52, 53, 55, 61,

62

マルコフ・スイッチ　27, 64, 71, 156

マルコフ・スイッチ・モデル　85, 89

マルコフ・スイッチング・ロジスティック
関数　181

マルコフ性　90, 93, 98, 124, 150

マルコフ連鎖　115

マルコフ連鎖モンテカルロ（MCMC）法
106, 114

無リスク金利　39, 43, 45–47

無リスク資産　27, 30, 39

メトロポリス法　115

モデル推定　71

モメンタム（Momentum）　132, 152

モメンタム効果　153, 154

モメンタム・ファクター　155

モンテカルロ・シミュレーション　102, 147

モンテカルロ法　115, 119

や　行

有効フロンティア　30, 36, 47

尤度　138

尤度関数　83

尤度比　118

予測誤差　73

予測値　73

ら　行

ラグランジェ関数　113

ラグランジュ乗数　11, 13, 15, 16, 31, 39, 44

ラグランジュの未定定数法　16

ランダムウォーク・モデル　74

リスク　1

リスク愛好型　22

リスク回避型　20

リスク回避係数　178

リスク回避度　63, 170

リスク資産　29, 30

リスク中立型　22

リスク・パリティ　34, 48

リスク・分散 $(r\text{-}\sigma^2)$ 平面　37

リターン　1

リターン・リスク $(r\text{-}\sigma)$ 平面　5, 47

リバーサル　179

リバース・オプティマイゼーション　63

リーマン・ショック　88, 134, 165

量的緩和　127

レジーム　149

レジーム過程　156

レジーム・スイッチ　27, 71, 85, 88

レジーム・スイッチ・モデル　64, 68, 85

レバレッジ回避　47, 48

レフト・テール　145

レフト・テール・リスク　147

ロジスティック関数　93, 106

わ　行

歪度　22, 24

監修者略歴

津田　博史 (つだ　ひろし)

1959 年	京都府に生まれる
1983 年	京都大学工学部卒業
1985 年	東京大学大学院工学系修士課程修了　工学修士
1999 年	総合研究大学院大学数物科学研究科博士課程修了
現　在	同志社大学理工学部数理システム学科教授
	日本金融・証券計量・工学学会（JAFEE）代議員，前会長
	情報・システム研究機構 統計数理研究所客員教授
	博士（学術）

著者略歴

小松　高広 (こまつ　たかひろ)

1962 年	山形県に生まれる
1985 年	筑波大学第三学群基礎工学類卒業
2016 年	筑波大学大学院ビジネス科学研究科企業科学専攻
	博士後期課程修了
	日本電気株式会社宇宙開発事業部，株式会社日興リサーチセンター
	投資工学研究所，ゴールドマン・サックス証券会社東京支店，
	筑波大学非常勤講師などを経て
現　在	ゴールドマン・サックス・アセット・マネジメント株式会社
	同志社大学嘱託講師，東京大学・同大学院非常勤講師
	日本ファイナンス学会，日本金融・証券計量・工学学会（JAFEE），
	日本オペレーションズ・リサーチ学会所属
	The Goldman Sachs Quarter Century Club 会員
	博士（経営学）

FinTech ライブラリー
最適投資戦略
ポートフォリオ・テクノロジーの理論と実践　　　定価はカバーに表示

2018 年 12 月 5 日	初版第 1 刷
2020 年 4 月 20 日	第 2 刷

監修者	津　田　博　史
著　者	小　松　高　広
発行者	朝　倉　誠　造
発行所	株式会社 朝　倉　書　店

東京都新宿区新小川町 6-29
郵 便 番 号　162-8707
電　話　03(3260)0141
ＦＡＸ　03(3260)0180
http://www.asakura.co.jp

〈検印省略〉

© 2018〈無断複写・転載を禁ず〉　　　　　　中央印刷・渡辺製本

ISBN 978-4-254-27585-8　C 3334　　　　Printed in Japan

JCOPY ＜出版者著作権管理機構 委託出版物＞

本書の無断複写は著作権法上での例外を除き禁じられています．複写される場合は，
そのつど事前に，出版者著作権管理機構（電話 03-5244-5088, FAX 03-5244-5089,
e-mail: info@jcopy.or.jp）の許諾を得てください．